ISBN 978-1-5276-1142-9
PIBN 10371672

# 1 MONTH OF FREE READING

## at

## www.ForgottenBooks.com

By purchasing this book you are eligible for one month membership to ForgottenBooks.com, giving you unlimited access to our entire collection of over 700,000 titles via our web site and mobile apps.

To claim your free month visit:

www.forgottenbooks.com/free371672

English
Français
Deutsche
Italiano
Español
Português

# www.forgottenbooks.com

**Mythology** Photography **Fiction**
Fishing Christianity **Art** Cooking
Essays Buddhism Freemasonry
Medicine **Biology** Music **Ancient**
**Egypt** Evolution Carpentry Physics
Dance Geology **Mathematics** Fitness
Shakespeare **Folklore** Yoga Marketing
**Confidence** Immortality Biographies
Poetry **Psychology** Witchcraft
Electronics Chemistry History **Law**
Accounting **Philosophy** Anthropology
Alchemy Drama Quantum Mechanics
Atheism Sexual Health **Ancient History**
**Entrepreneurship** Languages Sport
Paleontology Needlework Islam
**Metaphysics** Investment Archaeology
Parenting Statistics Criminology
**Motivational**

# Le Catholicisme
# chez les Romantiques

# Le Catholicisme

# hez les Romantiques

*Avant-propos de A. CHEREL*

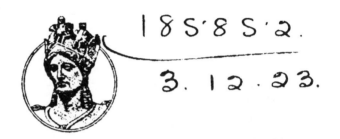

PARIS

E. DE BOCCARD, ÉDITEUR

Ancienne Librairie FONTEMOING & Cie

I, RUE DE MÉDICIS, I

1922
Tous droits r

# AVANT-PROPOS

Mon cher ami,

C'est un grand plaisir que vous m'avez fait, en me demandant d'inscrire ici mon nom auprès du vôtre, et auprès de vos sentiments mes sentiments, par quelques pages d'*Avant-Propos*.

Votre principal mérite, dans ce *Catholicisme des Romantiques*, est d'avoir su renouveler un sujet qui pouvait paraître épuisé. Les études de détail abondent sur les sentiments religieux des grands écrivains issus de Rousseau et de Madame de Staël. On a disputé de la sincérité de Chateaubriand dans sa conversion retentissante ; Jean des Cognets a recueilli avec piété

les vestiges de la vie intérieure de Lamartine ;
tel historien bien intentionné a étudié la religion de Victor Hugo « depuis 1802 » ; quant
à Lamennais, aucun trait de son âme tumul-
tueuse d'idéaliste agressif n'a échappé à son
biographe le plus autorisé, Christian Maréchal.

De tous ces livres vous avez fait votre profit ;
mais ils ne vous ont point imposé leur manière ; car ils s'intéressaient à des hommes,
et vous vous intéressez aux idées.

L'idée catholique, dites-vous, semblait chère
aux écrivains et aux penseurs romantiques,
dans les premières années du XIXᵉ siècle :
Joseph de Maistre, Bonald, Chateaubriand, puis
Lamartine, Victor Hugo, Lamennais, se présentent comme des fidèles ; Sainte-Beuve va se
rallier ou se convertir. Quelques années s'écou-
lent ; et voici que Chateaubriand prêche la Perfectibilité chère aux Idéologues ; que Lamartine nie la Révélation ; que Victor Hugo chante
le Progrès anti-chrétien ; tandis que Lamennais rompt avec Rome, en déposant au bord
du chemin, selon l'image attristée de Sainte-
Beuve, cette charge des âmes confiantes qui
avaient besoin de croire en lui et en son Dieu.
— D'où vient cette évolution ?

Et vous répondez : le Scepticisme, qui était au fond de la pensée romantique, n'a fait que développer ses conséquences. « Il n'y a pas de vérité », avait déclaré Ch. Nodier. Et tous ses contemporains ou successeurs en littérature n'avaient guère aimé le Catholicisme, que comme un moyen, extraordinairement efficace, d'étancher leur soif d'illusion. — Telle est votre découverte : les grands Romantiques ne sont pas des croyants, des âmes qui aiment la Vérité, qui la cherchent et se donnent à elle ; ils se prêtent à elle, et ils doutent avec délices, car le fantôme de leurs propres émois suffit à les distraire de Dieu.

Certains ne manqueront pas, mon cher ami, de vous reprocher la netteté abstraite de vos déductions, car ils voudraient, toutes les fois qu'on touche à l'histoire des âmes, qu'on restât dans le concret, et qu'on cherchât les motifs des évolutions individuelles, plutôt que les raisons profondes des mouvements de pensée. D'autres vous jugeront bien dur pour Baudelaire, car ils saluent en l'anteur des *Fleurs du Mal* un chrétien, presque un apôtre méconnu. D'autres enfin, vous voyant avec joie prendre les Romantiques en délit de contradiction et de faiblesse, se réjouiront en leur cœur, et vous salueront comme un ami, jusqu'au moment où certaines de vos pages les plus fermes leur montreront en Bonald un disciple de J.-J. Rousseau.

Pour ma part, je serais disposé à vous juger bien catégorique, lorsque vous refusez à ces grands écrivains non pas assurément toute sincérité, mais toute véracité, dans leurs professions de foi chrétienne. Ils ont laïcisé le Christianisme ; ils ont négligé pour s'élever à Dieu les grâces que Dieu donne par ses sacrements, ils ont méprisé ou ils ont haï l'Eglise. Mais l'acharnement même, presque toujours mêlé d'amertume, que certains d'entre eux ont mis dans leur idéalisme humanitaire anti-chrétien, n'est-ce pas un sentiment, et un ressentiment, d'authentique apostat? Hérétiques bien plutôt qu'indifférents, voilà comment je considère ces âmes ardentes ; et voilà pourquoi tant d'entre elles se sont prises d'une austère sympathie pour ce calviniste passionné, si éloigné du doute : Edgar Quinet.

Mais vous-même d'ailleurs, mon cher ami, vous signalez très clairement, dans cette dégénérescence de la pensée religieuse des Romantiques, la présence et l'action d'une hésésie : et cet esprit d'hérésie, dites-vous, est venu en France de l'étranger, « comme toujours ». Vous avez alors sur la France catholique, et sur l'âme essentiellement catholique de la France, quelques pages d'une éloquence bien émouvante, et bien persuasive.

Un tel témoignage sera précieux à tous vos lecteurs français. Quant à moi, je le conserverai, de toute la force de ma reconnaissance, à côté d'une certaine déclaration, venue elle aussi de votre pays de Suisse : c'était, le 20 juillet 1918, un article paru dans l'*Echo Vaudois*, le journal de S. G. Monseigneur Besson, évêque de Lausanne et Genève, sous la signature d'André de Bavier : *la Fille aînée de l'Eglise*. Acte fervent, généreux, magnifique, de confiance en l'élite catholique française qui mourait en holocauste sur les champs de bataille, vous vous imaginez à quel point, à cette date surtout, une telle parole nous allait au cœur.

Travaillez donc avec nous, mon cher ami, à faire prendre à la France conscience de ses véritables forces. Aidez-nous à nous guérir des maux intellectuels venus du dehors sans doute, mais parfois bien acclimatés chez nous. Aidez-nous, — car c'est bien par l'intermédiaire des catholiques Suisses qu'une telle œuvre peut réussir, — aidez-nous à reprendre sur l'âme allemande la douce influence chrétienne, le rayonnement pacificateur, que la Réforme a interrompu. Alors la vraie concorde pourra régner, et la collaboration loyale s'établir, entre la France redevenue fidèle aux grâces du baptême de Clovis, et une Allemagne évadée hors des miasmes de Luther.

ALBERT CHEREL

Lestonnat-Caudéran (Gironde), le 10 août 1922.

# INTRODUCTION

Lorsqu'on jette un coup d'œil sur la pensée française au début du XIX<sup>e</sup> siècle, on assiste à un spectacle surprenant. On voit naître une doctrine qui se proclame catholique, et qui prétend s'identifier avec l'idée d'une littérature chrétienne ; et, au bout de trente ans, on la voit devenir un auxiliaire de l'anticléricalisme, sans qu'elle ait cessé de se réclamer des mêmes principes, de vénérer les mêmes gloires. Bien plus, à sa tête se trouvent les mêmes hommes : Lamennais, Lamartine ou Victor Hugo. Seulement, l'auteur de l'*Essai sur l'Indifférence* compose les *Paroles d'un Croyant* ; celui des *Premières Méditations* écrit la *Chute d'un Ange* ; et celui des *Odes et Ballades* publie *Notre-Dame de Paris*. Il nous a paru intéressant de chercher les causes d'une transformation si complète et si paradoxale, et d'étudier, par le fait même, le catholicisme des romantiques.

Peut-être trouvera-t-on une telle étude désuète, et manquant de portée réelle. S'il est en

effet un catholicisme de fantaisie, c'est bien celui-là ; et il se trouve, à l'heure présente, aussi
démodé que possible. Il n'en garde pas moins,
non seulement un intérêt historique, mais une
certaine actualité. La plupart des doctrines qui
prédominent aujourd'hui se sont formées dans
cette première moitié du XIX° siècle ; c'est du
moins l'époque où elles ont acquis toute leur
importance. Nous devions donc rencontrer sur
notre chemin bien des indications intéressantes,
qui nous permettraient d'aboutir à des conclusions pratiques.

D'autre part, au point de vue purement historique, nous espérions contribuer à préciser la
nature même du romantisme. On sait combien
elle est controversée. S'ils revenaient au
monde, Dupuis et Cotonnet pourraient décu-
pler le nombre des définitions dont ils se rail-
laient vers 1840. Rien de plus différent, en effet,
que certains écrivains de cette école. L'auteur
de la *Chartreuse de Parme* est aux antipodes
de celui des *Martyrs*. A chercher une ressemblance littéraire entre eux deux, on risquait
de perdre sa peine ; et de fait, on n'a rien
trouvé. On est arrivé à un résultat plus satis-
faisant lorsque, comme M. Pierre Lasserre, on
s'est placé sur le terrain des idées. On finissait
par dessiner une vue d'ensemble qui ne man-

quait pas de cohésion. Et, en effet, on devait
se rendre compte qu'il s'agissait là d'un mouvement philosophique plus que d'une question
de style ; tous les disciples de Chateaubriand
visaient au rôle de penseurs, de prophètes.
L'examen des répercussions que produisit le
romantisme sur les croyances des auteurs catholiques devait, nous semblait-il, accentuer
encore la signification de ce mouvement.

Après avoir jeté un rapide coup d'œil sur les
causes éloignées de la renaissance religieuse
de 1801, nous sommes donc partis de la notion
de catholicisme telle qu'on la trouve dans Chateaubriand et dans Bonald. Nous en avons suivi
l'évolution, et nous avons montré comment,
à mesure que son principe se développait, elle
s'éloignait de l'orthodoxie. Ce n'est donc pas
ici une étude générale sur la religion des
romantiques, étude qui, pour être complète,
devrait comporter des tendances aussi éloignées
du catholicisme que celles de Michelet ou des
Saint-Simoniens ; notre sujet est plus vaste
cependant qu'une analyse des auteurs restés
dans le sein de l'Eglise, puisqu'il consiste à suivre les déviations du catholicisme
jusqu'en leurs manifestations extrêmes. On
comprendra dès lors que nous nous occupions
d'une George Sand ou d'un Baudelaire ; au

reste, nous nous en sommes tenus aux écrivains vraiment typiques, à ceux qui représentent un *moment* de la pensée française. Antérieurement à 1830, dans cette période où le
romantisme se croit orthodoxe, ce sera Chateaubriand, le fondateur de l'apologétique par le
beau, le père aussi de *René* et l'introducteur en
France du mal du siècle ; ce sera Joseph de
Maistre ou la dernière résistance de l'esprit
classique, Bonald ou le fidéisme, Lamennais ou
l'évolution du fidéisme vers la démocratie : ce
sera Hugo, amoureux de poésie beaucoup plus
que sincèrement croyant ; ce sera enfin Nodier,
auteur caractéristique entre tous, qui unit l'art
chrétien à l'influence allemande et aux premières divagations du sentiment. — Après 1830,
nous avons Musset, représentant typique de la
crise du doute ; Vigny, qui finit par échapper
au scepticisme par le stoïcisme. Nous avons
les constructeurs de systèmes pseudo-chrétiens:
le Lamartine de la *Chute d'un Ange* et George
Sand ; nous avons enfin Sainte-Beuve et Baudelaire, chez qui le romantisme atteint sa suprême dissolution.

Quant à notre méthode, elle sera plus synthétique qu'analytique. D'abord, parce que
d'autres ont fait les analyses essentielles sur
les grands chefs du romantisme. On ne pour-

rait plus rien dire de neuf qu'en tombant dans
les minuties ; et nous nous proposons ici d'établir une vue générale. Et puis, nous estimons
que la critique ne gagne rien à se restreindre
à l'analyse. Celle-ci est nécessaire, sans doute,
comme travail préparatoire ; mais l'histoire littéraire n'est pas une science abstraite comme
les mathématiques ; elle comporte un élément
d'art, et elle doit s'efforcer de plaire en même
temps que de convaincre. La vraie besogne du
critique ne commence qu'une fois ses fiches
réunies. Prendre des notes est chose facile ; ce
qui est plus malaisé, c'est de savoir s'en servir.
Il ne faut pas croire que tout est dit lorsqu'on
a terminé une enquête laborieuse ; il reste à
en synthétiser les résultats dans l'unité de la
pensée. Nous ne nous priverons pas, dans ce
livre, d'accumuler les citations : c'est encore le
meilleur moyen de ne pas défigurer les idées
dont on parle ; mais nous ne perdrons jamais
de vue que nous poursuivons un but d'ensemble, et nous ne nous amuserons pas à faire la
chasse aux petits détails.

Une dernière remarque. Nous nous montre-
rons sévères pour les idées et pour les utopies
des disciples de Chateaubriand, mais à Dieu
ne plaise que nous méconnaissions leur grande
valeur littéraire ! Pour leur rendre justice, il

# INTRODUCTION

# INTRODUCTION
littérature qui se mourait d'inanition. Certaines
des œuvres qu'ils ont écrites méritent de rester
classiques, par l'harmonie du style ou par la
sincérité de l'émotion. Lamartine, Hugo, Vigny, Musset, pour ne rien dire des moindres,
atteignent souvent à une perfection qui ne
trouve son égale qu'au grand siècle. C'est même
par là, croyons-nous, qu'ils resteront ; car des
trois éléments fondamentaux de l'existence, —
le Vrai, le Beau, le Bien, — s'ils ont souvent
méconnu le premier, s'ils se sont trompés sur
le dernier, du moins leur est-il arrivé parfois
d'atteindre le Beau, qui suffit à immortaliser
une œuvre littéraire, mais non pas à faire vivre
une doctrine.

# CHAPITRE PREMIER

# L'état religieux de la France
## à la fin de la Révolution.

# I

Lorsque l'auteur des *Origines de la France contemporaine* a dénoncé dans l'esprit classique la

prédominance exclusive « d'une certaine raison,
la raison raisonnante » [1], il semble s'être singulièrement mépris. Peut-être a-t-il été dupé par les
affirmations des philosophes ; peut-être s'est-il
laissé impressionner par une continuité apparente
qu'il suffisait de regarder de près pour la juger
superficielle ; dans tous les cas, il paraît voir dans
l'Encyclopédie l'héritière du xvii$^e$ siècle. Sans
doute arrive-t-il qu'un paradoxe renferme une part
de vérité ; mais ce n'est pas le cas ici. Le sens commun a raison contre Taine, lorsqu'il voit un abîme
infranchissable entre le loyalisme catholique et
monarchique des contemporains de Louis XIV et
l'athéisme républicain d'un Helvetius ou d'un Diderot. En effet, Bossuet comme Boileau se préoccu-
pait avant tout d'équilibrer les facultés humaines,
— intelligence, sentiment, volonté. Au contraire,
le xviii$^e$ siècle travaillera à détruire cet équilibre.
L'ironie sceptique de Fontenelle ou de Bayle le menaçait déjà dans son principe ; vers 1720, il rom-
pit, au profit de la seule raison, qui jusqu'alors ne
composait qu'un élément d'une synthèse beaucoup
plus vaste. Ce que Taine a bien vu, et ce qui explique peut-être son erreur, c'est que cette prédominance de la raison est bien antérieure au règne
proprement dit des philosophes, puisqu'en 1750 le
rationalisme parvenu à son apogée commençait
déjà à manifester des symptômes de déclin. Mais
ce n'est pas au xvii$^e$ siècle, c'est vers 1730 qu'il
faut placer la dissociation de la synthèse classique,
vers la publication des *Lettres Anglaises* de Vol-

---

1. *Ancien Régime*, 3$^e$ partie, liv. III, chap. ii.

taire, et c'est à dater de là que l'on prit l'habitude
de réduire toute question philosophique, sociale ou
littéraire à une affaire de raisonnement. Le mot
qui fut dit de Fontenelle peut s'appliquer à presque tous les adhérents de cette fade et sèche école ;
presque tous avaient plus ou moins « de la cervelle
à la place du cœur ». L'amour se transformait en
un syllogisme, les croyances devenaient une équa-
tion, et, desséchées et racornies de plus en plus,
elles finirent par se horner au culte d'un Etre Suprême, vague entité que l'on abandonnait aux négations des métaphysiciens. — Toutefois, dès cette
première moitié du siècle, on pouvait discerner les
signes précurseurs d'un état d'esprit opposé. Une
fois la synthèse rompue, l'élément sentimental
avait continué à vivre de sa vie propre. Banni de
la plupart des mentalités, il avait acquis, dans quelques âmes toujours plus nombreuses, une importance aussi exagérée que celle que les penseurs les
plus connus attribuaient à la raison. Si les doctrines intellectualistes pouvaient se réclamer de Fontenelle et de Bayle, le sentiment avait pour lui Fénelon ; Massillon avait continué la tradition d'une
sensibilité vertueuse en plein milieu païen de la
Régence ; et, comme une réaction profane contre
ce paganisme superficiel et contre la mode de l'esprit, *Manon Lescaut* offrait le tableau d'une passion
toute puissante et tenant lieu à elle seule de morale
et de religion. A partir de 1730, la sensibilité s'insinue peu à peu ; des romans de l'abbé Prévost,
elle passe aux drames de Diderot et de Nivelle de la
Chaussée, contrebalançant de toutes parts l'influence du rationalisme, et rendue agréable aux sa-

Ions par son opposition même à la civilisation ar-
tificielle du siècle. Elle ne l'emporte cependant pas
encore, lorsque se manifeste un homme de génie,
qui, ne vivant que par le sentiment, célèbre la passion avec une éloquence disparue depuis Bossuet ;
et, luttant au nom de cette même passion contre le
matérialisme de l'Encyclopédie, il entraînera les
adversaires des philosophes à se servir des mêmes
arguments que lui.

Jean-Jacques Rousseau, en effet, autodidacte et
dont le calvinisme s'était teinté de quiétisme, était
plus apte qu'un autre à réagir contre une atmosphère intellectuelle qu'il n'avait pas respirée dès
sa jeunesse. Aussi le voyons-nous s'insurger de
bonne heure contre la corruption de ces civilisés
qui croyaient marcher à la déification de la raison
humaine ; il montrera dans le passé cet âge d'or
qu'on attendait de l'avenir. Lorsqu'on récapitule
ses nombreuses théories, on constate facilement
qu'elles se réduisent à proclamer en tout la supériorité de l'« état de nature », de cet état de sau-
vagerie qui, ne connaissant ni la propriété, ni les
lois, ni la philosophie, ni le dogme, est essentiellement intuitif, puisque la seule règle en sont les
sentiments, les besoins, les passions de l'homme.
Assez incertain d'ailleurs et assez variable dans
ses opinions, il lui arrivait de se montrer hostile
à toute révélation ; mais il parlait parfois aussi
avec sympathie de la religion catholique. On sait
à quelles contradictions il avait abouti, le jour où
il s'avisa de systématiser ses croyances dans la
*Profession de foi du vicaire savoyard*. Il avait repoussé les prétentions de toute Eglise, il les

avait toutes considérées comme des amplifica-
tions du déisme primitif regrettables parce qu'in-
transigeantes ; et néanmoins, il émettait certaines
formules qui pouvaient être interprétées comme
une adhésion à la foi chrétienne. Telle était la
fameuse phrase : « Si la vie et la mort de Socrate
sont d'un sage, la vie et la mort de Jésus sont
d'un Dieu. » Certes la déclaration prêtait à l'équivoque ; le sens en est moins clair qu'il ne paraît,
et il est difficile d'y voir une conviction dogmatique. Mais elle était susceptible d'un sens orthodoxe,
elle marquait en tous cas une grande différence
entre Rousseau et cette « tourbe philosophesque »
avec laquelle il s'était déjà brouillé ; et les catholiques manquaient trop de défenseurs de talent
pour ne pas accueillir avec enthousiasme cet auxiliaire inattendu. D'autant que les disciples de
Jean-Jacques, non contents de réhabiliter le sentiment, démontraient la valeur et la force de l'élément surnaturel. Sans doute quelques-uns, telle
M^lle de Lespinasse, faisaient-ils dès lors de la
passion le tout de la vie ; mais Bernardin de Saint-
Pierre, par exemple, se déclarait résolument
croyant ; il écrivait un vaste ouvrage pour établir,
non seulement l'existence de Dieu, mais l'action de
la Providence ; et il en consacrait un chapitre à
démontrer que, de tous les cultes, le christianisme, et même le catholicisme, satisfait le mieux
aux sentiments innés de l'homme, étant le seul où
« nos passions servent d'asile à nos vertus ». Plus
on avancera vers la fin du siècle, plus le nombre
de ces néochrétiens se fera grand. Bien oubliés
pour la plupart, ils n'en eurent pas moins, à l'épo-

que, une influence considérable; on en peut retrouver les noms et les ouvrages dans l'étude de P.-M.
Masson sur la *Religion de Rousseau*, et l'on y constate l'absence de toute solution de continuité entre
*la Profession de foi du vicaire savoyard* et *le Génie
du Christianisme*. Rappelons encore un Charles
Bonnet, protestant et genevois, comme Jean-
Jacques ; lui aussi démontre le christianisme par
la nature, et d'autre part il léguera à Ballanche son
expression de « palingénésie » ; enfin, par ses con-
versations comme par ses *Recherches philosophiques*, il constitue indubitablement une des sources
de Chateaubriand [1]. Mentionnons aussi le théosophe
Saint-Martin, dont l'action s'exerce non seulement
sur Joseph de-Maistre, mais encore sur Bonald ;
ce dernier pouvait trouver en lui jusqu'à l'ébauche
de sa théorie du langage [2]. — C'était d'ailleurs,

---

1. Voici un passage sur la Bible qui donnera une idée
du ton de ces *Recherches Philosophiques* : « L'élévation des
pensées, et la majestueuse simplicité de l'Expression ; la
beauté, la pureté, je dirais volontiers l'*Homogénéité* de la
Doctrine ; l'importance, l'universalité et le petit nombre
des Préceptes ; leur admirable appropriation à la Nature
et aux besoins de l'homme ; l'ardente charité qui en
presse si généreusement l'observation ; l'onction, la force
et la gravité du Discours ; le Sens caché et vraiment philosophique que j'y aperçois : voilà ce qui fixe le plus mon
attention dans le *Livre* que j'examine, et ce que je ne
trouve pas au même degré dans aucune production de
l'esprit humain », (*Rech. phil.* chap. **xix**). C'est le même
Charles Bonnet qui disait à Fontanes, en 1787 : « Il est
temps que la véritable philosophie se rapproche, pour
son propre intérêt, d'une religion qu'elle a trop mécon-
nue, et qui peut seule donner un essor infini et une règle
sûre à tous les mouvements de notre cœur ». (Cité par
Cassagne, *Vie Politique de Chateaubriand*).
2. Voir notre chapitre sur Bonald et de Maistre.

nous le verrons plus loin, l'époque où le mysticisme germanique envahissait l'esprit français. Il était difficile de s'y tromper, et de ne pas voir les symptômes d'une prochaine rénovation religieuse. Les catholiques s'empressaient de tendre la main à ces alliés du dehors, sans se préoccuper de ce que leur voisinage pouvait avoir de compromettant ; insensiblement, ils en arrivaient à donner pour base à leurs croyances un sentimentalisme à la Jean-Jacques. Ils constataient que le philosophe de Genève n'est jamais plus près de l'orthodoxie que lorsqu'il rejette ce rationalisme qui le hante parfois ; et leurs rangs se grossissaient de la foule toujours plus compacte des admirateurs de Rousseau. Au début du $xix^e$ siècle, presque tous proviendront de là. Chateaubriand, avant d'être l'auteur du *Génie du christianisme*, avait paraphrasé le *Contrat social* dans son *Essai sur les Révolutions*. Musset, plus tard, verra le jour dans la maison d'un éditeur de Jean-Jacques. La mère de Lamartine nourrira son jeune fils des récits du doux Bernardin ; et, si Joseph de Maistre, malgré ses rapports avec l'illuminisme, reste indépendant de Rousseau, du moins Bonald, ce grave Bonald dont les théories s'opposent si souvent à celles du *Discours sur l'inégalité*, ne pourra-t-il pas s'empêcher de le citer à tous propos. Même lorsqu'il le blâme, il y salue « de grandes vérités, exprimées avec énergie »[1] ; et combien de fois ne lui arrive-t-il pas de le louer et de le plaindre :

---

1. *Théorie du Pouvoir*, préface.

Jean-Jacques Rousseau... à qui il n'a manqué pour être le premier publiciste de son temps, que de n'avoir pas l'esprit faussé par les principes religieux et politiques qu'il avait sucés avec le lait [1].

Et pourtant, on sait avec quelle conviction il réfute le *Contrat social*; s'il sympathise avec le caractère de Jean-Jacques, il en condamne les « principes ». Ses contemporains omettront cette distinction, ou ne la feront qu'en théorie; tous admettront la nécessité de refondre le catholicisme sur les indications tolérantes et sentimentales du *Vicaire Savoyard*. Ainsi, l'influence de Rousseau, que l'on put croire salutaire puisqu'elle flétrissait les faciles railleries des négateurs de la divinité, devait corrompre cette religion qu'elle avait contribué à restaurer, en y introduisant son exaltation maladive et son mysticisme de roman.

## II

La Révolution paraissait cependant devoir nuire à cette influence. C'étaient en effet les idées de Rousseau qui en formaient la base et le principe. Si la Gironde et la Montagne les appliquaient différemment et se querellaient sur leur sens, du moins Jean-Jacques restait-il leur maître à tous deux. On s'efforçait de réaliser les réformes qu'il avait demandées : abolition des privilèges, nationalisation des biens féodaux, étatisme; l'échafaud

---

1. *Législation Primitive*, liv. II, chap. IV.

et les fusillades supprimaient les contradicteurs
Et pourtant, l'opinion ne se rebutait pas. Les plus
grands adversaires de l'auteur du *Contrat social* se
bornaient à exclure sa politique de la faveur accor-
dée à l'ensemble de son œuvre. C'est qu'il est difficile de se dégager d'une atmosphère dans laquelle
on vit depuis trente ans ; c'est que trop souvent,
les ennemis de la Révolution, petits esprits habitués aux mesquineries des cours, ne voyaient
qu'un choc d'ambitions dans ce vaste mouvement
d'idées ; et d'ailleurs, imbus eux-mêmes des doctrines du philosophe genevois, ils étaient incapables d'y faire remonter la responsabilité de la catastrophe. Et puis, les Hébertistes avec leur déesse
Raison rejetaient leurs adversaires dans le clan
des sentimentaux. La Révolution comportait un aspect spartiate et païen confinant à la bouffonnerie ;
et, tout en admirant avec horreur l'intégrité vertueuse d'un Robespierre, on lui reprochait beaucoup moins ses doctrines que la froideur inflexible
avec laquelle il les appliquait. Ceux qui voyaient
en lui de la sensibilité étaient tentés de l'excuser,
comme plus tard Nodier et Lamartine [1]; ceux qui
le condamnaient lui en voulaient surtout de son
absence de pitié. On en faisait un monstre à face
humaine, un homme tout cerveau [2], on se détournait
de ces êtres irréligieux dont le cœur s'était atro-
phié ; on leur opposait la charité et l'héroïsme des
prêtres insermentés ou du saint roi Louis XVI, et

---

1. Nodier, *Souvenirs et Portraits*. Lamartine, *Histoire des Girondins*.
2. Voir le portrait de Robespierre par Vigny (*Stello*).

on cherchait dans la foi la délivrance et l'apaisement. Cette foi était donc beaucoup plus un sentiment qu'une conviction. On revenait à la croyance par horreur du système terroriste. A cette horreur s'ajoutait le dégoût qu'inspiraient les pourritures du régime dictatorial, et, par dessus tout, la lassitude de la guerre, cet immense désir de paix et de repos qui fera accueillir comme un soulagement le coup d'Etat de Bonaparte :

Tout le monde désire la paix au dehors, la paix générale, l'extinction des guerres qui depuis 1792 s'engendrent l'une l'autre. Il semble que ce soit le premier remède aux maux dont on reste accablé... Par la paix, on espère que tout pourra peu à peu s'adoucir, se réorganiser et s'asseoir... La paix, ce mot prend dans l'imagination nationale un sens démesuré, infiniment compréhensif, conforme partout à son acceptation naturelle ; pour tout le monde, il signifie la possibilité de vivre en paix ; la détente et le sommeil [1].

Ce que Vandal dit ici de la paix extérieure s'applique aussi bien à la paix religieuse. Si l'on recourt aux anciennes croyances, c'est beaucoup moins en vertu d'un raisonnement, d'une conviction intellectuelle, que parce qu'on espère y trouver le repos, la satisfaction du cœur. Cette soif de paix explique le mouvement unanime qui précipite les foules au pied des autels ; elle fait comprendre ce réveil de la foi au lendemain de la Terreur :

De tous les points du territoire ancien ou nouveau, jour à jour, les rapports arrivent attestant la ferveur

1. Vandal, *L'Avènement de Bonaparte*, t. II, p. 66 et 67.

attisée par la persécution, cette ferveur aggressive, cette
volonté de la France de redevenir chrétienne.

Il était impossible que l'esprit profondément observateur de Bonaparte ne fût point frappé par l'impétuosité,
la puissance et la spontanéité du mouvement. Ce mouvement, il ne l'a pas créé ; il n'a nullement relevé d'autorité les autels et décrété la foi ; il n'a fait que relever
certaines prohibitions par trop odieuses, jeter le mot de
liberté, et voici que de tous côtés les autels se relèvent
d'eux-mêmes, repoussent par miracle. Le courant catholique existait avant lui ; il existait latent et caché,
cheminait soùs l'amas des persécutions et des rigueurs ;
il a suffi de porter un coup dans ce bloc et de le désa-
gréger pour que la source captive s'élance au jour, jail-
lisse et s'épande [1].

A ces deux causes de renouveau presque opposées
en apparènce, vient s'en ajouter une troisième qui
les absorbera dans son unité complexe et diffuse :
l'influence anglaise et allemande.

# III

En 1800, près de trois quarts de siècle s'étaient
écoulés depuis que l'esprit septentrional avait commencé à s'affirmer comme une réaction contre la
mentalité classique, et contre cet équilibre français organisateur de l'Europe, idéal non seulement
d'un Boileau, mais d'un Pope, d'un Addison ou d'un
Gottsched. C'est que, s'étant efforcés d'affiner leur
lourdeur native au contact de l'esprit latin, ils ne
paraissent pas y avoir réussi ; et leur maladresse

---

1. Vandal, *L'Avènement de Bonaparte*, t. II, p. 72-73.

et leur servilisme contribuaient à disqualifier les
modèles qu'ils affadissaient en tentant de les reproduire. D'ailleurs, entre temps, la France dégénérait
entre les mains des encyclopédistes ; au lieu d'enseigner le monde, elle lui demandait des leçons.
Voltaire dotait son peuple de la philosophie anglaise en signe de joyeux avènement. Les Grimm,
les D'Holbach, les Anacharsis Clootz transportaient
sur les bords de la Seine les brumes de leur pays
d'origine ; et précisément à cette époque, d'admi-
rables écrivains faisaient ressortir des langues
germaniques des beautés insoupçonnées.

En Angleterre, Ossian sévissait ; on le compa-
rait à Homère, et la comparaison tournait en sa
faveur. Young et Gray inauguraient la poésie mélancolique et spectrale. Leurs livres faisaient fureur, on les traduisait, on s'en inspirait, on leur
recherchait des ancêtres : et l'on abordait le gigantesque Shakespeare, sans se risquer à le mettre en scène dans son abrupte majesté. Mais, tout
en redoutant un peu cet homme qui vous entraînait si loin des sentiers connus, on se laissait
fasciner par son étrangeté, et peu à peu on se
familiarisait avec lui. — L'Allemagne était d'ailleurs le théâtre d'un mouvement encore plus
vaste. Là, c'était un véritable assaut qu'on livrait
aux règles de Boileau. Lessing impitoyable dé-
peçait nos classiques et les humiliait devant les
anglais ; Klopstock écrivait sa *Messiade*, frénétique-
ment acclamée comme le premier modèle d'une
littérature allemande ; et dans l'esprit de Kant
s'amalgamaient les théories qui devaient l'amener à réclamer pour la raison pratique toutes les

prérogatives qu'il refusait à la raison spéculative.
C'était bien là, en effet, le fond de ces tendances :
un certain pragmatisme, se traduisant chez les
uns par le culte de la volonté, chez d'autres par
celui du sentiment : « Au commencement était
l'action », dira Faust ; et cette divinisation de la
force, qui plus tard imprimera sa marque au romantisme d'un Stendhal [1], constitue déjà le trait
essentiel d'un drame tel que les *Brigands*. Mais
si l'énergie de Karl Moor suffit à justifier ses crimes, ceux-ci sont rendus sympathiques par l'ardeur de son âme passionnée ; et la passion légitime aussi bien le lâche suicide d'un Werther. Dès
cette fin du xviiie siècle, l'Allemagne et l'Angleterre connaissent les pires excès du romantisme. Il
ne faudra pas attendre longtemps pour voir Goëthe
en venir au panthéisme, Jean-Paul nier la mission
du Christ, et Byron glorifier Satan ; et ces théories menaçaient déjà de ne pas rester spéculatives,
puisque le poète-homme d'Etat de Weimar, l'auteur de *Torquato Tasso* revendiquait pour le
poète le droit de gouverner les peuples. Un tel
gouvernement ne pouvait aboutir qu'au socialisme
humanitaire, devenu, après Rousseau, le principe
de l'illuminisme.

Dès avant la Révolution, ces tendances agissaient en France. Elles y déterminaient « un très

---

1. Il y a d'ailleurs ici coïncidence plutôt qu'influence.
L' « impérialisme » de Stendhal lui vient des Italiens ; il
se rattache à cet aspect *méridional* du romantisme, dont
les principales manifestations sont, outre les œuvres de
Beyle, les *Orientales*, les *Contes d'Espagne et d'Italie*, et
certains écrits de Gautier.

réel commencement de romantisme, une veine
assez grossissante dont on est tout surpris à l'examiner de près. » C'est Sainte-Beuve qui le constate [1] ; et, reportant ce romantisme à son origine,
il ajoute ailleurs : « Savez vous qu'on était fort en
train de connaître l'Allemagne en France avant 89?
Sans l'interruption de 89, on allait graduellement
tout embrasser de l'Allemagne, depuis Hrosvitha
jusqu'à Goëthe » [2]. Pour vérifier l'exactitude de
cette assertion, il suffira de rappeler les nombreuses traductions que le xviiie siècle fit des auteurs
septentrionaux, la part qu'occupe dans notre littérature l'idyllisme dans le genre de Gessner, ou
encore la mode du werthérisme. Sans doute les
événements politiques retardèrent-ils l'éclosion de
ce mouvement en en détournant l'attention. Mais
d'autre part ils le favorisèrent encore en provo-
quant l'émigration des classes intellectuelles.

Les émigrés étaient en effet tout disposés par
leur éducation antérieure à s'enthousiasmer pour
les pays nouveaux dans lesquels ils trouvaient un
refuge. Nobles et riches propriétaires, en général
ils avaient lu Rousseau ; presque tous s'étaient
passionnés pour Gray, pour Young, ou pour *Werther*; et voilà que la tempête les jetait en pleines terres septentrionales. Dans les milieux qu'ils
fréquentaient, on portait aux nues Schiller et
Goëthe. On savait par cœur Shakespeare, on le
faisait apprendre aux autres. Ce n'était plus qu'ap-
paritions, elfes, sylphes, « merveilleux chrétien ».

---

1. *Portraits Littéraires,* t. I : Ch. Nodier.
2. *Portraits Contemporains*, t. I : les journaux chez les
Romains.

On n'entendait parler que de « tempête et d'irruption », de la Mort, de la Religion, de l'Amour, de la passion triomphante. Ceux dont le catholicisme résistait le sentaient se couvrir de ténèbres, revêtir les contours du mystère, répercuter les orages de la passion... Quand ils rentrèrent dans leur pays, leur foi tout d'abord paisible et sereine s'était troublée et agrandie jusqu'à l'énorme.

Et ce retour des émigrés coïncidait avec le grand élan de ferveur religieuse que nous avons noté plus haut. Le peuple s'enivrait du parfum de l'encens, s'étourdissait au son des cloches, se baignait dans l'harmonie des orgues muettes depuis si longtemps. C'était sans doute un besoin moral, c'était aussi un besoin physique; et cela dans le moment même où l'influence allemande avait « réalisé » l'idéal au point d'en faire l'objet de nos sensations. L'amour de l'ordre et le désir de paix, universels à cette date, auraient pu contenir dans de justes limites cette renaissance sentimentale. Mais le premier grand écrivain dans lequel se concrétisèrent les nouvelles tendances ouvrit la porte toute large à la passion la plus exagérée. Et, dans le même temps, Napoléon, coupant court à toute discussion philosophique ou politique, obligeait ainsi les littérateurs à se réfugier dans le roman, dans le rêve, dans la chimère.

Toutefois, avant que le *Génie du Christianisme* eût donné à ce catholicisme artistique son impulsion définitive, la situation restait incertaine. Ballanche publiait son livre du *Sentiment* ; madame de Staël, dans sa *Littérature*, opposait à la sensualité méridionale le mysticisme des peuples du

Nord ; mais d'autre part, la *Théorie du pouvoir*
ou les *Considérations sur la France* donnaient
l'idée de croyances rationnelles, philosophiques
et sociales.


# IV


Du moins les *Considérations sur la France*. Car
Bonald, au milieu même de ses raisonnements,
sacrifie aux tendances de l'époque. Il déclare son
but analogue à celui de ce Bernardin « qui, dit-il,
a fait les *Études de la nature* physique et morale,
comme je fais les *Études de la nature* sociale et
politique » [1], et il insiste sur la conformité de ses
principes avec ceux de l'ami de Jean-Jacques :

Des habitudes et non des opinions, des souvenirs et.
non des raisonnements, des sentiments et non des pensées : voilà l'homme religieux et l'homme politique, le
gouvernement et la religion. Je suis, dit avec beaucoup
de raison l'auteur des *Études de la nature*, parce que je
*sens* , et non parce que je pense [2].

Qu'après cela il s'égosille tant qu'il lui plaira
contre ce néfaste Jean-Jacques: il n'en a pas
moins subi son influence, et profondément.

Chez Joseph de Maistre, c'est tout autre chose.
Du premier coup d'aile il s'élève bien plus haut,
et il en arrive immédiatement à cette idée de Providence, fond permanent de sa doctrine. Mais
Joseph de Maistre était étranger et vivait en pays

---

1. *Théorie du Pouvoir*, 1re partie, liv. III, chap. v.
2. *Ibid.* 1re partie, liv. VII, chap. vi.

ennemi ; quant à Bonald, il avait émigré ; leurs livres s'imprimaient à Londres et à Constance, et lorsqu'ils passaient la frontière, le Directoire les mettait au pilon. Ils ne purent donc avoir qu'une influence minime, et parmi les seuls émigrés. — D'ailleurs, on en avait assez de tous ces systèmes politiques. On en voulait aux idéologues de droite et de gauche d'avoir disserté à perte de vue, pour n'amener que la confusion. On était de plus en plus disposé à se confier à celui, quel qu'il fût, qui rendrait le calme à la France. — Napoléon, qui sur ces entrefaites, était monté au premier rang, ne pouvait que sourire à ces tendances. Sans doute aimait-il à voir formuler les principes de l'absolutisme ; mais il préférait encore qu'on ne discutât pas, et puisqu'aussi bien il ne pouvait refuser au public une nourriture intellectuelle, il s'empressait d'encourager les arts, la poésie épique et descriptive. Le torrent religieux, barré de toutes parts, se déversait dans cette seule direction libre. Ballanche écrivait un livre intitulé : *Du Sentiment dans la Littérature et les Arts*, et l'on y pouvait trouver l'expression de « génie du christianisme ». La Harpe inaugurait son enseignement au Lycée par un discours « sur ce thème que le christianisme a perfectionné les idées morales des peuples de l'Europe et que les bienfaits du 18 brumaire doivent être rapportés à la Providence [1] ». Bonald, qui avait connaissance du futur ouvrage de Chateaubriand, signalait, dans cette même année 1801, la supériorité du Tasse sur Virgile, et

---

1. Cassagne, *Vie Politique de Chateaubriand*.

de Virgile sur Homère, supériorité due uniquement à la perfection de leur foi. Il ajoutait, admettant une fois de plus l'existence de « preuves de sentiment », tout en émettant quelques doutes sur leur efficacité actuelle :

Les personnes qui aiment les preuves de sentiment, en trouveront en abondance, ornées de toute la pompe et de toutes les grâces du style, dans le *Génie du Christianisme*. La vérité, dans les ouvrages de raisonnement, est un roi à la tête de son armée au jour du combat : dans l'ouvrage de M. de Chateaubriand, elle est comme une reine au jour de son couronnement, au milieu de la pompe des fêtes, de l'éclat de sa cour, des acclamations du peuple, des décorations et des parfums, entourée de tout qu'il y a de magnifique et de gracieux [1].

Chateaubriand lui-même, dont rien n'avait encore paru que son *Essai* fort inconnu *Sur les Révolutions*, signait « l'auteur du *Génie du Christianisme* » la lettre ouverte qu'il dirigeait contre madame de Staël et son système de la perfectibilité. Puis il publiait *Atala*, donnant ainsi un avant-goût des voluptés qu'il avait su découvrir dans une religion qu'on croyait moins épicurienne. Et c'est alors qu'attendu par le public, préparé par des ouvrages similaires et des éloges anticipés, habilement annoncé par son auteur, parut cet ouvrage qui devait définitivement orienter l'opinion publique vers l'art et vers le sentiment.

---

1. *Législation Primitive*, liv. I, chap. VII.

# CHAPITRE DEUXIÈME

## Chateaubriand.

Un sentimental et un artiste : tel apparaissait
en effet ce petit Breton qui débutait ainsi par un
coup de maître. Et la réalité ne démentait pas
l'apparence, en dépit de ce tempérament positif
qui l'incitait à spéculer sur les tendances du jour.
C'était un sentimental qui jouissait de son sentimentalisme, et que son sentimentalisme avait converti ;
et cette conversion, semblable à celles de l'époque,

était née des mêmes émotions. C'était un artiste,
plus apte à dessiner les contours extérieurs des
choses qu'à pénétrer dans leur essence intime ;
plus brillant que profond, plus poète que philosophe, plus amuseur qu'instructif. Mais il possédait
aussi un fond d'ambition. Ses désirs étaient d'autant moins limités qu'ils avaient à leur base une
vanité immense, et que le chevalier de Combourg,
seul écrivain de génie au milieu de poètes insipi-
des d'où saillaient çà et là quelques talents banals,
méprisait profondément son temps et ses confrè-
res et se croyait appelé à devenir l'Homère dont
les chants rejetteraient dans l'ombre cette littérature décrépite. D'ailleurs, persuadé que les poètes
sont appelés à guider les peuples, il aspirait à
gouverner la France. De même qu'en Allemagne
Goëthe, ou que parmi ses disciples futurs un Lamartine ou un Hugo, il ne voyait dans la littérature qu'un délassement et une réclame. Ambitieux
d'arriver au pouvoir, il épiait les mouvements de
l'opinion afin de s'en faire l'interprète. « Echo
sonore » comme Victor Hugo, miroir où se réflè-
taient les variations de l'esprit public, il savait
que le temps n'était plus où le peuple français
divinisait Voltaire. Il sentait que les idéologues,
ayant encouru l'inimitié du maître, perdaient la
confiance des sujets. Il constatait le réveil des
idées religieuses, il s'était même laissé entraîner
un moment par cette grande marée qui montait
vers les temples. Et son orgueil, et son ambition,
et l'état d'esprit des contemporains, tout le portait à s'inscrire en faux contre la tradition rationaliste et païenne, à lutter pour la religion contre

Voltaire uni à Boileau, à proclamer la supériorité d'une poésie chrétienne dont il serait, lui Chateaubriand, l'initiateur, le chef d'école et le modèle.

Pourtant, il n'avait guère les qualités voulues pour reprendre la succession des Bossuet et des Pascal. Epicurien, orgueilleux et sceptique, il ne semblait guère prédestiné à faire office de prédicateur et à rédiger pour les jeunes filles des traités de morale chrétienne. Aussi bien ne le fit-il pas, ou s'il le fit, c'est là une partie de son œuvre qui nous paraît aujourd'hui tout à fait inférieure. Son absence de sincérité ne pouvait manquer d'affadir son style, car ce style si personnel se décolore dès qu'il dépeint des sentiments factices. Mais toutes les fois qu'il exprima une émotion vécue, qu'il décrivit les magnificences de ce culte dont il jouissait en artiste, ou qu'il traduisit un état d'âme qu'il avait réellement éprouvé, son pinceau le fixa en traits inoubliables et dans une langue enchanteresse. C'est d'ailleurs pourquoi il ne réussit pas dans son projet de doter la France d'épopées chrétiennes dignes de Dante et de Milton. Incapable d'exprimer les profondeurs du dogme, il laissait trop d'éléments troubles ternir la pureté de sa foi. Mais lorsqu'il renonce à son programme artificiel, et qu'il s'en tient à des impressions sincères, ses descriptions sont merveilleuses. C'est la raison de son influence, et c'est pourquoi le *Génie du Christianisme*, ce manuel de l'art chrétien ou plutôt du christianisme artistique, donna le ton à presque tous les ouvrages du demi-siècle subséquent.

# I

Une partie de son apologétique, cependant, avait déjà été ébauchée au cours des années précédentes ; et, lorsqu'il voulait prouver Dieu par la nature, il se croyait peut-être plus neuf qu'il ne l'était. C'est, au fond, le vieil argument de l'horloge qui, par son existence seule, atteste celle de son ouvrier. On en avait déjà usé souvent, et il servait même à des déistes comme Voltaire, ennemi de toute religion positive. Toutefois, il avait pris une ampleur nouvelle dans cette fin du xviii<sup>e</sup> siècle où, las des boudoirs de Versailles, on se remettait à goûter la nature. Il avait insensiblement glissé du terrain philosophique au terrain poétique et sentimental. C'était déjà devant un paysage magnifique, sur une hauteur dominant la vallée du Pô et au pied de laquelle se déroulaient les plaines de la Lombardie, que le Vicaire Savoyard menait son élève pour s'entretenir avec lui de la religion et de Dieu. Plus tard, Bernardin de Saint-Pierre se fit une spécialité de rechercher partout les traces de la Providence. On sait qu'il en faisait un système, et qu'il visait à être scientifique. On sait aussi qu'il ne reculait pas devant le ridicule, et que pour lui, si le melon, par exemple, porte des côtes, c'est que Dieu le destine de toute éternité à être mangé en famille. Mais on n'a peut-être pas assez remarqué que, des deux arguments traditionnels de l'existence de Dieu — l'argument de contingence et l'argument de finalité, — ce

dernier prenait une importance toujours plus
grande, rejetant l'autre dans la pénombre ; en outre, cette conception même de l'ordre universel
tendait à être envisagée non plus relativement à
l'intérêt de l'homme, mais à son agrément. Un
pas restait à faire. Chateaubriand le fit, en artiste qu'il était. Il dégagea cette conception de ce
qu'elle comportait encore d'utilitarisme, et ne
chercha plus à démontrer Dieu que par les « merveilles de la nature », par la grandeur de ses
spectacles, par la somptuosité de ses tableaux.

Ce n'est pas que, même sur ce point, il n'ait eu
des devanciers. Fénelon déjà, dans son *Traité de
l'existence de Dieu*, avait insisté sur la beauté de
l'univers, et ses nombreux continuateurs et com-
mentateurs du XVIIIe siècle en étaient arrivés à
considérer cette argumentation comme plus pro-
bante que toute autre. — Ce n'est pas non plus
qu'il ait fait entièrement fi de ce que l'entr'aide
mutuelle des êtres pouvait présenter de curieux.
Il a des considérations sur les migrations des
plantes et des oiseaux :

En mettant les sexes sur des individus différents dans
plusieurs familles de plantes, la Providence a multiplié
les mystères et les beautés de la nature. Par là, la loi
des migrations se reproduit dans un règne qui semblait
dépourvu de toute faculté de se mouvoir. Tantôt c'est
la graine ou le fruit, tantôt c'est une portion de la plante
ou même la plante entière qui voyage. Les cocotiers,
etc. [1].

Il en a sur « l'instinct des animaux », ou encore

---

1. *Génie du Christianisme*, 1re partie, liv. V. chap. XI.

sur les proportions des éléments dans la nature :

En parlant des quatre éléments qu'il (Nieuwentyt) considère dans leurs harmonies avec l'homme et la création en général, il fait voir, par rapport à l'air, comment nos corps sont miraculeusement conservés sous une colonne atmosphérique égale dans sa pression à un poids de vingt mille livres. Il prouve qu'une seule qualité changée, soit en réfraction, soit en densité, dans l'élément qu'on respire suffirait pour détruire les êtres vivants. C'est l'air qui fait monter les fumées, c'est l'air qui retient les liquides dans les vaisseaux ; par ses mouvements il épure les cieux, et porte au continent les nuages de la mer [1].

Il en a sur le **chant des oiseaux, qui, déclare-t-il, est fait pour l'homme** :

Ceux qui cherchent à deshériter l'homme, à lui arracher l'empire de la nature, voudraient bien prouver que rien n'est fait pour nous. Or le chant des oiseaux, par exemple, est tellement commandé pour notre oreille qu'on a beau persécuter les hôtes des bois, ravir leurs nids, les poursuivre, les blesser avec des armes ou dans des pièges, on peut les remplir de douleurs, mais on ne peut les forcer au silence. En dépit de nous, il faut qu'ils nous charment, il faut qu'ils accomplissent l'ordre de la Providence [2].

Mais voit-on avec quelle facilité il confond l'utile et l'agréable ? Le monde n'est pour lui qu'un vaste spectacle accordé par la Providence. Dieu est moins le maître tout puissant d'où dépendent nos destinées, qu'une espèce de directeur de théâtre

---

1. *Genie du Christianisme*, 1re partie, liv. V. chap. III.
2. *Ibid.* 1re partie, liv. V, chap. V.

qui s'emploie à charmer nos yeux. « Rien n'est vrai que le beau », dira plus tard Musset ; et avant lui, Chateaubriand ne se soucie que de beauté. La beauté, son unique critère de vérité, lui permet de trancher aisément bien des questions controversées. Ainsi, comment accorder la chronologie mosaïque avec les marques de vétusté que porte la terre ? C'est bien simple : Dieu a créé le monde avec ces marques de vétusté, pour ne lui rien faire perdre de son charme :

Si le monde n'eût été à la fois jeune et vieux, le grand, le sérieux, le moral disparaissaient de la nature, car ces sentiments tiennent par essence aux choses antiques. Chaque site eut perdu ses merveilles... Sans cette vieillesse originaire, il n'y aurait eu ni pompe ni majesté dans l'ouvrage de l'Eternel ; et, ce qui ne saurait être, la nature dans son innocence, eût été moins belle qu'elle ne l'est aujourd'hui dans sa corruption. Une insipide enfance de plantes, d'animaux, d'éléments, eût couronné une terre sans poésie. Mais Dieu ne fut pas un si méchant dessinateur des bocages d'Eden que les incrédules le prétendent. L'homme-roi naquit lui-même à trente années, afin de s'accorder par sa majesté avec les antiques grandeurs de son nouvel empire, de même que sa compagne compta sans doute seize printemps, qu'elle n'avait pourtant point vécu, pour être en harmonie avec les fleurs, les oiseaux, l'innocence, les amours, et toute la jeune partie de l'univers [1].

« L'homme-roi ! » Oui, tout est fait pour l'homme ; aussi bien les « fleurs, les oiseaux, l'innocence, les amours », que « la sainte horreur

---

1. *Génie du Christianisme*, 1re partie, liv. IV. chap. v.

des forêts » ou « le rocher en ruine qui pend sur l'abîme avec ses longues graminées ». C'est à notre plaisir que Dieu a destiné ces spectacles gracieux ou terribles. Si les étoiles brillent aux cieux, c'est pour que leur clarté nous enchante ; si les mers mugissent et tempêtent, c'est pour susciter notre admiration. Les aspects les plus effrayants de la nature, la foudre, les tremblements de terre, les cataclysmes, ne sont là que pour exciter notre intérêt et faire diversion à notre vie banale. Admirons cette providence qui prévoit ainsi jusqu'au spleen d'une existence monotone. Admirons-la ! Et Chateaubriand ne se fait pas faute de l'admirer ; il s'abandonne à tout son enthousiasme devant de si magnifiques tableaux. Il contemple la nature sous tous ses aspects, et toujours ses pensées reviennent au grand architecte, au grand décorateur, qui a composé l'univers pour satisfaire nos regards :

Il nous arrivait souvent de nous lever au milieu de la nuit et d'aller nous asseoir sur le pont, où nous ne trouvions que l'officier de quart et quelques matelots qui fumaient leur pipe en silence. Pour tout bruit on entendait le froissement de la proue sur les flots, tandis que des étincelles de feu couraient avec une blanche écume le long des flancs du navire. Dieu des chrétiens ! c'est surtout dans les eaux de l'abîme et dans les profondeurs des cieux que tu as gravé bien profondément les traits de ta toute-puissance !... Jamais tu ne m'as plus troublé de ta grandeur que dans ces nuits où, suspendu entre les astres et l'océan, j'avais l'immensité sur ma tête et l'immensité sous mes pieds ! [1].

---

1. *Génie du Christianisme,* 1re partie, liv. V. chap. XII.

Tels sont les sentiments qui élèvent l'âme de Chateaubriand à la vue d'une de ces « grandioses perspectives de la nature » ; tels sont ceux qui éblouissent Chactas ; et l'âme orageuse de René se laissera détourner de sa tristesse par un paysage écossais, qui fixera sa rêverie sur les conquêtes du christianisme :

Sur les monts de la Calédonie, le dernier barde qu'on ait ouï dans ces déserts me chante les poèmes dont un héros consolait sa vieillesse. Nous étions assis sur quatre pierres rongées de mousse ; un torrent coulait à nos pieds ; le chevreuil passait à quelque distance, parmi les débris d'une tour, et le vent des mers sifflait sur la bruyère de Cona. Maintenant la religion chrétienne, fille aussi des hautes montagnes (?), a placé des croix sur les monuments des héros de Morven, et touché la harpe de David au bord du même torrent où Ossian fit gémir la sienne. Aussi pacifique que les divinités de Selma étaient guerrières, elle garde les troupeaux où Fingal livrait des combats et elle a répandu des anges de paix dans les nuages qu'habitaient les fantômes homicides [1].

On voit la connexion qu'il établit presque involontairement entre la nature et la religion. C'est que toutes deux sont poétiques ; c'est que le catholicisme, seul de toutes les croyances, rend possible une vraie poésie descriptive, en bannissant de l'univers ces déités artificielles qui le transformaient en un immense truquage [2]. Et, de plus, il est poétique en soi, dans ses cérémonies et dans

---

1. *René*, éd. Flammarion, p. 182.
2. *Génie du Christianisme*, 2ᵉ partie, liv. IV, chap. I.

ses dogmès. Son culte possède je ne sais quelle
gravité qui le rend de beaucoup supérieur à ceux
de l'ancienne Grèce ; et sa « mythologie » peut
avantageusement remplacer celle de l'Olympe
païen. Chateaubriand le pense, du moins, et s'efforce de le montrer. Contrairement à Boileau, il
affirme que « des chrétiens les mystères terribles »
sont susceptibles « d'ornements égayés » ; il va
jusqu'à dire qu'il ne convient pas à un catholique
digne de ce nom de s'adonner à une autre poésie
qu'à celle de ces « mystères », — d'ailleurs beaucoup plus attrayants et dignes d'être chantés que
tous ceux de l'antiquité.


## II

Ce n'est pas sans dessein que nous nous sommes
servis de ce mot « mystères » sur lequel Chateaubriand lui-même équivoque longuement. Il comporte en effet plusieurs sens, et, dans le vocabu-
laire strictement religiéux, il faut en distinguer au
moins deux différents. Il peut signifier « les mystères du culte », la messe et les sacrements ; mais
il peut désigner aussi certains points du dogme
qui sont et demeureront éternellement obscurs,
étant inaccessibles à notre intelligence terrestre.
Chateaubriand l'emploie dans les deux sens ; il
s'efforce de démontrer que le culte chrétien aussi
bien que le dogme et « la mythologie chrétienne »
sont supérieurs à ceux des autres religions et notamment à ceux du paganisme. Démonstration

facile au point de vue moral ; plus difficile au point
de vue esthétique. Du moins s'y essaie-t-il bravement.

Je ne sais si le parallèle — tel qu'il en use dans
le *Génie du Christianisme*, ou plus tard dans les
*Martyrs* — était le procédé qui convenait le mieux
en cette occurence. Il peut sembler sans doute
plus loyal ; mais c'est à la condition que la plume
de l'écrivain ne le trahisse pas et que son tempérament voluptueux ne lui fasse pas mettre trop de
complaisance dans les tableaux de l'antiquité.
Aussi réussit-il mieux lorsqu'il oppose une scène
d'Homère et une scène de Milton que lorsque lui-
même imagine deux épisodes qui se contrebalan-
cent. Certes la description des fiançailles d'Eudore
est tout ce qu'il y a de plus gracieux :

Tandis que l'assemblée prenait ses rangs, un chœur
chantait le psaume de l'introduction de la fête. Après
ce cantique, les fidèles prièrent en silence ; ensuite
l'évêque prononça l'oraison des vœux réunis des fidèles.
Le lecteur monta à l'ambon, et choisit dans l'ancien et
le nouveau testament les textes qui se rapportaient davantage à la double fête que l'on célébrait. Quel spectacle pour Cymodocée ! Quelle différence de cette sainte
et tranquille cérémonie aux sanglants sacrifices, aux
chants impurs des païens ! Tous les yeux se tournaient
sur l'innocente catéchumène ; elle était assise au milieu
d'une troupe de vierges, qu'elle effaçait par sa beauté.
Accablée de respect et de crainte, à peine osait-elle lever un regard timide pour chercher dans la foule celui
qui après Dieu occupait alors uniquement son cœur [1].

---

1. *Les Martyrs*, liv. XIV.

Mais ne lui peut-on préférer la fête de Chypre
dans le livre XVII, ou, dans tous les cas, l'harmonieux adieu de la prêtresse des Muses, plein de
résonnances mythologiques :

Légers vaisseaux de l'Ausonie, fendez la mer calme
et brillante ! Esclaves de Neptune, abandonnez la voile
au souffle harmonieux des vents! Courbez-vous sur la
rame agile. Reportez-moi sous la garde de mon époux
et de mon père, aux rives fortunées du Pamysus.

Volez, oiseaux de Libye, dont le cou flexible se re-
courbe avec grâce, volez au sommet de l'Ithôme, et dites
que la fille d'Homère va revoir les lauriers de la Messénie !

Quand retrouverai-je mon lit d'ivoire, la lumière du
jour, si chère aux mortels, les prairies émaillées de fleurs
qu'une eau pure arrose, que la pudeur embellit de son
souffle (?) ! [1]

L'Ausonie, la Libye, la Messénie ! Comme il
amène bien ces mots ! Comme il se complaît à les
répéter, et comme il se délecte de leur harmonie !
Il lui arrivera plus d'une fois, dans ses *Mémoires
d'Outre-Tombe*, alors qu'il ne se souciera plus de
ses théories de 1801, d'écrire des pages entières,
pleines de lyrisme, pour le seul plaisir de faire re-
tentir quelques-uns de ces mots antiques dont la
musique le ravissait :

Ecoutez ! la nymphe Egérie chante au bord de sa
fontaine ; le rossignol se fait entendre dans la vigne de
l'hypogée des Scipions ; la brise alanguie de la Syrie
nous apporte indolemment la senteur des tubéreuses

---

1. *Ibid.* liv. XVII.

sauvages. Le palmier de la *villa* abandonnée se balance
à demi noyé dans l'améthyste et l'azur des clartés phé-
béennes. Mais toi, pâlie par les reflets de la candeur de
Diane, ô Cynthie, tu es mille fois plus gracieuse que ce
palmier. Les mânes de Délie, de Lalagé, de Lydie, de
Lesbie, posées sur des corniches ébréchées, balbutient
autour de toi des paroles mystérieuses. Tes regards se
croisent avec ceux des étoiles et se mêlent à leurs
rayons [1].

Les noms chrétiens rendent un son plus mâle et
dépourvu de cette langueur. Aussi Chateaubriand
faiblit-il chaque fois qu'il oppose franchement l'un
à l'autre le culte chrétien et celui des païens ; d'autant qu'il s'agit là de cérémonies antiques, dépourvues de cet appareil qui distingue la liturgie moderne, et dans lesquelles il ne pouvait pénétrer
que par son imagination. Or, lui-même nous avait
dit, dans son *Génie du Christianisme* : « Nous sommes persuadés que les grands écrivains ont mis
leur histoire dans leurs ouvrages. On ne peint bien
que son propre cœur, en l'attribuant à un autre ;
et la meilleure partie du génie se compose de souvenirs » [2]. Suivant son habitude, il applique à tout
l'univers une remarque qui n'est vraie que de lui ;
mais quoi qu'il en soit, il nous indique ici une au
moins des raisons de son demi-échec des *Martyrs*.
C'était trop loin, ces mœurs des premiers chrétiens. Elles différaient trop des façons de sentir et
d'imaginer ordinaires à la vie moderne. Du moins,
lorsqu'il s'agissait de décrire une cérémonie du

---

1. *Mémoires d'outre tombe*, 4ᵉ partie, liv. **V**.
2. *Génie du Christianisme*, 2ᵉ partie, liv. **I**, chap. **III**.

culte actuel, il pouvait entrer dans une église et s'imprégner d'émotions artistiques. C'est pourquoi ces descriptions, dans *Atala* et dans *René*, sont supérieures, croyons-nous, aux reconstructions poétiques des *Martyrs*. Ecoutons le frère d'Amélie :

Amélie se place sous un dais. Le sacrifice commence à la lueur des flambeaux, au milieu de fleurs et de parfums, qui devaient rendre l'holocauste agréable. A l'offertoire, le prêtre se dépouilla de ses ornements, ne conserva qu'une tunique de lin, monta en chaire, et, dans un discours simple et pathétique, peignit le bonheur de la vierge qui se consacre au Seigneur. Quand il prononça ces mots : « Elle a paru comme l'encens qui se consume dans le feu », un grand calme et des odeurs célestes semblèrent se répandre dans l'auditoire ; on se sentit comme à l'abri sous les ailes de la colombe mystique, et l'on eût cru voir les anges descendre sur l'autel et remonter vers les cieux avec des parfums et des couronnes [1].

Ecoutons encore Chactas. Ici le poète est tout à fait à son aise, car le fond de son tableau est la nature, cette nature qu'il aime tant :

... Le sacrifice commence.
L'aurore, paraissant derrière les montagnes, enflammait l'Orient. Tout était d'or et de rose dans la solitude. L'astre annoncé par tant de splendeurs sortit enfin d'un abime de lumière, et son premier rayon rencontra l'hostie consacrée, que le prêtre en ce moment même élevait dans les airs. O charme de la religion ! O magnificence du culte chrétien ! Pour sacrificateur un vieil ermite,

---

1. *René*.

pour autel un rocher, pour assistance d'innocents sauvages ! Non, je ne doute pas qu'au moment où nous nous
prosternâmes, le grand mystère ne s'accomplît et que
Dieu ne descendît sur la terre, car je le sentis descendre
dans mon cœur [1].

Oui, cela est beau ! Mais — la remarque a souvent été faite — tout, dans cette scène, en dépit
des exclamations de Chactas, a pour but le plaisir
des yeux. Ce qu'il représente, ce sont des couleurs,
des groupes pittoresques, ce sont des rayons qui
rencontrent l'hostie, comme dans une lithographie
du temps. Mais, s'il reproduit admirablement l'extérieur, la magnificence du culte, il n'en atteint
ni le sens caché ni la fécondité interne. C'est toujours l'admiration de l'artiste, non l'enthousiasme
du croyant.

Et c'est pourquoi — alors que le culte du moins
comportait un aspect sensible qu'il pouvait sans
trop de difficulté s'assimiler et reproduire — il
échoue lamentablement aussitôt qu'il s'efforce de
peindre l'immatériel, de concrétiser les abstrac-
tions du dogme, d'évoquer les anges et les saints.
Ce domaine est trop haut pour lui ; il se guinde
sans y parvenir. La Trinité ! L'Incarnation ! La
Rédemption ! Eh mon Dieu ! est-ce que cela vous
dit quelque chose ? Comment broder sur des idées
si vagues, comment imaginer une fiction capable
d'illustrer des notions si confuses ? En vérité, Chateaubriand n'y comprend rien; l'inspiration lui
fait défaut. Et s'il essaie de se représenter ce que
l'on entend par mystère, il voit du gris, de l'indé-

---

1. *Atala* : Les Laboureurs.

terminé, quelque chose d'absolument identique à
ce que nous appelons de ce nom ici-bas. Peut-être
joue-t-il sur les mots lorsqu'il rapproche les vérités du dogme de sentiments ou de vertus qu'il qualifie de mystérieux ; mais on peut se demander
s'il a jamais compris la différence qui existe entre
les uns et les autres. Il semble souvent avoir confondu ces notions sur le papier parce qu'elles
s'embrouillaient dans sa tête. L'univers tout entier
est plein de poésie ; la nature n'est admirable que
parce qu'elle abonde en recoins ignorés. Peut-on
admettre que les mystères chrétiens soient d'un
autre genre que les insondables mystères qui sur-
gissent de partout ? Chateaubriand tranche la question par la négative, sans même savoir qu'il y a
là un problème. Il néglige toutes ces distinctions
et se tire d'affaire par un certain nombre de ces
comparaisons par lesquelles il esquive les questions délicates :

Il n'est rien de beau, de doux, de grand dans la vie,
que les choses mystérieuses. Les sentiments les plus
merveilleux sont ceux qui nous agitent le plus confusément... L'innocence, à son tour, qui n'est qu'une sainte
ignorance, n'est-elle pas le plus ineffable des mystères ? .. S'il en est ainsi des sentiments, il en est ainsi
des vertus... En passant aux rapports de l'esprit, nous
trouvons que les plaisirs de la pensée sont aussi des secrets... Tout est caché, tout est inconnu dans l'univers. L'homme lui-même n'est-il pas un étrange mystère ?... Il n'est donc point étonnant, d'après le penchant
de l'homme aux mystères, que les religions de tous les
peuples aient eu leurs secrets impénétrables [1].

---

1. *Génie du Christianisme*, 1ʳᵉ partie, liv. I, chap. II.

On remarquera, en passant, que la conclusion de ce passage célèbre, tend à juger d'après les mêmes principes des « mystères de tous les peuples ». Il lui semble déjà, comme plus tard à Ballanche, que tous les mythes de toutes les religions voilent les mêmes vérités ; et lorsqu'ailleurs il invoque le témoignage des Indous ou des Egyptiens en faveur des croyances chrétiennes, il jette les premières bases de cette idée de consentement universel qui sera reprise par Lamennais. Il n'en évite même pas les dangers ; et si plus tard ses disciples diront que « les dogmes plus ou moins formels, plus ou moins obscurcis, de la religion universelle, reposent dans toutes les croyances [1] », et que l'on ne peut préférer un symbole qu'en raison de sa netteté et de son charme poétique, n'est-ce pas déjà l'idée fondamentale du *Génie du Christianisme*? S'il professe la religion dont le livre saint est la Bible, c'est que la poésie en est infiniment plus sublime et beaucoup moins extravagante que celle dont l'Olympe abrite les héros. L'Ecriture sainte et les œuvres qui s'en inspirent — la *Jérusalém Délivrée* ou *la Divine Comédie* — lui paraissent bien supérieurs aux épopées de Virgile ou d'Homère. Cette supériorité se révèle jusque dans les moindres détails. Chateaubriand place l'Iphigénie de Racine au-dessus de celle d'Euripide ; à Ulysse et à Pénélope, il préfère l'Adam et l'Eve de Milton. Le Paradis vaut mieux que l'Olympe, l'Enfer efface le Tartare, les démons, les anges et les saints, priment les dieux de la mythologie. A ces divinités

---

1. Ballanche, *Palingénésie sociale*, préface.

rabougries, qui personnifiaient les misères et les vices de l'humanité, il oppose la majesté et la candeur inaltérables des bienheureux qui peuplent notre ciel. Et cela va bien : aussi longtemps du moins qu'il n'imagine pas d'illustrer son œuvre, et de fonder une poésie épique inspirée du catholicisme.

Tout dans sa nature, en effet, eût dû le détourner d'un tel projet ; et néanmoins il s'acharna, dix ans durant, à doter la France d'une épopée en prose digne de Dante ou de Milton. Il estimait, non sans justesse, que sur ce terrain une nation catholique ne devait pas rester en arrière de la protestante Angleterre ou de l'Allemagne de Klopstock. D'après lui, les préceptes tyranniques de Boileau détournaient nos classiques de leur voie naturelle, et, leur interdisant d'exprimer leurs croyances, les condamnaient à versifier sur des thèmes artificiels. Lui, Chateaubriand, devait rendre à la religion nationale la place à laquelle elle avait droit. Il devait créer un Olympe chrétien capable d'effacer les déités païennes ; il devait être l'Homère de la France, l'homme qui concrétiserait une nouvelle mythologie, modèle des siècles à venir.

Il le tenta : il s'y prit à deux fois, d'abord dans son épopée des *Natchez*, qu'il eut le bon sens de ne pas publier en 1801, et la vaniteuse faiblesse de faire paraître vingt ans plus tard ; livre étrange dont on ne sait si c'est un poème ou un roman, et où les combats de sauvages s'entrecroisent avec les entretiens des saints au Paradis. Puis, dans ses *Martyrs*, à coup sûr beaucoup plus intéressants tant par la pureté du style que par l'habileté avec

laquelle l'auteur fait revivre le monde romain.
D'ailleurs, ces mérites tout profanes ne l'empêchent pas d'échouer complètement dans son dessein de mettre en scène le surnaturel et d'animer
la Paradis. Ses efforts les plus obstinés n'aboutissent qu'à dessiner des saints de cathédrale,
figés dans leur symbolisme de pierre, et qui, rem-
plissant toujours la même fonction depuis le
commencement du monde, semblent s'y être
ankylosés et avoir perdu l'apparence de vie
qu'ils pouvaient avoir autrefois. Ils tiennent des
discours anonymes et banals, et leur personne
n'est qu'un fade assemblage d'emblèmes quelcon-
ques, sous lesquels on se demande s'il y a quelqu'un ; figures qui, froides comme le marbre, n'en
ont même pas la majesté :

Bientôt il aperçoit l'ange des mers, attentif à quelques grandes révolutions des eaux : assis sur un trône
de cristal, il tenait à la main un frein d'or ; sa chevelure verte descendait humide sur ses épaules et une
écharpe d'azur enveloppait ses formes divines [1].

Vraiment, Chapelain en aurait fait autant ; et il
était inutile de s'appeler Chateaubriand pour arriver à un aussi piètre résultat. On est d'autant plus
étonné de le voir commettre un tel manque de
goût que lui-même écrivait des déités païennes :

On ne doit jamais personnifier qu'une *qualité* ou
qu'une *affection* d'un être et non pas cet *être lui-même* ;
autrement ce n'est plus une véritable personnification,
c'est seulement avoir fait changer de nom à l'objet [2].

---

1. *Les Martyrs*, liv. XV.
2. *Génie du Christianisme*, 2e partie, liv. IV, chap. II.

Il est vrai qu'il ne réussit pas mieux lorsqu'il personnifie un « sentiment » et non une partie de la nature. L' « ange des saintes amours » n'a rien de moins froid et de moins hiératique que le génie des océans :

Lorsque Dieu veut mettre dans le cœur de l'homme ces chastes ardeurs d'où sortent des prodiges de vertu, c'est au plus beau des esprits du ciel que ce soin important est confié. Uriel est son nom ; d'une main il tient une flèche d'or tirée du carquois du Seigneur, de l'autre un flambeau allumé au foudre éternel. Sa naissance ne précède point celle de l'univers : il naquit avec Eve, au moment même où la première femme ouvrit les yeux à la lumière récente. La puissance créatrice répandit sur le chérubin ardent un mélange des grâces séduisantes de la mère des humains et des beautés mâles du père des hommes : il a le sourire de la pudeur et le regard du génie [1].

Evidemment, Chateaubriand n'a pas « vu » son Uriel. Il se contente d'assembler, par un travail de mosaïque, les attributs de l'Eros ancien et quelques rares inventions nouvelles. Il raconte l'histoire de son ange, il le dépeint, mais on sent qu'il ne se l'est jamais représenté et qu'il le fait intervenir uniquement pour réaliser un programme. — Et l'on se tromperait en croyant que l'auteur de *René* a pu mettre plus de vigueur dans la peinture des démons. Rien de plus effacé, de plus risible que ces diablotins en carton qui n'effraieraient pas un enfant. Ce serait faire trop d'honneur à sa Re-

---

1. *Les Martyrs*, liv. XII.

nommée que de la comparer à celle de Virgile ; elle
ne vaut pas celle de Boileau.

Alors le démon de la renommée, reprenant sa forme,
s'élève triomphant dans les airs : trois fois, il remplit de
son souffle une trompette dont les sons aigus déchirent
les oreilles. En même temps Satan envoie à Ondouré,
l'Injure et la Vengeance. La première le devance en ré-
pandant des calomnies qui, comme une huile empoisonnée, souillent ce qu'elles ont touché ; la seconde le
suit, enveloppée dans un manteau de sang [5].

La « trompette de la renommée » ! Impossible
d'être plus « pompier », impossible de se servir de
mots plus usés, plus antédiluviens, plus ressassés
par les poëtereaux du xviii⁰ siècle. Impossible
d'être moins Chateaubriand ; car enfin, s'il est quelque chose, c'est en bonne partie pour avoir débar-
rassé la littérature de ces colifichets mythologiques
qui la ligotaient. Non, vraiment, le Français n'a
pas la tête épique, si c'est avoir la tête épique
qu'imaginer des fictions vivantes où rentre le
surnaturel. Chateaubriand en tout cas ne l'avait
pas, et toute cette partie de son œuvre, si elle est
sauvée de l'oubli, le sera par le ridicule. — Mais s'il
suffit pour être un grand poète de narrer des his-
toires passionnées où le mystère plane et où
l'amour n'est pas loin de la mort, Chateaubriand
fut celui-là : et le sentiment de l'infini, pénétrant
ses ouvrages, rachète amplement la médiocrité de
ses « machines poétiques », et fait de certaines de
ses pages les plus beaux morceaux de lyrisme que
connaisse la prose française.

---

1. *Les Natchez,* liv. II.

## III

Si quelqu'un veut se rendre compte de l'infinité de désirs qui tourmentaient Chateaubriand, dès sa jeunesse, qu'il prenne *René*, et qu'il confronte cette nouvelle avec les débuts des *Mémoires d'Outre-tombe*. La comparaison a souvent été faite : c'est qu'il n'en est guère de plus instructive, et elle témoigne d'une conformité absolue entre l'auteur et son héros. Dans le premier de ces ouvrages, le romancier exalte cet état d'âme et ces aspirations multiples ; dans l'autre il s'en raille : mais on n'en constate que mieux que dans les deux il se juge lui-même. Et c'est pourquoi l'on n'a pas tort de voir dans René une autobiographie. Sans doute la catastrophe qui le termine ne répond-elle pas à la réalité ; mais c'est du moins la même détresse, la même recherche de jouissances qui s'évanouissent aussitôt atteintes, la même soif que — prétend l'auteur du *Génie* — la religion seule peut combler.

Certes il y avait, dans l'atmosphère ambiante, quelque chose d'analogue sans quoi ne s'expliquerait pas le succès de l'ouvrage. Les *Rêveries d'un promeneur solitaire* et *Werther* avaient frayé la voie à *René* : Chateaubriand lui-même ne cachera pas ses ressemblances avec Jean-Jacques. Mais pour avoir été fréquent à cette époque, cet état d'âme n'en atteint pas moins son paroxysme avec *René*. Ni Lord Byron, ni Musset, ni George Sand,

n'y pourront rien ajouter qu'un dandysme préten-
tieux ou des déclamations politico-sociales. C'est
que le chevalier de Combourg, élevé au milieu
d'une famille de maniaques, dans un pays inculte
et isolé du reste du monde, avait reçu de son éducation autant que de son hérédité, des tendances telles que longtemps avant d'avoir lu Rousseau, il dé-
lirait comme lui. Puis, dans sa jeunesse, il courut
le monde, quittant le Paris de la révolution pour les
savanes de l'Amérique, et désertant la butte de Céluta pour prendre du service au siège de Thion-
ville ; et toute cette vie d'aventures et de passion,
loin d'affaiblir en lui des dispositions morbides qui
d'ailleurs y étaient déjà enracinées, n'avait fait
que les affermir. Enfin, devenu chrétien, mais
n'ayant ni le courage ni le désir de réformer son
caractère et de s'arracher à son spleen, il n'avait
rien trouvé de mieux que d'en faire une des com-
posantes de sa foi, moyennant quoi il pouvait dormir en paix sur ses lauriers d'apologiste.

On sait comment il s'y prend, embrouillant habilement les expressions, et enchevêtrant avec sa
mélancolie les sentiments les plus universels. Car
c'est presque un lieu commun que sa première
constatation : l'homme a un immense désir de
bonheur, et nul bien de ce monde ne le peut rassasier. C'est ce qu'il appelle notre soif d'infini ; et,
après en avoir déduit l'immortalité de notre âme,
il en fait comme le fondement et la source de la
religion. Nous désirons tous être heureux ; or rien
ici-bas ne peut nous satisfaire ; donc il faut que la
nature, qui ne fait rien en vain, nous ait ménagé
dans un autre monde un autre genre de bonheur.

Telle est, après la preuve de Dieu par la nature, une seconde démonstration de son existence. Telle est encore une explication qui corrobore ce que nous avons dit.des mystères :

Il est.certain que notre âme demande éternellement ; à peine a-t-elle obtenu l'objet de sa convoitise, qu'elle demande encore ; l'univers entier ne la satisfait point. L'infini est le seul champ qui lui convienne ; elle aime à se perdre dans les nombres, à concevoir les plus grandes comme les plus petites dimensions. Enfin, gonflée et non rassasiée de ce qu'elle a dévoré, elle se précipite dans le sein de Dieu, où viennent se réunir les idées de l'infini, en perfection, en temps et en espace ; mais elle ne se plonge dans la Divinité que parce que cette Divinité est pleine de ténèbres, *Deus absconditus*. Si elle en obtenait une vue distincte, elle la dédaignerait comme tous les objets qu'elle mesure [1].

Et, de fait, si Chateaubriand s'est converti, il semble bien que ce soit sinon par dilettantisme, du moins pour goûter des jouissances que n'avaient pu lui procurer les objets terrestres auxquels il s'adressait. « Il ne fallait pas un grand effort, déclare-t-il, pour revenir du scepticisme de l'*Essai* à la certitude du *Génie du Christianisme* [2] ». Et dans le récit de sa conversion, bien qu'il l'ait sans doute romancé, on voit clairement que ce n'est pas la réflexion qui agit, mais un mouvement du cœur uni peut-être à je ne sais quelle curiosité épicurienne :

Ma mère... chargea en mourant une de mes sœurs de

---

1. *Génie du Christianisme*, 1re partie, liv. VI, chap. I.
2. *Mémoires d'Outre-Tombe*, 1re partie, liv. IX.

me rappeler cette religion dans laquelle j'avais été élevé. Ma sœur me manda le dernier vœu de ma mère. Quand la lettre me parvint au delà des mers, ma sœur elle-même n'existait plus, elle était morte des suites de son emprisonnement. Ces deux voix sorties du tombeau, cette mort qui servait d'interprète à la mort, m'ont frappé. Je suis devenu chrétien. Je n'ai point cédé, je l'avoue, à de grandes lumières surnaturelles : ma conviction est partie du cœur ; j'ai pleuré et j'ai cru [1].

Et avec quelle complaisance il se remémore son beau geste ! — En tous cas, si sa conviction a duré, si plutôt il s'est complu un ou deux ans dans les délices d'un pseudo-mysticisme, ce temps ne fut pas long, puisque *René* parut dans le corps même du *Génie du Christianisme*, et qu'il rédigeait ce dernier ouvrage sous le toit de Madame de Beaumont. Sans doute n'était-il pas homme à s'effrayer de ces contradictions ; il ne voyait aucun inconvénient à savourer en même temps l'amour divin et d'autres amours moins éthérées. Comme Rousseau d'ailleurs, il n'échappait pas au rationalisme. « Sa raison, en tous cas, n'est nullement d'accord avec son sentiment »; et, si l'on en croit Sismondi, « croyant une religion nécessaire au soutien de l'Etat; en aimant les souvenirs, et s'attachant à celle qui a autrefois existé dans le pays, il sent fort bien que les restes auxquels il veut s'attacher sont réduits en poudre [2] ». C'est pourquoi on ne trouve pas dans *René* la moindre trace de cet apaisement que la foi aurait dû rendre à son âme agitée. Il veut

---

1. *Génie du Christianisme*, 1re préface.
2. *Journal* de Sismondi, cité par Brunetière, *Evolution de la Poésie Lyrique*, t. I. p. 89.

nous faire croire que s'il dépeint le mal du siècle,
c'est pour en détourner ses lecteurs ; mais comment admettre que telle soit l'intention d'un ouvrage dont les deux dernières pages tout juste
condamnent ce qu'insinue le livre entier ? Il établit aussi une comparaison outrageante entre le
frère d'Amélie et les solitaires de la Thébaïde :

> Le christianisme a créé des hommes de rêverie, de
> tristesse, de dégoût, d'inquiétude, de passion, qui n'ont
> de refuge que dans l'éternité [1].

Echappatoires que tout cela ! Vaines tentatives
de raccorder le « vague des passions » avec une
religion qui le désavoue et le combat ! Vains
efforts que fait Chateaubriand afin de paraître conséquent ! En réalité, rien ne s'oppose plus que
*René* à la sérénité de la croyance. René est une
âme qui doute et qui s'éprend de tout, dont la
sensibilité maladive s'excite à tout propos et hors
de propos : et il ne trouve en effet « de refuge
que dans l'éternité », ou plutôt, pense-t-il, dans le
néant, car l'aboutissant logique de cet état d'âme
serait le suicide ! C'est ainsi du moins qu'avait
fini Werther ; et c'est ainsi, nous dit Chateaubriand, que lui-même avait projeté de finir. Mais
il tenait trop à la vie, et il trouvait trop de jouissances dans sa mélancolie elle-même pour se
donner ainsi la mort !

Est-il besoin de rappeler quelques-uns des passages où il dépeint ce mal du siècle, cette soif de
tout et de rien qui se tourne en douleur sans

---

1. *Etudes Historiques.*

cause ? Personne n'ignore quels liens le rattachent à la volupté, et l'on sait bien que le comble
de ses vœux serait non pas l'image de Dieu, mais
celle d'une femme idéale. Nous ne citerons qu'un
seul passage afin de montrer quelle liaison existe
entre toutes ces choses, comment l'idée de la nature appelle celle de l'amour, et comment le cri
suprême de cette mélancolie s'adresse à la Divinité, non pour s'y absorber, mais pour lui demander des plaisirs plus neufs et plus âcres :

> La nuit, lorsque l'aquilon ébranlait ma chaumière,
> que les pluies tombaient en torrent sur mon toit, qu'à
> travers ma fenêtre je voyais la lune sillonner les nuages
> amoncelés, comme un pâle vaisseau qui laboure les
> vagues, il me semblait que la vie redoublait au fond de
> mon cœur, que j'aurais la puissance de créer des mon-
> des. Ah ! si j'avais pu faire partager à une autre les
> transports que j'éprouvais ! O Dieu ! Si tu m'avais
> donné une femme selon mes désirs, si, comme à notre
> premier père, tu m'eusses amené par la main une Eve
> sortie de moi-même... Beauté céleste ! je me serais pros-
> terné devant toi, puis, te prenant dans mes bras, j'au-
> rais prié l'Eternel de te donner le reste de ma vie [1] !

Inquiétudes d'un cœur trop raffiné, et blasé sur
les jouissances d'une civilisation affadie ! Ce qui
lui plaît, c'est tout ce qu'il y a de plus désert, la
montagne, la forêt, les orages. De même qu'il invoque la passion, il souhaite les aventures. Aussi
quittera-t-il l'Europe pour l'Amérique, et pas-
sera-t-il le reste de son existence dans les cabanes
des Natchez. Mais la civilisation l'a mordu au cœur

---

1. *René*, pag. 194.

trop profondément pour qu'il puisse retrouver la
paix. Rien n'y fera rien, ni la religion, ni l'amour,
ni la solitude ; et il enviera avec désespoir l'âme
candide du sauvage, uniquement occupée du moment présent et heureuse de son ignorance :

Heureux sauvages ! oh ! que ne puis-je jouir de la
paix qui vous accompagne toujours ! Tandis qu'avec si
peu de fruit je parcourais tant de contrées, vous, assis
tranquillement sous vos chênes, vous laissiez couler les
jours sans les compter. Votre raison n'était que vos besoins, et vous arriviez mieux que moi au résultat de la
sagesse, comme l'enfant, entre les jeux et le sommeil.
Si cette mélancolie qui s'engendre de l'excès de bonheur atteignait quelquefois votre âme, bientôt vous sor-
tiez de cette tristesse passagère et votre regard levé vers
le ciel cherchait avec attendrissement ce je ne sais quoi
inconnu qui prend pitié du pauvre sauvage [1].

Nous voyons ici une fois une fois de plus tout
ce que Chateaubriand doit à Jean-Jacques. De
Jean-Jacques il tient cette mélancolie, cette maladive soif de douleurs, résultat chez l'un d'une
folie réelle, chez l'autre d'une morbide excitation
d'esprit. Il lui emprunte sa haine de cette vie sociale, qui pèse tant à René ; à l'entendre on croirait que les blancs possèdent tous les vices, et que
leur seul contact pervertit :

Le dégoût de l'état de nature, le désir de posséder
les jouissances de la vie sociale, augmentait le trouble
des esprits d'Ondouré ; il dévorait des regards tout ce
qu'il apercevait dans les habitations des blancs ; on le

---

1. René, pag. 185.

voyait errer à travers les villages, l'œil en feu, les lèvres agitées d'un tremblement convulsif [1].

Il puise également dans Rousseau son sentimentalisme chrétien, et nous le répétons, c'est le
vicaire savoyard qui le premier fit dépendre la
foi d'un mouvement du cœur. Enfin, il lui doit
partiellement sa conception de l'amour aux prises
avec la religion, bien qu'il ait aussi pu l'emprun-
ter aux Anglais, et qu'Young, par. exemple ait
composé un poème intitulé *Jane Gray*, ou *Le
Triomphe de la Religion sur l'Amour*.

Chez lui, d'ailleurs, l'amour et la religion, bien .
qu'ils se combattent, sont deux puissances coordonnées. Elles luttent *ex aequo*; et le poète ne semble
pas mettre une grande différence entre Atala qui
s'empoisonne pour résister à sa passion, et Eudore qui se laisse séduire par les plaintes de Vel-
léda. Ce dernier se repent, sans doute ; mais
Atala elle-même n'agit que par « ignorance et superstition »[2]. Les lumières d'une religion plus
« charitable » lui auraient appris qu' « elle pouvait
être relevée de ses vœux »[3], et qu'il est avec le
ciel des accommodements. — Ne considérons
même que les endroits où l'auteur oppose à la
passion la religion dans toute sa rigueur : nous
constaterons que ces deux puissances terribles,
susceptibles toutes les deux d'amples développe-
ments artistiques, lui plaisent également toutes
deux. Il n'est même pas disposé à souhaiter

---

1. *Les Natchez*. Récit.
2. *Atala*. Epilogue.
3. *Ibid*. Le drame.

qu'elles cessent de se combattre, car cette lutte
produit de grands effets ; et il inventerait au besoin un cas de conscience plutôt que de laisser
inexploitée une mine si riche. Voyez Atala. — Dès
le *Génie du Christianisme*, sans indiquer nettement l'égalité de l'amour et de la foi, il consacrait plusieurs chapitres à en marquer la rivalité ;
et il en déduisait un nouvel argument — assez
imprévu — en faveur du catholicisme :

On aura beau prendre pour héroïne une vestale
grecque ou romaine ; jamais on n'établira ce combat
entre la chair et l'esprit qui fait le merveilleux de la
position d'Héloïse, et qui appartient au dogme et à la
morale du christianisme. Souvenez-vous que vous trou-
vez ici réunies la plus fougueuse des passions et une
religion menaçante qui n'entre jamais en traité avec nos
penchants [1].

On a bien entendu qu'il prend Héloïse pour
exemple. Il cite encore Julie d'Etanges. Et ces
deux noms — en même temps qu'ils indiquent
l'influence de Rousseau sur cette partie aussi de
son œuvre — montrent bien quel est le genre
d'amour dont il parle, et quelle place il compte
lui accorder par rapport à la foi chrétienne. Tous
deux sont des passions, sublimes, donc légitimes ; et il n'eût pas fallu le pousser beaucoup
pour qu'il sacrifiât celle-ci à celui-là. Amour, nature, s'appelant mutuellement et dérivant l'un de
l'autre, voilà ses divinités. Si le Dieu des chrétiens plane au-dessus, c'est comme le père de l'un

---

1. *Génie du Christianisme*, 2ᵉ partie, liv. 3, chap. IV.

et le grandiose ordonnateur de l'autre ; c'est comme l'être infini sans lequel nos perspectives se rétréciraient, Être qui d'ailleurs ajoute encore de la poésie à la nature et à l'amour en leur donnant la religion. Tel est l'ordre de l'univers. Chateaubriand se refuse à rien voir au delà. Il ne veut pas contempler dans le monde autre chose qu'une œuvre d'art. Et c'est pourquoi, s'il rendit un réel service en vengeant le catholicisme des railleries des incrédules, il attribua néanmoins à certains éléments une priorité injustifiée, qui devait, grâce à un développement normal, faire remplacer la foi chrétienne par la religion de l'amour.

## IV

Il semblerait pourtant qu'à la fin de sa vie, l'auteur du *Génie du Christianisme* soit sorti de sa tour d'ivoire pour s'occuper de problèmes sociaux. A vrai dire, il s'était toujours beaucoup soucié de politique. Perpétuellement à l'affût d'un beau geste, il n'avait guère cessé de surveiller les événements ; une ou deux fois il avait provoqué des résolutions mémorables. Mais rien, ou très peu de cela, ne paraissait dans ses écrits. A part quelques pamphlets ou recueils de discours, il n'avait rien publié que de purement littéraire, et dans tous les cas ses opinions variables ne permettaient pas de conclure à une doctrine générale. Soudain, à partir de 1830, cela changea : il publia successivement ses *Etudes historiques*, où il lie intimement l'histoire du christianisme à celle des institutions de l'Etat ; puis ses. *Mémoires d'outre tombe.*

Comme nous le verrons, il n'est pas seul à cette époque à changer brusquement d'attitude. La révolution de juillet et ses conséquences jetaient dans la mêlée les esprits les moins belliqueux. Ici encore, Chateaubriand ne fait que suivre le mouvement. Il y était d'ailleurs autorisé par le fait que, privé de son siège de pair, ses écrits lui tenaient lieu de tribune. Et il devint ainsi l'apôtre d'un vague christianisme social, influencé visiblement par Ballanche, par Lamennais et surtout par Joseph de Maistre.

Aussi ne comprend-on pas bien la satisfaction avec laquelle il se décerne un brevet d'immutabilité :

J'ai commencé ma carrière littéraire par un ouvrage où j'envisageais le christianisme sous les rapports poétiques et moraux ; je la finis par un ouvrage où je considère la même religion sous ses rapports philosophiques et historiques ; j'ai commencé ma carrière politique avec la Restauration, je la finis avec la Restauration. Ce n'est pas sans une secrète satisfaction que je me trouve ainsi conséquent avec moi-même [1].

En admettant qu'il soit sincère, il s'illusionne singulièrement ; car il diffère autant qu'il est possible, du Chateaubriand de 1801. Sans doute c'est toujours le même rêveur, le même artiste, qui

---

1. Avant-propos des *Etudes Historiques.*

adopte pour vraie toute vue brillante. Mais, de
même que le siècle, l'homme a changé. Sous le
Consulat, ce qui lui semblait beau, c'était la religion traditionnelle avec ses pompes et son autorité ; et maintenant, épris, comme ses contemporains, de démocratie et de progrès, il désire un
catholicisme démocratique et progressiste.

La transformation est assez bizarre. On peut
s'étonner de voir cet ami des vieilles choses poser
en contempteur des âges écoulés, en apôtre de
l'évolution. Il se renie ainsi lui-même, puisqu'un
de ses premiers écrits, sa *Lettre à madame de
Staël*, était consacrée à réfuter l'idée de perfectibilité. Ce n'est pas, d'ailleurs, qu'il revienne au
« progrès indéfini » du XVIIIe siècle ; il ne donne
pas dans le néo-voltairianisme du règne de Louis
Philippe [1], et il ne manifeste pas, à l'égard de la
« théocratie », les rages de certains sectaires. Evo-
lutionniste, non révolutionnaire, il s'inspire plutôt
de Joseph de Maistre, et des vues trop hardies du
onzième entretien des *Soirées de Saint-Pétersbourg* [2]. Il reprend aussi les idées de Ballanche,
dont la *Palingénésie Sociale*, récemment parue, déclarait qu'au sein même du catholicisme pouvaient
se produire de nouvelles « initiations religieuses ».
Et c'est en fonction de ces doctrines qu'il envisage trois phases dans la religion du Christ :

Loin d'être à son terme, la religion du Christ entre
à peine dans sa troisième période : la période politique,
*Liberté, égalité, fraternité* [3].

---

1. Voir à notre chapitre sur la crise morale de 1830.
2. Voir notre chapitre sur Joseph de Maistre, *ad finem*.
3. *Mémoires d'Outre-Tombe*, 4e partie, liv. X.

Le catholicisme, après avoir passé par l'âge
philosophique et l'âge théologique, se trouve
maintenant appelé à répandre ses principes dans
les institutions du peuple. Et ces principes, il les
confond (comme Lamennais) avec ceux de la République. Reprenant à son compte les théories de
l'*Avenir*, il semble croire qu'une Eglise d'ancien
régime serait broyée avec la monarchie. Si le
Pape ne se fait pas le chef du mouvement libéral,
les promesses du Christ ne pourraient garantir la
foi d'une ruine complète. Guider le mouvement,
c'est le seul moyen de n'en être point la victime.
Pour se désolidariser des autres trônes, le trône de
Saint-Pierre doit abdiquer une partie de son autorité médiévale, qui ne répond plus aux besoins
présents. Il faut qu'il se démocratise, non seulement comme pouvoir temporel, mais en tant
qu'Eglise mondiale; pour augmenter le nombre de
ses fidèles, il faut qu'il tende la main aux dissi-
dents. Et Chateaubriand, toujours fort partisan
d'une réunion des Eglises, et qui, tout occupé dans
son *Génie du Christianisme* à lutter contre les
païens, avait trouvé dans Milton et Klopstock des
exemples à l'appui de sa thèse; Chateaubriand
pour qui la question du culte des saints et surtout
celle des sacrements n'avaient que fort peu d'importance, se hâte de préciser quelques-unes de ces
concessions qu'il faudrait faire, afin de ramener à
l'unité toutes les branches du christianisme :

Les antipathies entre les diverses communions n'exis-
tent plus; les enfants du Christ, de quelque lignée
qu'ils proviennent, se sont serrés au pied du Calvaire,
souche maternelle de la famille. — Tout tend à recom-

poser l'unité catholique ; avec quelques concessions de part et d'autre, l'accord serait bientôt fait [1].

Ne craignons point que, de concessions en concessions, le dogme s'en aille par lambeaux ; pour lui, Chateaubriand, il n'hésite pas à préconiser l'important sacrifice de la communion obligatoire et de la confession auriculaire ; sans doute s'en souciait-il fort peu ! Et, justifiant ce désintéressement prodigieux par des théories pseudo-historiques à la mode de 1830, il affirme que le catholicisme évolue. En abandonner une partie ce n'est pas renoncer à des croyances éternelles et immuables, mais simplement donner plus d'extension à la religion du Christ :

Le christianisme, stable dans ses dogmes, est mobile dans ses lumières ; sa transformation enveloppe la transformation universelle. Quand il aura atteint son plus haut point, les ténèbres achèveront de s'éclaircir ; la liberté, crucifiée sur le Calvaire avec le Messie, en descendra avec lui ; elle remettra aux peuples ce nouveau testament écrit en leur faveur et jusqu'ici entravé dans ses clauses. Les gouvernements passeront, le mal moral disparaîtra, la réhabilitation annoncera la consommation des siècles de mort et d'oppression nés de la chute [2].

Ce sera le grand jour où se réuniront les trois vérités religieuse, philosophique et politique, qui jusqu'ici ont semblé séparées et même parfois contradictoires. La vérité religieuse : christianisme, la vérité politique : liberté, et la vérité philoso-

---

1. *Etudes Historiques*, préface.
2. *Mémoires d'Outre-Tombe*, 4ᵉ partie, liv. X.

phique, qu'on n'était en effet guère habitué à énumérer après la première, si elle n'est rien autre que le libre examen, père des hérésies. Aussi Chateaubriand montre-t-il à l'égard de celles-ci une complaisance inattendue [1] :

Les hérésies ne furent que la vérité philosophique, ou l'indépendance de l'esprit de l'homme, refusant son adhésion à la chose adoptée... Alors même que l'hérésie choque la raison, elle constate une de nos plus nobles facultés : celle de nous comporter sans contrôle et d'agir sans entraves.., un droit naturel et sacré, le droit de *Choisir* [2].

On ne s'étonnera plus désormais de ses sympathies pour Lamennais ou George Sand. A vrai dire il a été empêché d'adhérer complètement à leurs doctrines par le souci de son honneur et par cette vanité de finir par où il avait commencé. Mais il les reconnaît comme siens, et ce sont en effet ses légitimes descendants. D'une part, *Lélia* ou les *Paroles d'un Croyant* contribuèrent à former le vague système du dernier livre des *Mémoires d'Outre-Tombe*, mais d'autre part, elles-mêmes procèdent de *René* ; et Lamartine et Victor Hugo, et toute leur école, salueront comme leur père spirituel le patriarche du *Génie*. Il n'est pas un des écrivains de cette génération — et je dis des moins orthodoxes — qui ne se rattache en quelque manière à

---

1. Complaisance partagée par son ami Ballanche : « Le christianisme, déjà divisé en nombreuses branches, car puisqu'il était fait pour l'homme, il devait revêtir aussi les différents modes de l'esprit humain... » C'est ainsi qu'il s'exprime dans sa *Palingénésie Sociale*, 1re partie.
2. *Etudes Historiques*, 3e étude, liv. V, chap. II.

ce restaurateur de la foi ; et, si lui-même en vint
si vite à les suivre dans leurs nouvelles idées,
c'est un peu par désir de popularité, mais c'est
aussi qu'il y reconnaissait les tendances de sa propre âme. Une seule modification avait été nécessaire pour faire résulter des doctrines de *René* le
mouvement de 1830 : il fallait que ces tendances
fussent transportées du domaine littéraire sur le
terrain social. Ce fut l'affaire d'un Lamennais, et,
antérieurement, de philosophes politiques tels que
De Maistre et De Bonald.

# CHAPITRE TROISIÈME
## Bonald et de Maistre.

## I

On cite communément ensemble Bonald et de Maistre ; c'est un grand tort qu'on fait à ce dernier. Sans doute leurs vies, comme leurs opinions, furent parallèles. L'un et l'autre se montrèrent monarchistes avec intransigeance, et catholiques avec ardeur. Mais leurs caractères aussi bien que

leurs idées comportent de notables différences, qui
sont toutes à l'avantage du gentilhomme savoyard.

Il n'est d'ailleurs pas étonnant qu'une confra-
ternité de lutte et qu'une certaine similitude de
destinées aient favorisé cette confusion, et que
leurs partisans comme leurs adversaires aient
réuni leurs noms dans leurs acclamations ou dans
leurs invectives. Tous deux furent obligés à s'ex-
patrier pendant la tempête révolutionnaire ; tous
deux publièrent leurs premiers ouvrages à l'étranger, dans des milieux qui n'étaient guère habitués
à distinguer entre les défenseurs du trône et de
l'autel ; en outre, ils exprimaient des idées similaires et qu'un observateur superficiel ne pouvait
manquer de trouver identiques. Dans la suite du
siècle, Veuillot, par exemple, les citait tous deux
parmi ses maîtres ; et en même temps, tous deux
subissaient les mêmes outrages de la part des
pamphlétaires d'extrême-gauche. De nos jours
encore, tous deux figurent dans la liste des « prophètes de la contre-révolution » [1], — pêle-mêle
avec des esprits tels que Paul-Louis Courier, Louis
Veuillot ou Renan, qui n'ont guère entre eux qu'un
point de contact, c'est de s'être montrés, pour des
motifs d'ailleurs bien différents, également hostiles à la république. Il existe du reste des ressemblances plus considérables entre l'auteur du *Pape*
et celui de la *Législation Primitive* qu'entre un Renan et un Veuillot. Non seulement ils se connaissaient, mais ils correspondaient amicalement et se

---

1. L. Dimier, *Les Prophètes de la Contre-Révolution*. Nouvelle librairie Nationale.

... i ciproquemeu orsqu i s venaien parler l'un de l'autre :

Celui qui tenait ce discours, il y a plus de dix ans,
se doutait peu alors qu'il était à la veille de devenir le
correspondant et bientôt l'ami de l'illustre philosophe
dont la France a tant de raison de s'enorgueillir ; et
qu'en recevant de la main même de M. le Vicomte de
Bonald la collection précieuse de ses œuvres, il aurait le
plaisir d'y trouver la preuve que le célèbre auteur de la
*Législation primitive* s'était enfin rangé parmi les plus
respectables défenseurs des idées innées [1].

Mais tout ceci n'empêche pas leurs attitudes de
s'opposer radicalement. Bonald donne l'impression
d'un janséniste politique, morose et sectaire, dévot de monarchie plus que de religion. Joseph de
Maistre au contraire apparaît dégagé des contin-
gences, apte à saisir les opinions d'autrui et à
comprendre qu'on s'y rallie. Ses paradoxes même,
ces provocations qu'il jette à l'opinion, ne sont-
elles pas un signe qu'il se défie des idées reçues,
et qu'il aime la discussion ?

Le premier axiome de Bonald, c'est qu'il possède
la vérité infuse ; tout ce qu'on a dit avant lui ne
compte pas. La scolastique n'est qu'un « fumier »
èt « l'or » qu'on y trouve est bien rare. De Bacon,
fi ; et parmi les modernes, bien que la préface des
*Recherches Philosophiques* ait annoncé avec pompe
la première analyse française de Kant, on ne voit
pas qu'il ait seulement cherché à comprendre le
philosophe de Kœnigsberg. Descartes et Leibnitz
sont un peu moins maltraités ; c'est qu'ils s'accor-

---

1. *Soirées de Saint-Pétersbourg,* 2° entretien.

dent sur bien des points avec ses propres idées.
Mais au reste, la philosophie « ne signifie, pour le
plus grand nombre, que l'art de se passer de la
religion » [1]. Qu'on observe bien qu'il ne parle pas
ici des sectateurs de l'Encyclopédie, mais de tous
ceux qui, en quelque temps que ce fût, se sont ap-
pliqués à penser. Bonald est l'apôtre qui ramènera
dans la bonne voie les âmes de bonne volonté, en
humiliant leur raison sous une discipline inflexible.

Tout d'ailleurs se tient dans son système ; il
brouille tout, morale, politique, religion. C'est
qu'il est persuadé que tout ce qu'il dit est l'expression de rapports inaltérables découlant de la nature des choses. Il ignore le contingent. Tout ce
qui n'est pas bon est mauvais ; il n'y a rien d'indifférent. Alors que Joseph de Maistre professe
que « la Constitution est l'ouvrage des circonstances » [2], Bonald ne reconnaît qu'une constitution
en dehors de l'état sauvage. Hors de l'Eglise point
de salut, hors de la monarchie point de civilisation.
Toutes les vérités sont de même ordre ; qui en nie
une les nie toutes. Jusqu'aux détails — la loi sa-
lique par exemple — sont des règles strictes et
immuables autant qu'un commandement de Dieu :

La loi qui institue des tribunaux pour punir les crimes,
et *la loi qui dispose de la succession au pouvoir en faveur des mâles*, sont des lois naturelles, et tout aussi
naturelles que celles qui ordonnent *d'honorer le père et
la mère*, et qui défendent de tuer ou de voler [3].

---

1. *Recherches Philosophiques*, chap. I.
2. *Principe Générateur des Constitutions Politiques*, ch. XII.
3. *Législation Primitive*, discours préliminaire, chap. I.

C'est pourquoi, connaissant certaines de ces vérités, il les connaît certainement toutes, car toutes
découlent l'une de l'autre. La constitution religieuse est parallèle et identique à la constitution
sociale :

> Il existe une et une seule *Constitution* de société po-
> litique, une et une seule *Constitution* de société reli-
> gieuse ; la réunion de ces deux *Constitutions* et de ces
> deux sociétés constitue la société civile ; l'une et l'autre
> *Constitution* résultent de la nature des êtres qui compo-
> sent chacune de ces deux sociétés, aussi *nécessairement*
> que la pesanteur résulte de la nature des corps [1].

C'est pourquoi Bonald proclame hardiment ces
vérités et porte le défi de les combattre :

> J'ai dit des vérités sévères ; mais je n'ai pas dit de
> vérités hardies, parce que je n'ai pas eu besoin d'effort
> pour dire la vérité. Il est dans la nature des choses
> que l'erreur soit honteuse et timide et que la vérité soit
> haute et fière, et trop longtemps, en Europe, on a vu le
> contraire. Un avantage qui résultera de la Révolution
> française sera de remettre l'erreur à sa place, et de ré-
> tablir la vérité dans ses droits...
> Ces vérités, je les publie donc hautement, et je porte
> à tous les politiques, même à tous les législateurs, le
> défi de les combattre, sans nier Dieu, sans nier
> l'homme [2].

Ceux qui n'adoptent pas le système de Bonald
nient donc Dieu, et nient l'homme. Ce sont des
monstres d'impiété, ou des sots. Un hérétique

---

1. *Théorie du Pouvoir*, préface.
2. *Théorie du Pouvoir*, préface.

n'est qu'un menteur qui cherche à justifier ses friponneries :

Nous verrons les mêmes mobiles ; la *Volupté*, l'*Intérêt*, et la *Terreur*, propager dans tous les temps, les opinions religieuses, ou les religions d'*Opinion* [1].

On ne peut embrasser une erreur que pour les motifs les moins avouables. La sincérité dans le mal n'existe que chez les imbéciles. Dans tout athée germe un Carrier, un Fouquier-Tinville, ou quelque « anthropophage » semblable. « L'athée se déclare en lutte ouverte avec le genre humain » [2], et mérite la mort, ainsi que l'a dit Rousseau. Et Bonald de se référer à l'auteur du *Contrat Social,* auquel il ressemble par son esprit chimérique et son imperturbable confiance en soi.

A ces fureurs qui l'empêchent de voir dans la Révolution autre chose qu'un complot de bandits contre des institutions sacro-saintes, il convient d'opposer la sérénité calme avec laquelle Joseph de Maistre envisage cet événement, et la manière dont ce grand providentialiste y retrouve la main de Dieu. Sans doute il a prononcé à ce sujet le mot de « satanique » mais cela ne l'empêche pas d'y reconnaître l'action de la divinité. Loin de considérer, à l'exemple de Bonald, le jacobinisme comme le « règne des démons » [3], il comprend « que le mouvement révolutionnaire une fois éta-

---

1. *Ibid.* 2ᵉ partie, liv. V, chap. III.
2. *Recherches Philosophiques, Ad Finem.*
3. *Théorie du Pouvoir,* 1ʳᵉ partie, liv. IV, chap. II.

bli, la France et la monarchie ne pouvaient être sauvées que par le jacobinisme » [1] :

> Que demandaient les royalistes, ajoute-t-il, lorsqu'ils demandaient une contre-révolution telle qu'ils l'imaginaient, c'est-à-dire, brusquement et par la force ? Ils demandaient la conquête de la France, ils demandaient donc la division, l'anéantissement de son influence et l'avilissement de son roi. Mais nos neveux... se consoleront aisément des excès que nous avons vus, et qui auront conservé l'intégrité du *plus beau Royaume après celui du ciel* [2].

Voilà une belle impartialité. Il va d'ailleurs plus loin encore ; et, tandis que Bonald, d'accord en cela avec les Peltier, les Rivarol et autres gazetiers royalistes de Londres, ne voyait dans son parti que de bons Français, et dans l'autre seulement « des imbéciles ou des fripons » [3], lui, de Maistre, ne craint pas d'affirmer que la Révolution est un châtiment, et que la noblesse est coupable :

> Il y a des innocents, sans doute, parmi les malheureux, mais il y en a bien moins qu'on ne l'imagine communément [4].

Et si on lui eût demandé de quel crime étaient donc punies les cours d'ancien régime, il eût dénoncé leur gallicanisme et leur esprit d'impiété.

Evidemment Bonald est incapable de comprendre un mot de cela, car lui-même est gallican, et

1. *Considérations sur la France*, chap. II.
2. *Ibid.*
3. *Théorie du Pouvoir*, 1re partie, liv. IV. chap. IV.
4. *Considérations sur la France*, chap. II.

considère le gallicanisme comme une vérité indis-
cutable et liée à l'ensemble de toutes les vérités.
« Dans les principes de l'Eglise gallicane, principes dont je crois avoir démontré la *nécessité* » [1],
dit-il, en soulignant lui-même ce mot. — Et ce
n'est pas là, comme on pourrait le croire, un aspect accessoire de sa doctrine. Rien d'accessoire
chez lui ; tout est au même plan ; ses conjectures
même ou ses prévisions revêtent la même infaillibilité que ses constatations scientifiques. Il ne
veut démordre d'aucune de ces étranges rêveries
où se laisse entraîner son esprit hasardeux. Ainsi,
ayant reconnu, après Saint-Martin, que le nombre
trois se retrouve dans toute la nature, aussi bien
dans la constitution politique que dans la constitution familiale, aussi bien dans celle-ci que dans la
conjugaison même des verbes, il ne s'arrête pas,
et se livre à de surprenantes considérations qui
étonneraient plus d'un philologue :

*Eternel* serait-il l'adjectif formé du mot *Être*, comme
*Temporel* l'est de *Temps*, *Annuel* d'*An*, etc. ? Car *Être*,
étymologiquement si différent de l'*Esse* latin, semble
présenter dans la dernière syllabe *Tre*, qui est la même
chose que *Ter*, l'expression des trois temps de la durée
qui composent l'éternité, *Aevi-Ternus* ou *Aeternus* [2].

Croirait-on qu'il abandonnerait aisément cette
étymologie ? Ce serait mal le connaître. Car il est
« dans la nature des choses » que le mot être ren-

---

1. *Théorie du Pouvoir*, 1re partie, liv. IV, chap. v.
2. *Législation Primitive*, 1re partie, chap. iv. Joseph de
Maistre, à vrai dire, se livre parfois à des fantaisies du
même genre ; mais jamais il ne prétend les transformer
en arguments théologiques.

ferme le nombre trois, comme il est « dans la nature des choses », en psychologie, qu'un riche soit
bienfaisant :

Ne craignez-vous pas, dira-t-on, la dureté du riche
envers le pauvre ? Non ; car cette dureté est contraire à
la nature de l'homme riche, qui veut dominer par le
bienfait ; mais je craindrais les attentats du pauvre contre le riche, car ces attentats sont dans la nature de
l'homme pauvre, qui veut devenir riche [1].

C'est-à-dire : je crois à la bonté de l'homme
quand il appartient à ma classe sociale; je n'y
crois plus en dehors de celle-ci. — De même, s'il
soutient qu' « heureusement pour l'espèce humaine,
le système des petits Etats est fini en Europe » [2],
c'est que nombre de ces petits Etats se trouvent
être des républiques, et que celles-ci sont impossibles, ne pouvant se ramener au système de Bonald. Qu'il s'agisse d'ailleurs de la Suisse, de la
Turquie ou de l'Empire britannique, toujours il
prophétise avec le même accent d'orgueil, et toujours les événements lui infligeront le même dé-
menti. Ecoutons-le seulement parler de l'Angleterre. Celle-ci traversait à cette époque une crise
industrielle très grave, et il n'est pas le seul à
craindre pour son avenir ; mais il ne manque pas
de donner pour inévitable une catastrophe qui,
finalement, n'eut pas lieu :

Telle est cependant la situation où les vices de cette
constitution ont mis l'Angleterre, qu'il est impossible

---

1. *Théorie du Pouvoir*, 3ᵉ partie, liv. II, chap. III.
2. *Discours Politiques sur l'Etat actuel de l'Europe*, III.

qu'elle y reste sans tomber dans la plus grande confusion, ou qu'elle en sorte sans une révolution [1].

Joseph de Maistre ne l'eût pas approuvé, lui qui
saluait dans la constitution anglaise « le plus bel
équilibre des forces politiques qu'on ait jamais vu
dans le monde » [2]. C'est qu'il possède le sens du
relatif. Il sait que « la Constitution est l'ouvrage
des circonstances » ; il conçoit qu'à des peuples
divers   répondent  des   institutions  différentes.
N'est-ce pas le sens de la fameuse boutade :

La constitution de 1795, tout comme ses aînées, est
faite pour l'*homme*. Or il n'y a point d'*homme* dans le
monde. J'ai vu, dans ma vie, des Français, des Italiens,
des Russes, etc.; je sais même, grâce à Montesquieu,
qu'on *peut être Persan* ; mais quant à l'*homme*, je déclare ne l'avoir rencontré de ma vie; s'il existe, c'est
bien à mon insu [3].

Rapprocher cette phrase de celle de Balzac sur
les *Espèces sociales*, comme on le fait parfois, c'est
confondre deux théories non pas sans doute contradictoires, mais étrangères l'une à l'autre. —
Celle-ci ne signifie rien de plus que la relativité
des systèmes politiques ; et pour que personne ne
s'y trompe, la voici formulée d'une manière plus
sérieuse :

On entend dire assez communément que tous les siècles se ressemblent, et que tous les hommes ont toujours

---

1. *Législation Primitive.* Traité du ministère public,
chap. XI.
2. *Principe Générateur*, etc., chap. XII.
3. *Considérations sur la France,* chap. VI.

été les mêmes ; mais il faut bien se garder de croire à ces maximes générales que la paresse ou la légèreté inventent pour se dispenser de réfléchir. Tous les siècles, au contraire, et toutes les nations, manifestent un caractère particulier et distinctif qu'il faut considérer soigneusement [1].

Et, loin de n'envisager qu'un seul ordre de choses hors duquel tout est perversion, il n'hésite pas à déclarer que « tout gouvernement est bon lorsqu'il est établi et qu'il subsiste depuis longtemps sans contestation » [2]. — Et sans doute, il s'illusionne aussi parfois ! Il attribue aux familles souveraines une origine quasi-surnaturelle qu'elles sont loin de posséder :

Il n'a jamais existé de famille souveraine dont on puisse assigner l'origine plébéienne. Si ce phénomène paraissait, ce serait une époque du monde [3].

Et on connaît aussi, puisqu'on les a suffisamment raillées, ses prédictions non réalisées sur l'impossibilité de bâtir Washington ou sur la grande rénovation religieuse qui doit forcément succéder à la Révolution française ! Il ne semble pas d'ailleurs qu'il ait assigné un délai bien proche à ce renouveau qu'il entrevoyait, et il est peut-être un peu tôt pour le ranger définitivement au nombre des illusions défuntes. — Mais en tous cas il n'y tient pas ; il ne considère pas ses pronostics comme inévitables, et la forme même du paradoxe, qu'il

---

1. *Principe Générateur*, etc., chap. LXI.
2. *Du Pape*, 2ᵉ partie, chap. IX.
3. *Considérations sur la France*, chap. X.

affecte, indique qu'il en est détaché. Pendant tout
le cours de cette étude, nous le verrons, montant à
un point de vue plus haut, franchir victorieusement
des obstacles que Bonald niera pour ne pas s'y
buter.


## II


Tous deux sont trop près du xviii⁵ siècle pour se
fier en la raison. Bonald subit l'influence de Rousseau ; alors que Joseph de Maistre, dont le sentimentalisme provient plutôt de son hostilité contre
les encyclopédistes, s'inspire des *Pensées* de Pascal. Il fait songer, en effet, à l'apologiste de Port-
Royal bien plus qu'à ceux de ses contemporains
qui livraient le même combat. A la base de ses considérations, comme à celle de toute sa doctrine, se
trouve l'idée de Providence. Inutile de discuter,
alors que nous ne connaissons pas les décrets de
l'Etre suprême. Nous ignorons quelle destinée il
nous prépare et quel plan il met en action :

Mais que sommes-nous, faibles et aveugles humains ?
et qu'est-ce que cette lumière tremblotante que nous
appelons *Raison ?* Quand nous avons réuni toutes les
probabilités, interrogé l'histoire, discuté tous les doutes
et tous les intérêts, nous pouvons encore n'embrasser
qu'une vue trompeuse au lieu de la vérité. Quel décret
a-t-il prononcé ce grand *Être* devant qui il n'y a rien de
grand ; quel décret a-t-il prononcé sur le *Roi,* sur sa tyrannie, sur sa famille, sur la France, et sur l'Europe ?
Où, et quand finira l'ébranlement, et par combien de

malheurs devons-nous encore acheter la tranquillité ?
Est-ce pour détruire qu'il a renversé, ou bien ses rigueurs
sont-elles sans retour ? [1]

Il peut être d'ailleurs dangereux de nous fier
uniquement à notre faculté pensante. Bonald surtout recule devant les utopies pernicieuses où mena
le rationalisme :

Ma sensibilité ne me trompe jamais... au lieu que mon
imagination, et même mon entendement, se trompent
et me trompent souvent [2].

Les excès de la Révolution trouvent leur origine
dans ce fait, « que *des Opinions* mensongères ont
pris la place de *Sentiments* vrais et profonds [3] ».
Or, — c'est Joseph de Maistre ici qui parle —
« tout ce qui est nuisible en soi est faux, comme
tout ce qui est utile en soi est vrai [4] ». Si donc une
doctrine philosophique ou religieuse pousse à des
conséquences funestes, nous avons le devoir de la
rejeter sans examen. Toute croyance n'est-elle pas
fausse, dès lors que sa suite naturelle serait l'é-
branlement de la société? Il n'est même pas besoin
qu'elle aille jusque là; il suffit qu'elle s'oppose au
sens commun, car les hommes, pris en bloc, ne
peuvent se tromper :

Je n'entends point insulter la raison. Je la respecte
infiniment malgré tout le mal qu'elle nous a fait ; mais
ce qu'il y a de bien sûr, c'est que toutes les fois qu'elle

---

1. *Considérations sur la France,* chap. VIII.
2. *Recherches Philosophiques,* chap. VII.
3. *Théorie du Pouvoir,* conclusion.
4. *Soirées de Saint-Pétersbourg,* 6ᵉ entretien.

se trouve opposée au *Sens Commun,* nous devons la re-
pousser comme une empoisonneuse [1].

L'utilité d'une doctrine, telle est la question pré-
judicielle qu'il faut résoudre avant d'aborder celle
de son exactitude ; bien plus, par le fait même
qu'elle est avantageuse, elle est vraie et doit être
adoptée :

Et si nos conjectures sont plausibles ; si elles ont pour
elles l'analogie ; si elles s'appuient sur des idées univer-
selles ; si surtout elles sont consolantes et propres à nous
rendre meilleurs, que leur manque-t-il ? Si elles ne sont
pas vraies, elles sont bonnes ; ou plutôt, puisqu'elles sont
bonnes, ne sont-elles pas vraies [2] ?

Ce pragmatisme anti-rationnel vient en bonne
partie de Rousseau ; et on le retrouve chez ceux de
ses disciples dont les idées s'opposaient le plus à
celles de Bonald et de Joseph de Maistre. Il est curieux de le constater chez Robespierre :

Aux yeux du législateur, tout ce qui est utile au monde
et bon dans la pratique est la vérité [3].

D'ailleurs, au contraire de Bonald, Joseph de
Maistre en reviendra plus tard ; et lorsqu'il verra
Lamennais s'efforcer d'anéantir la raison, il lui
écrira : « Vous voulez saisir *la raison sur son trône*
et la forcer de faire une belle révérence, mais
avec quelle arme saisirons-nous cette insolente ?
Avec celle de l'autorité sans doute, je n'en connais

--------

1. *Soirées de Saint-Pétersbourg,* 4° entretien.
2. *Considérations sur la France,* chap. III.
3. *Discours sur l'Être Suprème.*

pas d'autre que nous puissions employer : nous
voilà donc à Rome, réduits au système romain et
à ces mêmes arguments qui ne vous semblent plus
rien... Prenez garde, M. l'abbé, allons doucement,
j'ai peur, et c'est tout ce que je puis vous dire [1]. »
Mais ce n'est là qu'une toute dernière étape de sa
pensée ; pour la constater il faut recourir à l'une
de ses dernières lettres ; et, comme Bonald, il a
presque toute sa vie jugé des doctrines par leur utilité. — Au surplus, quel sera le critère en raison
duquel nous déciderons que tels principes sont utiles ? Joseph de Maistre a déjà répondu : « le *Sens
Commun* en décidera » ; et Bonald suivra, sans
faire attention à tout ce que cette théorie comporte
de démocratique.

Dès lors qu'une doctrine a pour elle le consentement universel des peuples, elle est vraie, et
soustraite à l'autorité de la raison individuelle. Ce
consentement n'a pas besoin d'autre critère que de
lui-même, car il est pourvu de signes distinctifs
qui lui ôtent son cachet humain pour le revêtir
d'une grandeur surnaturelle. Aussi Bonald n'hé-
site-t-il pas à condamner jusqu'au nom de « philosophie moderne » :

· *Philosophie Moderne*, nom de réprobation et d'injure ;
car, en morale, toute doctrine moderne, et qui n'est pas
aussi ancienne que l'homme, est une erreur [2].

Comme plus tard Lamennais, il prouve au moyen

---

1. Cité par M. Georges Goyau dans la *Revue des deux
Mondes* du 1er avril 1921.
2. *Législation Primitive*, discours préliminaire, chap. I.

du consentement universel la nécessité d'une religion et l'existence de Dieu ; sur ce point, *l'Essai
sur l'indifférence* ne fera que reprendre les idées de
la *Théorie du pouvoir*:

> Le genre humain, c'est-à-dire les sociétés de tous les
> temps et de tous les lieux, eut le *Sentiment* de l'existence
> de la divinité ; donc la divinité existe ; car le *Sentiment*
> général du genre humain est infaillible [1].

On voit qu'il s'agit moins ici d'une conviction
raisonnée que d'un « sentiment », d'une connaissance intuitive. C'est là en effet un des deux caractères qui divinisent ce consentement universel,
l'autre étant le fait qu'il résulte d'une révélation
primitive. Fions-nous à nos sentiments, à nos intuitions, à notre instinct; la Providence nous les
octroie afin que nous discernions plus sûrement la
vérité. Elle leur accorde une infaillibilité que ne
comporte pas la raison la plus éminente :

> C'est une de mes idées favorites que l'homme droit
> est assez communément averti, dans un sentiment in-
> térieur, de la fausseté ou de la vérité de certaines pro-
> positions avant tout examen... (Cet instinct que nous
> appellerons « conscience intellectuelle ») je suis porté à
> le croire à peu près infaillible, lorsqu'il s'agit de philoso-
> phie rationnelle, de morale, de métaphysique et de théo-
> logie naturelle. Il est infiniment digne de la suprême
> sagesse, qui a tout créé et tout réglé, d'avoir dispensé
> l'homme de la science dans tout ce qui l'intéresse vérita-
> blement [2].

---

1. *Théorie du Pouvoir*, 1ʳᵉ partie, liv. I, chap. ɪ.
2. *Soirées de Saint-Pétersbourg*, 1ᵉʳ entretien.

Les nécessités de l'action nous obligent d'ailleurs à savoir à quoi nous en tenir :

Un peuple philosophe serait un peuple de *Chercheurs*, et un peuple, sous peine de périr, doit savoir, et non pas chercher [1].

Là réside une des causes de la décadence grecque : « Au lieu de croire on dispute, au lieu de prier on argumente [2] ». Au lieu d'ergoter sur la nature du Christ et de tomber des subtilités aux puérilités, les Byzantins eussent été mieux inspirés s'ils avaient fait un acte de foi, s'ils avaient écouté leurs cœurs et combattu Mahomet. Mais la foi était devenue chez eux une théologie compliquée ; c'était une foi « d'opinion » et non de « sentiment » : et les opinions en matière religieuse entraînent la ruine de toute croyance :

La religion est donc sentiment, non opinion ; principe de la plus haute importance, clef de toutes les vérités religieuses [3].

« Les grandes pensées viennent du cœur » : Vauvenargues le disait déjà. Le cœur est le guide infaillible qui doit nous dicter nos devoirs. Plus les sentiments seront vifs, plus l'intelligence sera pénétrante :

Les femmes ont reçu en sentiment leur portion de raison : c'est ce qui fait qu'elles savent, sans les avoir apprises, tant de choses que nous apprenons sans les savoir,

---

1. *Recherches philosophiques*, chap. I.
2. *Du Pape*, liv. IV, chap. IX.
3. *Théorie du Pouvoir*, 2ᵉ partie, liv. I, chap. II.

et ce qui leur donne un sens naturellement plus droit,
quoique moins raisonné, un goût plus sûr, quoique plus
prompt, un esprit et des manières moins étudiées et
par cela même plus aimables [1].

« La foi de la divinité est sentiment en nous, non
opinion [2] ». Dieu sait combien de fois il le répète,
et, précisant, il en arrive à dire que « si la religion en général est sentiment, la religion de l'unité
de Dieu est amour. C'est parce que la religion est
amour que l'amour profane a été chez les Anciens
une religion [3] ». Et à Dieu ne plaise que nous méconnaissions ce qu'il y a de vrai dans cette théorie ! Sans doute l'amour de Dieu est-il part inté-
grante de toute véritable croyance. Mais ce n'est
pas là ce qu'entend Bonald : son dessein est de substituer la priorité du sentiment à celle de la dialectique. Et on peut s'étonner qu'après avoir reconnu
quelles déviations cette théorie a pu produire dans
la morale antique, ce grand pragmatiste ne se soit
même pas douté qu'elles renaîtraient dans le monde
moderne dès que la même loi y serait mise en vigueur ! On peut s'en étonner, puisque ces déviations
s'affirmaient dès Chateaubriand et dès Rousseau.
Mais il ne les a pas vues ! et sans se rendre compte
que ce qui fait délirer Jean-Jacques, ce sont ses
passions sans frein, il le proclame « supérieur à
tous ceux de son siècle lorsqu'il se laisse inspirer
au *Sentiment*, mais au-dessous des plus médiocres
lorsqu'il débite ses *Opinions* [4] » ; jugement qui fera

---

1. *De l'éducation dans la Société*, chap. XII.
2. *Théorie du Pouvoir*, 1re partie, liv. IV, chap. V.
3. *Ibid.*, 2e partie, liv. I, chap. II.
4. *Ibid.* Observations sur Condorcet.

loi lorsque Chateaubriand lui aura donné l'appui de sa parole retentissante [1], et qui contribuera pour une grande part à maintenir le romantisme sur la voie funeste où il s'engageait.

Ecoutons encore Bonald faire de l'amour le pouvoir souverain dans l'homme:

La pratique des devoirs est-elle une suite nécessaire de la connaissance des lois ? Oui, dit une fausse philosophie, qui ne parle jamais que d'éclairer la raison de l'homme ; non, dit la religion, qui veut surtout échauffer son cœur et qui regarde l'amour comme la faculté souveraine des deux autres facultés ; véritable *Pouvoir* dans l'homme, puisqu'il donne la volonté à sa pensée, et l'action à ses organes [2].

On peut prédire la mort de tout système religieux et politique, qui néglige le cœur pour passer dans la tête :

La religion avait placé la monarchie dans le cœur ; la philosophie l'en a tirée et l'a mise dans la tête. Elle était sentiment, elle est système. La société n'y gagne rien [3].

Aussi ne nous soucierons-nous pas trop d'instruire le peuple :

La raison du peuple doit être ses sentiments ; il faut donc les diriger, et former son cœur et non son esprit [4].

---

1. « Il eût mieux fait de s'abandonner à la tendresse de son âme, que de s'égarer à la suite des sophistes contre lesquels il s'est élevé avec force, dans les matières politiques où il n'a fait que rajeunir de vieilles erreurs » (*Génie du Christianisme*).
2. *De l'Education dans la Société*, chap. I.
3. *Pensées sur Divers Sujets*.
4. *Théorie du Pouvoir*, 3e partie, liv. I, chap. II.

C'est pourquoi Bonald se méfie des sciences. Il n'aime d'ailleurs pas plus les arts « inutiles », ni le commerce : ils sont « funestes », n'étant pas nécessaires [1]. Il suffit d'une citation pour indiquer jusqu'où il pousse la haine des sciences exactes :

La chimie ne peut rien découvrir de *Nécessaire* ; mais ses découvertes utiles ne compensent pas, pour la société, ce que le hasard de ses décompositions peut lui offrir de dangereux... On doit être moins étonné des précautions anciennes contre les alchimistes [2].

Il est bon de dire qu'ici il se sépare entièrement de De Maistre, pour qui « la science est une espèce d'acide qui dissout tous les métaux, excepté l'or [3] ».

Mais nous n'avons pas dit encore d'où provient cette suprématie qu'il attribue au sentiment. Est-ce, comme l'a dit Rousseau, que l'instinct est la voix de la nature, qui n'exige rien que de bon ? Ou bien

---

1. *De l'Education dans la Société*, chap. II.
2. *Pensées sur divers sujets.*
3. *Du Pape*, liv. IV, chap. II. — On pourrait nous objecter certains passages du 10e entretien des *Soirées de Saint-Pétersbourg*. « Il y a dans la science, si elle n'est pas entièrement subordonnée aux dogmes nationaux, quelque chose de caché qui tend à ravaler l'homme, et à le rendre surtout inutile ou mauvais citoyen ». Et encore : « Je remercie Dieu de mon ignorance encore plus que de ma science : car ma science est moi, du moins en partie, et par conséquent je ne puis être sûr qu'elle est bonne ; mon ignorance, au contraire, du moins celle dont je parle, est de lui ; partant, j'ai toute la confiance possible en elle ». — Mais, on le voit, le ton est beaucoup moins catégorique que chez Bonald ; il s'agit ici de « subordonner la science aux dogmes nationaux », non de la détruire ; c'est une protestation contre le scientisme, énoncée sous la forme paradoxale qu'affectionne Joseph de Maistre.

est-ce la voix de la Providence, comme le voudra
Lamartine, une espèce de dictée mystique qui nous
révèle nos devoirs ? L'un et l'autre, répondra Bonald ; et aussi bien ces deux hypothèses, loin de
se contredire, se complètent. Elles ne sont que
l'expression moderne d'une théorie vieille comme
le monde, les idées innées, celles de Platon, de
Descartes, de Leibnitz. Oui, Dieu parle à chacun
de nous ; non pas d'ailleurs à tous les moments de
notre existence, mais en nous révélant, une fois
pour toutes, les notions d'où dépend notre conduite. Il façonna notre esprit de telle sorte que
nous ne pouvons imaginer ni même nommer aucun
objet inexistant ; et c'est la plus sûre garantie que
nous ayons de l'existence de Dieu. La seule idée
de Dieu, dira Joseph de Maistre, reprenant ainsi
l'argument ontologique de Saint Anselme, « cette
seule idée prouve Dieu, puisqu'on ne saurait avoir
l'idée de ce qui n'existe pas [1] ». « Les hommes
nomment Dieu, ajoutera Bonald, donc il est. Car
s'il n'était pas, il ne serait pas nommé [2] ».

« L'homme n'invente rien [3] » ; il constate seulement. Saint-Martin le disait déjà ; et Bonald développe les indications du Philosophe Inconnu. Il
constate que l'idée, toujours et partout, est inséparable de son expression, car « il faut penser sa parole avant de parler sa pensée » ; et, soutenant,
d'ailleurs à tort, que jamais l'homme n'a forgé de
nouveaux vocables, il en déduit son incapacité de se

---

1. *Soirées de Saint-Pétersbourg*, 8ᵉ entretien.
2. *Législation Primitive*, chap. IV.
3. *Des Erreurs et de la Vérité*, p. 501.

fabriquer un langage. Mais c'est ici qu'il enchérit
sur Saint-Martin, et qu'il substitue des formules
philosophiques aux expressions tant soit peu cabalistiques de celui-ci. L'auteur des *Erreurs et de la
Vérité* se contentait de dire :

> (L'origine du langage) n'est plus l'organisation, n'est
> plus une découverte des premiers hommes, qui passant
> d'âge en âge, s'est perpétuée jusqu'à nos jours parmi
> l'espèce humaine... (c'est) cette expression secrète et in-
> térieure que le Principe intellectuel fait dans nous, avant
> de se manifester au dehors [1].

Il semble qu'il s'agisse bien ici d'une révélation,
d'une « illumination », mais d'une « illumination »
actuelle. Chez Bonald, au contraire, c'est notre premier père qui a reçu de Dieu, en même temps que
l'intelligence, le don céleste de la parole ; il l'a
transmis à sa postérité et nous a légué par le fait
même toutes les notions fondamentales du vrai. —
Là se trouve donc la base du consentement universel en même temps que des idées innées. Si l'ensemble des hommes pensent vrai, c'est à cause
de la tradition ; et celle-ci remonte à Dieu, notre
premier maître d'école. Ainsi Bonald donne un
fondement chrétien à son sentimentalisme et à
son principe du consentement universel, si dangereux par ailleurs ; ainsi il croit leur ôter leur ve-
nin en faisant appel à l'Eglise, dépositaire des
vérités divines. — Ajoutons tout de suite qu'il
n'y parviendra pas, et que malgré ces palliatifs,
ces doctrines, la première beaucoup trop indivi-

---

1. *Des Erreurs et de la Vérité*, p. 460.

dualiste, l'autre anarchique en dépit de son apparence sociale, ne rencontreront dans l'Eglise
qu'une rivale inférieure en puissance, assujettie
aux lois de l'Etat, et dont l'existence est fonction
de celle de la monarchie.

## III

Dans la question du sentiment religieux, nous
avons vu Bonald, et de Maistre marcher d'accord,
se servir des mêmes expressions et professer les
mêmes doctrines. Il n'en sera pas de même lors·
qu'il s'agira des rapports entre la politique et la
religion. Sans doute pourrait-on croire à première
vue, en vertu des expressions équivoques de Bonald,
et en raison de sa théorie de la révélation primitive
qui l'induit à ramener tout à Dieu, qu'il applique
les mêmes principes que son émule, et subordonne
à Dieu le pouvoir politique. Il n'en est rien cependant ; un plus ample examen nous en convaincra.

« Le pouvoir vient de Dieu [1] » : ainsi s'exprime
Bonald dans la *Législation primitive*. C'est fort bien
dit, d'une façon concise, et, n'était sa déplorable
habitude de détourner le sens des mots, on pourrait croire qu'il subordonne, de fait, la société civile à l'observation des lois révélées. Il lui était
d'ailleurs facile d'émettre cette opinion générale,
quitte à réduire dans la pratique, toujours et partout l'Eglise au rôle de porte-clef de la monarchie.

---

1. *Législation Primitive*, discours préliminaire.

— Joseph de Maistre, lui, insiste là-dessus beaucoup plus vigoureusement, et on sent au premier abord qu'il ne sera jamais tenté de soustraire à l'Eglise une part de son influence :

Vous ne verrez pas une institution quelconque, pour peu qu'elle ait de force et de durée, qui ne repose sur une idée divine ; de quelque nature qu'elle soit, n'importe : car il n'est pas de système religieux entièrement faux [1].

« Une institution quelconque »? Sans doute: toute œuvre est stérile si à sa base ne se dresse pas l'idée de la divinité. A plus forte raison, toute constitution, pour peu qu'elle soit viable, répond à un décret du Tout-Puissant :

Une constitution est une œuvre divine, et ce qu'il y a précisément de plus fondamental et de plus essentiellement constitutionnel dans les lois d'une nation ne saurait être écrit [2].

Là, et nulle part ailleurs, est l'origine des dynasties :

Dieu *fait* les rois, au pied de la lettre. Il prépare les races royales ; il les mûrit au milieu d'un nuage qui cache leur origine... Elles s'avancent comme d'elles-mêmes, sans violence d'une part, et sans délibération marquée de l'autre : c'est une espèce de tranquillité magnifique qu'il n'est pas aisé d'exprimer. *Usurpation légitime* me semblerait l'expression propre (si elle n'était pas trop hardie) pour caractériser ces sortes d'origine que le temps se hâte de consacrer [3].

---

1. *Considérations sur la France,* chap. x.
2. *Principe générateur,* etc., chap. i.
3. *Ibid.,* préface.

Là est la source de tout pouvoir, quelle qu'en soit la forme. Car Joseph de Maistre est pénétré de la relativité des institutions humaines, et s'il juge la république « impossible », c'est pour des motifs tout positifs et nullement mystiques. Il conçoit fort bien qu'à d'autres mœurs réponde une autre politique :

Toujours sans doute l'homme sera gouverné, mais jamais de la même manière. D'autres mœurs, d'autres connaissances; d'autres croyances amèneront nécessairement d'autres lois [1].

Bonald, au contraire : de même qu'il n'y a qu'une seule constitution religieuse, il n'y a qu'une seule constitution politique :

Il existe une et une seule *Constitution* de société politique, une et une seule *Constitution* de société religieuse; la réunion de ces deux *Constitutions* et de ces deux sociétés constitue la société civile ; l'une et l'autre *Constitution* résulte de la nature des êtres qui composent chacune de ces deux sociétés, aussi nécessairement que la pesanteur résulte de la nature des corps [2].

L'Eglise, l'Etat, la famille sont régies par les mêmes lois ; et une de ces lois est celle de l'universalité du nombre trois, universalité qui se retrouve jusque dans la conjugaison des verbes, et que l'on a bien raillée, mais sans observer qu'il l'emprunte de Saint-Martin. Ces considérations cabalistiques, qui devaient être très familières aux

---

1. *Du Pape*, liv. II, chap. IX.
2. *Théorie du Pouvoir*, préface. Déjà cité page 78.

sociétés secrètes de la fin du XVIIIe siècle, puisqu'on les trouve aussi dans Sénancour [1], avaient
été mises en lumière par le Philosophe Inconnu,
avec des expressions aussi formelles que celles
qu'emploiera Bonald : « La nature indique qu'il
n'y a que trois dimensions dans les corps ; qu'il
n'y a que trois divisions possibles dans tout Etre
étendu ; qu'il n'y a que trois figures dans la Géo-
métrie ; qu'il n'y a que trois facultés innées dans
quelque Etre que ce soit ; qu'il n'y a que trois
mondes temporels ; qu'il n'y a que trois degrés
d'expiation pour l'homme, et trois grades dans la
vraie F. M.; en un mot, que sous quelque face qu'on
envisage les choses créées, il est impossible d'y
trouver rien au-dessus de trois [2] ». Et si nous insistons là-dessus, c'est pour bien faire voir à
quelles sources troubles Bonald, plus encore que
de Maistre, avait puisé. Le contact de ces disciples
de Rousseau devait l'imprégner d'étatisme, et en
effet, non seulement il identifie l'ordre politique
et l'ordre religieux, mais il subordonne ce dernier
à l'autre. Il déclare sans doute que la monarchie a
le devoir de réprimer les attaques contre l'Eglise ;
mais en revanche celle-ci doit se mettre au service du royalisme ; elle doit imposer le pouvoir
despotique aux peuples qui ne l'ont pas connu.
Bien plus, il faut que l'Eglise se soumette à cette
constitution parfaite, seule nécessaire, qui est
celle de l'ancienne France ; il faut qu'elle l'accepte
dans toute son extension, et qu'elle adhère aux

---

1. *Obermann*, chap. LXVI.
2. *Des Erreurs et de la Vérité*, p. 135.

principes gallicans. « Je m'énonce conformément aux sentiments de l'Eglise gallicane, consignés dans la Déclaration du Clergé de France de 1682[1] ». Et en effet, non seulement il déclare qu'un « peuple... n'a pas plus le *Droit* de s'écarter de la constitution politique de l'unité de pouvoir que de la constitution religieuse de l'unité de Dieu[2] » ; non seulement il proclame l' « intervention de la religion dans toutes les actions sociales de l'homme : première loi religieuse[3] », ce qui pourrait s'admettre à condition de préciser ce qu'il entend par une « action sociale », mais ce qui, j'en ai peur, signifie que l'Eglise doit se faire la très humble servante du Roi Très-Chrétien ; mais encore, développant ces principes gallicans auxquels nous avons vu qu'il se rattache, il conteste au Pape son autorité pour l'attribuer au Concile :

Ce n'est pas au pape, mais à l'Eglise en corps qu'appartient l'autorité[4].

Il revient plusieurs fois là-dessus :

L'Eglise ou les ministres de la religion, assemblés en Concile, est infaillible... Si l'infaillibilité appartient au corps des ministres, elle ne peut être attribuée à aucun individu ni à aucune fraction de la profession sacerdotale[5].

Et dans la *Législation Primitive*, après un pas-

---

1. *Théorie du Pouvoir*, 2ᵉ partie, liv. V, chap. I
2. *Ibid.*, 1ʳᵉ partie, liv. I, chap. IV.
3. *Ibid.*, 1ʳᵉ partie, liv. I, chap. VI.
4. *Ibid.*, 2ᵉ partie, liv. V, chap. V.
5. *Ibid.*, 2ᵉ partie, liv. IV, chap. V

sage où il tonne contre les ordres mendiants, qui
ont ce tort irréparable d'être d'essence « démocratique », il glisse discrètement un mot sur l'autorité pontificale :

Le pape a une autorité ordinaire pour les temps ordinaires, une autorité extraordinaire pour les temps ex-
traordinaires, et la doctrine de ses partisans oûtrés
consiste à lui attribuer une autorité extraordinaire pour
les temps ordinaires, c'est-à-dire, une autorité inutile,
et dont l'Eglise n'a pas actuellement besoin [1].

C'est le langage même de ces Parlements qu'il
admire de tout son cœur, tandis que de Maistre les
juge avec une sévérité méprisante :

Le caractère le plus distinctif et le plus invariable du
Parlement de Paris se tire de son opposition constante
avec le Saint-Siège [2].

Assurément, la correspondance amicale qu'en-
tretenait Bonald et de Maistre ne roulait pas sur
ce sujet, sans quoi la discussion fût devenue orageuse ! On ne saurait guère, en effet, être plus
hostile au gallicanisme que le « gentibomme savoi-
sien ». Deux de ses principaux ouvrages, l'*Eglise
Gallicane* et le *Pape*, ont pour unique objet de ré-
tablir l'autorité du Saint-Siège dans l'Eglise, et si
possible dans l'Etat. A vrai dire, sur ce dernier
point, il est très prudent. On l'a traité de théocrate : il ne l'est que dans le passé, et c'est même
à ce propos qu'il met le plus en valeur l'instabilité
des mœurs politiques :

---

1. *Traité du Ministère public*, chap. IV.
2. *De l'Église gallicane*, liv. I. chap. II.

Chaque siècle a son préjugé et sa manière de voir d'après laquelle il doit être jugé... C'est un insupportable sophisme du nôtre de supposer constamment que ce qui était condamnable de nos jours, l'était de même dans les temps passés [1].

Mais ce qu'il démontre victorieusement, c'est que « l'autorité des papes fut pendant plusieurs siècles la véritable force constituante en Europe » [2], c'est que « les papes furent les instituteurs, les tuteurs, les sauveurs... de l'Europe » [3], que loin d'être les odieux abus de pouvoir que l'on prétend, leurs luttes avec les princes eurent pour unique objet le bien-être des peuples, et que « toutes ces Eglises séparées du Saint-Siège au commencement du XVII° siècle, peuvent être comparées à des cadavres gelés dont le froid a conservé les formes. Ce froid, c'est l'ignorance » [4]. Bonald lui, n'hésitait pas à écrire que « la Russie renfermait les germes de toute perfection sociale dans les éléments de sa constitution religieuse et politique » [5] ! Joseph de Maistre ne l'entend pas ainsi. Il voit très bien — ce qui échappe à son émule — que « le plus grand problème européen est de savoir : Comment on peut restreindre le pouvoir souverain sans le détruire » [6] ; et il estime que la suprématie du pape en est la meilleure solution. La preuve de son excellence c'est qu'aussitôt qu'on s'en écarte, on tombe dans

---

1. *Du Pape*, liv. II, chap. VII.
2. *Ibid.*, liv. II, chap. XIII.
3. *Ibid.*, liv. III, chap. VII.
4. *Ibid.*, liv. IV, chap. II.
5. *Discours politiques sur l'état actuel de l'Europe*, V.
6. *Du Pape*, liv. II, chap. II.

le désordre, et, somme toute, si les princes cessent aujourd'hui de posséder le respect et la confiance des foules, ils ont joué avec la foudre, et
doivent s'en prendre à eux-mêmes :

Aujourd'hui, c'est aux princes à faire leurs réflexions.
On leur a fait peur de cette puissance qui gêna quelquefois leurs devanciers il y a mille ans, mais qui a divinisé
le caractère souverain. Ils ont donné dans ce piège très
habilement tendu : ils se sont laissés ramener sur la
terre. Ils ne sont plus que des hommes [1].

Bon royaliste cependant, Joseph de Maistre
maudit de tout son cœur ceux qui, par leurs exemples et leurs discours, produisirent cet état de
choses. Non seulement Louis XIV est l'objet de ses
sarcasmes, mais il s'en prend au grand et faible
Bossuet. Personne non plus ne traite avec autant
d'acrimonie les jansénistes, auxquels il reproche
la part qu'ils ont prise à la formation du gallicanisme :

Quelques sectaires mélancoliques, aigris par les pour-
suites de l'autorité, imaginèrent de s'enfermer dans une
solitude pour y bouder et y travailler à l'aise. Semblables aux lames d'un aimant artificiel dont la puissance
résulte de l'assemblage, ces hommes unis et serrés par
un fanatisme commun, produisent une force totale capable de soulever les montagnes. L'orgueil, le ressentiment, la rancune religieuse, toutes les passions aigries
et haineuses se déchaînèrent à la fois. L'esprit de parti
concentré se transforme en rage incurable. Des ministres,
des magistrats, des savants, des femmelettes du premier
-rang, des religieuses fanatiques, tous les ennemis du

---

1. *Du Pape,* liv. II, chap. v.

Saint-Siège, tous ceux de l'unité, tous ceux d'un ordre célèbrent leur antagoniste naturel, tous les clients des premiers personnages de l'association, s'allient au foyer commun de la révolte. Ils crient, ils s'insinuent, ils calomnient, ils intriguent, ils ont des imprimeurs, des correspondances, des facteurs, une *caisse publique invisible.* Bientôt Port-Royal pourra désoler l'Eglise gallicane, braver le Souverain Pontife, impatienter Louis XIV, influer dans ses conseils, interdire les imprimeries à leurs adversaires, en imposer enfin à la suprématie... Etrangers à tout ce qu'il y a de noble, de tendre, de sublime dans les productions du génie, ce qui leur arrive de plus heureux et dans leurs meilleurs moments, c'est d'avoir raison [1].

Même violence contre les gallicans et leurs quatre articles, qu'il dépèce, qu'il ridiculise, qu'il vitupère :

Cette malheureuse déclaration, considérée dans son ensemble, choque au delà de toute expression les règles les plus simples du raisonnement [2].

Les quatre articles présentent sans contredit l'un des plus tristes monuments de l'histoire ecclésiastique. Ils furent l'ouvrage de l'orgueil, du ressentiment, de l'esprit de parti, et par-dessus tout de la faiblesse, pour parler avec indulgence. C'est une pierre d'achoppement jetée sur la route du fidèle simple et docile : ils ne sont propres qu'à rendre le pasteur suspect à ses ouailles, à semer le trouble et la division dans l'Eglise, à déchainer l'orgueil des novateurs, à rendre le gouvernement de l'Eglise difficile ou impossible ; aussi vicieux par la forme que par le fonds, ils ne présentent que des énig-

---

1. *De l'Église gallicane*, liv. I, chap. v.
2. *Ibid.*, liv. II, chap. iv.

mes perfides, dont chaque mot prête à des discussions interminables et à des explications dangereuses ; il n'y a pas de rebelle qui ne les porte dans ses drapeaux [1].

Et il conclut sur les « libertés de l'Eglise galli- cane » :

Tout ce qu'on cache sous ce beau nom n'est qu'une conjuration de l'autorité temporelle pour dépouiller le Saint-Siège de ses droits légitimes, et le séparer par le fait de l'Eglise de France, tout en célébrant son auto- rité [2].

Bonald trouve ces même libertés « nécessaires » et « découlant de la nature des choses ». — Il y a un abîme entre eux deux. L'auteur de la *Théorie du Pouvoir* n'est qu'un encyclopédiste retourné, un étatiste, qui, s'étant bien trouvé de l'ancien régime, ne conçoit pas que d'autres s'y soient déplu, et dont tout ce qu'on peut dire de mieux c'est qu'il est le plus éloquent mais aussi le plus sophistique des pamphlétaires de l'Emigration. Jo- seph de Maistre, au contraire, ne s'occupe qu'ac- cessoirement de politique ; son point de départ est plus haut ; et cette idée de Providence, base et couronnement à la fois de sa doctrine, lui permet- tra d'envisager les conflits humains sans aigreur et sans partialité.

---

1. *Ibid.*, liv. II, chap. IX.
2. *Ibid.*, liv. II, chap. XIX.

## IV

Même lorsque, dans ses considérations sur les gouvernements de l'Europe, Joseph de Maistre ne fait intervenir aucune théorie religieuse, il se montre bien supérieur à Bonald. Loin de déduire des axiomes d'une façon abstraite et utopique, il déclare que les faits « sont tout dans les questions de politique et de gouvernement » [1]. Il étudie de tels problèmes en réaliste; il procède par constatations, et s'il juge une grande république impossible, c'est que l'histoire lui apprend qu'en fait, la démocratie la plus avancée se réduit au gouvernement d'une assemblée de 250 hommes [2].

Pour être républicain, on n'en est pas d'ailleurs « un fou enragé et dangereux » [3]. La république n'a rien en soi qui répugne à la loi morale ; « la souveraineté a des formes différentes sans doute. Elle ne parle pas à Constantinople comme à Londres ; mais quand elle a parlé de part et d'autre à sa manière, le *Bill* est sans appel comme la *Fetfa* [4] ». Voilà tout l'absolutisme de Joseph de Maistre : il se borne à déclarer que la loi doit être obéie, une

---

1. *Du Pape*, liv. II, chap. x. C'est par là qu'il plaisait à Auguste Comte ; et, en effet, cette façon de juger en politique rappelle singulièrement le positivisme.
2. *Considérations sur la France*, chap. iv.
3. Bonald : *Théorie du Pouvoir*, observations sur Condorcet.
4. *Du Pape*, liv. I, chap. i.

fois promulguée : principe que, sans doute, on ne contestera pas. Et s'il fallait donner la préférence à un système politique, il ne désignerait pas la monarchie de Louis XIV, mais ce régime du Moyen Age où le pape, arbitre de la chrétienté, réglait à l'amiable les conflits entre peuples et souverains. La Papauté seule a su réprimer à la fois les violences des sujets et les abus du pouvoir ; tous y trouvaient un recours suprême, qui maintenait l'ordre et la liberté :

Les rois abdiquent le pouvoir de juger par eux-mêmes, et les peuples en revanche déclarent les rois infaillibles et inviolables [1].

Les Etats modernes ont déchu de cette constitution idéale. Ils se sont déchristianisés, et ont perdu du même coup leur principe de cohésion. Les rois ont repoussé l'autorité des Papes, et les peuples ont rejeté l'autorité des rois. La noblesse a perdu les qualités qui seules faisaient sa raison d'être : « 'La révolution Française a pour cause principale la dégradation de la noblesse » [2]. Une fois le désordre installé au sommet de la société, il n'a pas tardé à se répandre dans la foule ; et la révolution a éclaté, châtiment en même temps que remède :

Ce ne sont point les hommes qui mènent la révolution, c'est la révolution qui emploie les hommes. On dit fort bien, quand on dit qu'*elle va toute seule*. Cette phrase signifie que jamais la Divinité ne s'était montrée d'une

---

1. *Ibid.*, liv. III, chap. IV.
2. *Considérations sur la France*, chap. X.

manière si claire dans aucun événement humain. Si elle emploie les instruments les plus vils, c'est qu'elle punit pour régénérer [1].

Les princes, en effet, sont coupables doublement, coupables d'avoir été impies, et coupables d'avoir cessé de remplir leur fonction royale en refusant d'améliorer le sort des peuples. Voilà de quoi ils sont punis à l'heure présente ; derrière le chaos des événements humains, il faut voir la main de la Providence. Et Joseph de Maistre, ramenant à cette notion de Providence toutes ses considérations fragmentaires, élargit ainsi magnifiquement ses points de vue. — Son idéal n'est pas, comme pour Bonald, un paradis de Mahomet, un rêve de confort et de bien-être matériel, réservé d'ailleurs à quelques privilégiés, et qui a pour condition première l'oppression des masses. Il ne croit pas que jamais l'homme puisse être heureux par le jeu seul des institutions sociales, mais il sait que les maux qui l'accablent lui sont envoyés pour le punir et pour le relever. Aussi considère-t-il les révolutionnaires moins comme des coupables que comme des instruments de la Divinité. Leurs victimes furent souvent frappées justement, et d'ailleurs la révolution, aussi bien que la guerre et toutes les catastrophes, seraient inexplicables sans une Providence justicière. Comment encore expliquer d'une autre façon l'existence du bourreau, ou bien celle des guerriers ?

Expliquez pourquoi ce qu'il y a de plus honorable

---

1. *Ibid.*, chap. I.

dans le monde, au jugement de tout le genre humain
sans exception, est le droit de verser innocemment le
sang innocent [1].

La guerre et la révolution ne sont que des
fléaux divins, que nous provoquons par notre ré-
bellion constante contre les ordres du Très-Haut.
« Coupables mortels, et malheureux, parce que
nous sommes coupables ! c'est nous qui rendons
nécessaires tous les maux physiques, mais surtout
la guerre » [2]. Si nous souffrons, c'est notre faute.
Le méchant est puni dès ce monde, et ce châtiment
même est une grâce suprême pour le faire revenir
au bien : « Le mal physique n'a pu entrer dans
l'univers que par la faute des créatures libres ; il
ne peut y être que comme remède ou expiation » [3].
Et si l'on argue que les maux s'abattent aussi bien
sur le juste que sur l'impie, nous répondrons que
la valeur de cet argument est nulle ; car « où
donc est l'innocence, je vous en prie ? Où est le
juste ? est-il ici, autour de cette table ? [4] » Tous
nous sommes plus ou moins coupables ; à cette déchéance originelle qui suffirait seule pour nous
condamner, nous ajoutons tous une part plus ou
moins grande de crimes et d'erreurs ; et ces fautes
sont comme de nouvelles taches qu'expiera notre
postérité. Car une solidarité existe entre les familles comme entre les nations ; et lorsque la
somme des iniquités déborde la somme des maux

---

1. *Soirées de Saint-Pétersbourg*, 7ᵉ entretien.
2. *Ibid.*, 7ᵉ entretien.
3. *Ibid.*, 1ᵉʳ entretien.
4. *Ibid.*, 3ᵉ entretien.

particuliers, alors se produisent ces cataclysmes qui bouleversent toute une société. Tels furent les événements qui ensanglantèrent la France à partir de 1789. Comme autrefois les invasions barbares, ils consacrent la mort d'un monde et en édifient un nouveau; car en même temps qu'ils abattent, ils relèvent; et au moment marqué par la Providence, une civilisation renaît. Voilà le sens de la Révolution, voilà pourquoi son issue sera religieuse; et Joseph de Maistre salue de loin la grande unité qui se prépare. En ce moment, dit-il, le monde est dans l'attente; des prédictions courent la terre, annonçant un prochain renouveau. Or « jamais il n'y eut dans le monde de grands événements qui n'aient été prédits de quelque manière »[1]. « Tout annonce... je ne sais quelle grande unité vers laquelle nous marchons à grands pas »[2]. Toute l'humanité fusionne. Les peuples s'attirent et se rapprochent. Frappé de ces symptômes, le philosophe exprime sa confiance dans l'avenir :

Tout annonce que nous marchons vers une grande unité que nous devons *saluer de loin*, pour nous servir d'une tournure religieuse. Nous sommes douloureusement et bien justement broyés ; mais si de misérables yeux tels que les miens sont dignes d'entrevoir les secrets divins, nous ne sommes *broyés* que pour être *mêlés*[3].

Malheureusement nous nous trouvons ici sur un terrain glissant; et il semble que Joseph de Mais-

---

1. *Ibid.*, 11° entretien.
2. *Ibid.*
3. *Ibid.*, 2° entretien.

tre n'ait pas su réprimer à temps ses considérations aventureuses. Nous n'avons pas toute sa
pensée, puisque les *Soirées de Saint-Pétersbourg*
furent interrompues par sa mort. Mais les dernières pages en contiennent des vues singulièrement
hardies, et dès ses ouvrages précédents, il présa-
geait un bouleversement total dans les croyances
de l'Europe :

> Il me semble que tout vrai philosophe doit opter entre
> ces deux hypothèses, ou qu'il va se former une nouvelle
> religion, ou que le christianisme sera rajeuni de quelque
> manière extraordinaire [1].

Il disait cela dès 1796 ; et dans son *Pape* et dans
son *Eglise Gallicane*, partout il exprimait ses espérances sur le retour des hérétiques à l'orthodoxie, retour qui devait amener la fusion, ou du
moins l'amitié des peuples. Il va encore plus loin ;
et, de même que Chateaubriand prophétisera « la
consommation des siècles de mort et d'oppression
nés de la chute », de même Joseph de Maistre
pousse la hardiesse jusqu'à ne pas exclure une
troisième révélation [2]. Là — dans ces conjectures
qu'il a gardées de son contact avec la franc-maçonnerie — là se trouve le seul point où il puisse
être incriminé de romantisme. Et c'est malheureusement la partie de son œuvre qui exerça la
plus grande influence. De là procède sans doute
l'illuminisme des *Mémoires d'outre-tombe*, que nous
rappelions tout à l'heure ; de là — et bien que

---

1. *Considérations sur la France*, chap. v.
2. *Soirées de Saint-Pétersbourg*, ad finem.

Ballanche ait protesté contre cette expression de
troisième révélation, qu'il juge contraire à l'orthodoxie — de là procède, au moins en partie, le système palingénésique des initiations successives [1] ;
et surtout ces vues du philosophe des *Soirées*
fourniront des arguments et une autorité à ces
auteurs qui, comme Lamennais et Lamartine, proclameront l'évolution du dogme et la nécessité de le
réadapter aux temps présents. C'est d'ailleurs le
seul point qu'ils emprunteront à de Maistre. Le
reste les épouvantera, provoquera leur contradiction, et contribuera puissamment, par réaction, à
les jeter dans les doctrines opposées : telle sera
l'attitude d'un Vigny, et peut-être d'une George
Sand. Mais on ne peut le rendre responsable d'une
réaction contre ses propres idées : un seul aspect
de sa doctrine, nous l'avons vu, prêtait à l'équivoque ; et il n'est que temps de lui rendre une justice
qu'on lui refuse trop souvent. — Il n'est que temps
aussi de le distinguer de ce Bonald avec lequel on
le confond, et qui eut, lui, une influence funeste
par l'arsenal de sophismes qu'il fournit à tous les
écrivains subséquents, et notamment à l'un des

---

1. Ballanche résume sa pensée en ces termes: « Ce
n'est point une révélation nouvelle que nous devons attendre, mais peut-être nous est-il permis de compter sur
une dernière forme d'initiation ». Il est bon de rappeler
que pour l'auteur de la *Palingénésie sociale*, l'humanité
déchue est appelée à se réhabiliter au moyen d'une série
graduelle d'initiations religieuses. On reconnaît ici par
avance, le thème de la *Chute d'un ange*; et c'est aussi la
théorie que développe Nodier, lorsqu'il admet qu'après
sa mort l'homme passe à l'état *compréhensif* des anges
pour arriver, après une suprême épreuve, à l'état *résur-
rectionnel*. (*Rêveries*).

plus illustres, à celui qui, s'assimilant sa doctrine, en tirera les dernières conséquences et la répandra dans le public : au grand et malheureux Lamennais.

# CHAPITRE QUATRIÈME

## Lamennais.

## I

C'est en étudiant Lamennais qu'on parvient le mieux à se rendre compte de l'état d'esprit créé dans les milieux catholiques français par l'influence de Chateaubriand, de Joseph de Maistre et de Bonald. Nul homme, en effet, ne s'est laissé plus facilement impressionner par les idées contemporaines ; nul ne les a prises plus à cœur, les poussant jusqu'à leurs dernières conséquences, et nul ne les abandonnait avec une plus grande promptitude, dès que l'esprit public s'en désintéressait pour adopter d'autres doctrines. Lui aussi mériterait le nom d' « écho sonore » mieux que ce Victor Hugo qui se l'est décerné. Car ce dernier ne songeait guère qu'à bénéficier de la popularité des idées qu'il interprétait; alors que Lamennais était un convaincu et eût donné sa vie plutôt que de désavouer les opinions auxquelles il s'attachait. Jamais il ne manqua de sincérité; jamais non plus le souvenir de ses variations passées ne le fit renoncer à son ton autoritaire et passionné. Nous le verrons successivement absolutiste, libéral et républicain; ultramontain, et adversaire irréconciliable du pape; revirements qui dépendaient tous des auteurs agissant sur lui, et que lui-même, avec sa franchise coutumière, attribuera à l'atmosphère ambiante :

Si nous jetons un regard attentif sur le passé de notre esprit, nous ne pouvons méconnaitre l'action successive exercée sur lui par l'influence générale. Il a, pour ainsi dire, végété dans ce sol; il y a puisé la sève que le travail interne lui a rendue propre, et, se modifiant toujours en acquérant toujours, il a parcouru de la sorte, selon la mesure de sa faiblesse que nul ne connait mieux que lui, les phases de sa croissance individuelle [1].

Ce n'est pas faute de lectures, et il connaît assez d'écrivains différents pour n'être pas à la

---

1. Préface des *Troisièmes Mélanges.*

merci des premières idées venues. Mais son érudi-·
tion, qui est vaste, ne paraît pas l'avoir mis en
garde contre les enthousiasmes faciles et les in-
transigeances irraisonnées. En effet, Bonald, son
premier maître, lui avait inculqué sa tournure
d'esprit ; puis, en vrai romantique, il était incapable de réfréner son imagination ; et d'ailleurs,
nourri des écrivains de son époque, leur étude lui
faisait négliger le commerce des grands classiques.

Non pas qu'il ne sache de Fénelon et de Bossuet
les passages que les apologistes avaient coutume
de reproduire ; il les débite maintes fois ; mais il
ne paraît pas se les être assimilés complètement,
et s'il les cite comme des autorités, ce n'est pas
d'eux qu'il tire ses doctrines. — Pascal lui est
peut-être plus familier, et aussi bien leurs caractères se ressemblent-ils quelque peu. Il fait usage
de ses arguments sur l'incertitude de la vie future ;
il semble même lui avoir emprunté sa haine contre l'indifférence, et une partie de ce traditiona-
lisme sur lequel il fonde sa doctrine :

> Ce n'est donc pas pour le combattre que nous parlons
> ici de Pascal, mais au contraire pour faire voir la par-
> faite conformité de sa doctrine avec la nôtre.
>
> ... Il ne faut pas croire cependant que nous le suivions
> en tout... Il est allé trop loin en plaçant l'homme entre
> un doute absolu et la foi en la révélation: ce qui nous
> semble infirmer les preuves de cette révélation même [1]...

Mais on le voit, ici encore, il s'agit plutôt d'une
autorité à l'appui de la thèse mennaisienne que

---

1. *Défense de l'Essai,* chap. VII.

d'un véritable inspirateur ; et le premier penseur qui semble avoir agi puissamment sur son esprit est le père des romantiques, Rousseau.

Il l'avait lu pour le combattre ; et une bonne partie de l'*Essai sur l'indifférence* est consacrée à sa réfutation. Il vient facilement à bout d'établir ses contradictions ; mais c'est précisément là ce qui l'embarrasse. Pas plus que ses contemporains, il ne peut expliquer ce chaos de sophismes et de vérités qu'on ne parvient à débrouiller un peu qu'en y voyant le début d'une réaction contre l'Encyclopédie. Tout d'abord, en 1808, il est de l'avis de Bonald, et les sentiments de Rousseau lui semblent meilleurs que ses pensées. Il en tire même des conséquences philosophiques :

Il semble que pour être chrétien, il suffise d'être sensible ; car Rousseau lui-même est chrétien toutes les fois qu'il s'abandonne au sentiment, et il ne cesse de l'être que lorsqu'il commence à raisonner [1].

Plus tard, lors de l'*Essai*, il soutiendra plutôt le contraire. En effet l'orgueil et la volupté lui semblent le principe de l'irréligion ; et dès lors ce seront les « passions » de Jean-Jacques qui l'empêcheront d'être chrétien :

La raison de cet homme et son cœur l'entraînaient vers le catholicisme, que son seul orgueil repoussait... Mais sitôt que ses passions se calment, la vérité reprend son empire sur son esprit [2].

Quoi qu'il en soit, il reconnaît une part de vé-

---

1. *Réflexions sur l'état de l'Eglise*, p. 38.
2. *Essai sur l'Indifférence*, chap. XI.

rité dans l'œuvre du philosophe de Genève ; plus il vieillira, plus il la trouvera grande. Il en viendra, dans ses derniers ouvrages, à écrire des phrases comme celle-ci, qui semble inspirée directement du *Discours sur l'inégalité* :

Les hommes ont partout une certaine notion instinctive du juste, qui les guiderait assez sûrement, si d'une part, elle n'était faussée par les institutions arbitraires et factices sous lesquelles ils vivent, et, d'une autre part, obscurcie par leurs efforts pour établir entre elle et ces institutions un accord impossible [1].

Cependant, plus jeune que les auteurs que nous avons étudiés jusqu'ici, c'est au travers de leurs ouvrages que Lamennais voit Jean-Jacques Rousseau. La génération à laquelle il appartient continue à se passionner pour l'auteur d'*Emile* et d'*Héloïse*, mais subit aussi l'empreinte de ses disciples ; et ceux-ci, nous l'avons vu, tout nourris qu'ils étaient du maître, n'ont pas laissé que de s'écarter sensiblement de sa doctrine. Chateaubriand et Bonald christianisaient Jean-Jacques ; il n'est pas étonnant qu'un prêtre comme Lamennais se soit attaché à leurs théories et ait admiré leur talent. Il ne subira que plus tard l'influence de Joseph de Maistre, dans le moment où celle de Bonald commençait à s'affaiblir ; alors que celle de Chateaubriand se fera toujours sentir très vivement, et que, si l'*Essai sur l'indifférence* n'est en bonne partie que le développement des idées morales du *Génie du Christianisme*, les *Affaires de*

---

1. *Amschaspands et Darvands,* chap. XVII.

*Rome* sembleront un pastiche de ce qu'on connaissait des *Mémoires d'Outre-Tombe*.

« Homme de génie », Chateaubriand le sera pour lui à toutes les époques de sa vie. Toutes les fois qu'il vient à en parler, aussi bien dans sa jeunesse croyante que dans sa vieillesse révoltée, il lui prodigue cette épithète. En 1819, il le défend avec emportement contre les attaques du gallican de Pradt :

M. de Chateaubriand a peint, dans un style plein de charme, les beautés et les bienfaits de cette religion tant calomniée : son ouvrage, qui n'avait point de modèle, et qui n'a pas à redouter les imitateurs, réprime les sarcasmes de l'impiété, la désarme du mépris et ne lui laisse que sa haine... C'en est trop, il faut que M. de Pradt poursuive de ses outrages l'écrivain dont le génie a opéré ce prodige ; mais il ne saurait l'atteindre, il est déjà trop loin dans la gloire [1].

En 1837 les circonstances ont changé ; il ne s'agit plus du gallicanisme, ni des beautés de la religion ; et pourtant Lamennais célèbre Chateaubriand sur le même ton dithyrambique :

Le génie aussi prophétise. Du haut de la montagne il a découvert la terre lointaine où le peuple se reposera au sortir du désert ; et nos neveux un jour en possession de cette terre heureuse, se rediront d'âge en âge le nom de celui dont la voix encouragea leurs pères dans le voyage [2].

Il lui fait de nombreux emprunts, et c'est chez

---

1. *Premiers Mélanges*, XXII.
2. *Affaires de Rome*, p. 133.

lui qu'il semble avoir puisé tout ce qu'il dit des
bienfaits du christianisme. Il accepte même aveuglément les interprétations que Chateaubriand
donne de son œuvre, et voit dans *René*, outre « le
besoin que nous éprouvons d'un bien parfait, infini » [1], la condamnation de la mélancolie :

Il en est ainsi du cœur, il veut vivre ; et vivre, pour
lui, c'est aimer ou s'unir à un autre être. Quand il n'a
n'a point au dehors un objet d'amour ou de terme de
son action, il agit sur lui-même, et que produit-il ? de
vagues fantômes... Ce genre de dépravation, ce vice
honteux du cœur, l'affaiblit, l'épuise, et conduit à une
espèce particulière d'idiotisme qu'on appelle mélancolie [2].

N'est-ce pas aussi du Chateaubriand, cette série
de propositions qui résument le chapitre XXXVI
de l'*Essai* :

Tout le nord de l'Europe lui dut (au christianisme)
avec la vraie civilisation, la connaissance des lettres...
Le christianisme, en second lieu, a perfectionné l'ordre
social... Nous lui devons encore, de l'aveu universel,
des mœurs plus pures et plus douces... Mais si la religion chrétienne combat plus efficacement qu'aucune
autre le principe du mal, si elle rend les hommes meilleurs, donc elle est de Dieu [3].

Comme Chateaubriand, il parle des vertus des
premiers chrétiens, des religieux hospitaliers [4],

---

1. *Essai sur l'indifférence*, chap. XIV.
2. *Ibid.*, t. II, préface.
3. *Ibid.*, chap. XXXVI.
4. *Ibid.*, chap. XI.

et des beautés de l'Ecriture [1] ; comme Chateaubriand, il rapproche les dogmes catholiques de
certaines croyances païennes, et la tournure même
de ses phrases rappelle les comparaisons du *Génie* :

Il n'est pas nécessaire de recourir aux livres saints
pour prouver que la véritable religion était originaire-
ment celle du genre humain. Les anciens peuples, quoique livrés à des superstitions extravagantes, conservaient
des traces sensibles de l'ancienne tradition, et les se-
mences précieuses des vérités les plus importantes. Cet
accord frappant entre des nations qui souvent ne se connaissaient point... [2]

Il suit si bien son conducteur qu'il équivoque
avec lui sur le mot de « mystère », ce qui peut
étonner chez un prêtre, si peu théologien fût-il :

Tout, et l'homme même, est mystère pour l'homme.
Que croirais-je si je ne croyais que ce que ma raison
conçoit ? Le ciel, la terre, la vie, la mort, le grain de
sable que je foule aux pieds, la paille que le vent emporte me sont éternellement incompréhensibles, et je
prétendrais connaitre Dieu, sa nature, ses attributs, son
essence !... Une religion sans mystère serait une religion fausse, puisqu'elle ne nous donnerait ni l'idée ni
le sentiment de l'infini [3].

Il nous paraît superflu d'insister sur la concor-
dance entre l'évolution de Lamennais et celle de
son modèle ; rappelons seulement que les *Paroles
d'un croyant* parurent à peu près en même temps

---

1. *Ibid.*, chap. XXXII.
2. *Ibid.*, chap. XXIX.
3. *Deuxièmes Mélanges* : Sur la foi.

que l'article de Chateaubriand sur l'*Avenir du monde*, et que les *Affaires de Rome* reproduisent un long passage de l'*Essai sur la littérature anglaise*. — Cette influence fut assez forte pour primer celle de Bonald, même en politique ; et pourtant, Dieu sait combien il admirait l'auteur de la *Théorie du pouvoir* !

« Le philosophe le plus profond qui ait paru en Europe depuis Malebranche » [1], « le fondateur des dernières espérances qui restent peut-être aux nations et le bon génie de la société » [2], telles sont en effet les louanges qu'il lui décerne, et il adopte non seulement son système, mais encore sa mentalité. Pour lui aussi le contingent n'existe pas ; lui aussi ne voit que des rapports immuables, sur lesquels il fonde sa religion :

La religion, qui ne craint que de n'être pas connue, et qui ne le sera parfaitement que lorsqu'on aura aperçu la liaison de toutes les vérités dont elle se compose. Sans doute ces vérités, qui rentrent de tous côtés dans l'infini, seront éternellement inconcevables à l'esprit de l'homme : mais si, comme on l'a dit, il ne lui est pas possible d'en *imaginer le comment et le pourquoi*, il peut du moins, et cela lui suffit, *en concevoir la nécessité* ; et je ne crains point d'avancer qu'il n'est pas dans la religion chrétienne un seul mystère qui ne puisse ainsi être démontré par la raison. Déjà un homme de génie a pénétré avec succès dans cette nouvelle route ouverte aux défenseurs du christianisme ; et ses ouvrages immortels, que la postérité appréciera, feront un jour révolution dans la philosophie comme dans la politique [3].

---

1. *Essai sur l'Indifférence*, chap. VIII.
2. *Ibid.*, chap. XIV.
3. *Réflexions sur l'état de l'Eglise*, p. 78.

De fait, en politique, il ne reconnaît qu'une vraie constitution, la monarchie d'Ancien Régime :

Il n'y a qu'une vraie constitution. Si l'homme en établit une autre, comme il ne saurait changer l'ordre des choses, ni créer des êtres nouveaux, il ne peut empêcher que cette constitution soit fausse [1].

Et comme ces vérités sont incontestables, il damne ceux qui s'en écartent. Lamennais méprise le raisonnement, pour les mêmes raisons que Bonald. Il n'hésite pas à proférer cette opinion monstrueuse, que « les grandes erreurs de l'esprit étaient à peu près inconnues dans le monde avant la philosophie grecque. C'est elle qui les fit naître... » [2] C'est à dire qu'il suffit de penser pour tomber dans l'erreur : car « la raison individuelle, abandonnée à elle-même, va nécessairement s'éteindre dans le scepticisme absolu » [3]. La pensée c'est l'orgueil et « c'est de l'orgueil que sortent les ténèbres » [4]. « Quiconque ayant cru, cesse de croire, cède à un intérêt d'orgueil ou de volupté » [5]. — Le malheureux forgeait ainsi lui-même les armes dont on abusera contre lui ! Là se trouve d'ailleurs le trait par lequel l'influence de Bonald se maintiendra dans son esprit, même après qu'il aura répudié ses doctrines. Toujours, comme à l'auteur de la *Théorie du Pouvoir*, l'humanité lui semblera partagée en deux camps : ici les bons, là

---

1. *Deuxièmes Mélanges* : De la vérité.
2. *Essai sur l'Indifférence*, chap. XXIV.
3. *Ibid.*, chap. XIX.
4. *Ibid.*, chap. XXI.
5. *Ibid.*, chap. IX.

les méchants. Toujours ses adversaires seront
d'infâmes coquins à la tête d'une bande d'imbéciles, jamais il n'admettra que l'on puisse se tromper
sur certains points tout en ayant raison sur d'autres ; et c'est là, dans ce « bonaldisme », qu'il
faut voir poindre le premier germe de sa future
défection.

Quant à Joseph de Maistre, son influence, nous
l'avons dit, est postérieure. L'*Essai* renferme sans
doute certains passages qui semblent imités des
*Considérations sur la France* ; mais peut-être n'est-
ce qu'une coïncidence :

La raison ne comprend rien pleinement. Une faible
et vacillante lueur marque à peine quelques contours,
quelques légers traits des objets qu'elle considère. Sitôt
qu'elle en veut pénétrer la nature intime, d'épaisses
ombres arrêtent ses regards... Qui viendra donc au se-
cours de cette intelligence débile ? Ce sera la religion ;
et comment ?... Elle suppléera par la foi à la faiblesse
de l'intelligence [1].

On ne peut même dire que le comte de Maistre
ait profondément contribué à lancer l'auteur des
*Progrès de la Révolution* dans sa polémique anti-
gallicane. Quand parut le *Pape*, la bataille était
déjà engagée ; et sans doute Lamennais reconnais-
sait-il avec une grande satisfaction que ses sentiments « ne diffèrent en rien d'important de ceux
de M. de Maistre » [2] ; sans doute reprend-il ses
propres expressions pour qualifier les papes de

---

1. *Essai sur l'Indifférence*, chap. XII. Cf. p. 74, un pas
sage analogue de Joseph de Maistre.
2. *Deuxièmes mélanges* : Sur le livre « Du Pape ».

« pouvoir constituant de la chrétienté » [1] ; mais on le voit, il le cite surtout comme une autorité à l'appui de ses dires, autorité qu'il respecte profondément, sans toutefois s'y attacher comme un disciple. — C'est qu'au rebours de Chateaubriand et de Bonald qui sont des romantiques, Joseph de Maistre est le dernier représentant de l'esprit classique français ; et Lamennais, tout porté qu'il fut un moment à reproduire et à outrer les doctrines du livre du *Pape*, tout semblable qu'il fut au gentilhomme de Savoie par la vivacité de sa polémique et le mordant de ses sarcasmes, devait cependant regarder celui qui n'était pas encore l'auteur des *Soirées de Saint-Pétersbourg* comme un être un peu exclusivement spirituel et raisonneur et manquant de cet enthousiasme que madame de Staël engageait ses contemporains à chercher dans les littératures germaniques. L'enthousiasme ! Voilà en effet un trait constant du génie de Lamennais. Il l'avait apporté avec lui en naissant, et l'atmosphère de l'époque n'avait fait que le développer ; et cet enthousiasme l'induira à embrasser successivement avec passion les doctrines les plus opposées : vrai romantique, peut-être le seul entièrement sincère d'eux tous, en tous cas celui d'entre eux qui fut le plus chrétien, et que cet état d'esprit fit passer le plus vite à la négation la plus violente.

---

1. *Religion dans ses Rapports*, chap. VI.

`L'ouvrage qui rendit illustre le nom de Lamen-
nais, son *Essai sur l'indifférence*, fut et est encore
loué quelquefois comme un réservoir d'idées neuves et d'expressions originales. Et pourtant, il ne
semble pas briller par une telle nouveauté ; les
doctrines que l'on y trouve sont celles de Bonald
et de Chateaubriand ; et le style lui-même, dans
sa fausse éloquence, rappelle celui de Rousseau.
S'il y a là quelque chose d'inédit — car encore
faut-il expliquer son succès — c'est le fait que pour
la première fois un homme groupait et systémati-
sait, dans un ordre d'ailleurs habile, les théories
et les tendances de la jeune génération. Mais ne
nous y trompons pas : toutes ou presque toutes ces
idées sont tirées du *Génie du christianisme* et de la
*Théorie du pouvoir* ; et comme le premier tout au
moins de ces livres n'est qu'un compilation de génie, que dire de l'*Essai* dont une bonne partie n'est
employée qu'à le paraphraser ?

Lamennais emprunte d'ailleurs le dessein de son
ouvrage au futur auteur des *Recherches philosophiques*, dont les productions antérieures dévoilaient
suffisamment la doctrine. Comme Bonald, il veut
établir la religion sur l'autorité, en retirant au
raisonnement tout droit à la conduite de notre vie :
comme lui, et comme les autres apologistes de
l'époque, il vilipende la philosophie, source d'erreur et de désordre ; comme lui, et plus que lui, il

veut bâillonner l'esprit critique pour lui substituer la foi. Aussi faut-il voir avec quelle virulence il s'en prend à Descartes, qu'il considère comme le grand fauteur de la liberté d'examen. D'après lui, c'est avec Descartes que les « opinions » et les « raisonnements », qui commençaient à s'engourdir du sommeil de la scolastique, reprirent une force nouvelle et devinrent l'armature de tout système philosophique. — Lamennais dissipe en passant l'équivoque de ce mot de « raison » que Bonald, par exemple, employait tantôt dans un sens tantôt dans un autre :

> Otons d'abord l'équivoque de ce mot de *Raison*, par lequel on désigne deux facultés totalement distinctes, et qu'il est dangereux de confondre ; la faculté de connaitre et la faculté de raisonner [1].

La distinction, en effet, n'était pas inutile à l'interprétation de son œuvre ; et sans elle ses déclarations nous sembleraient singulièrement contradictoires. Tantôt il proclame le « combat à mort de la *Chair contre l'Esprit*, des sens, que la religion chrétienne s'efforce de réduire en servitude, contre la raison qu'elle affranchit, éclaire et divinise »[2] ; et tantôt le « raisonnement, loin d'être un instrument de vérité, défigure souvent celles qu'on lui soumet »[3]. C'est qu'il marque une différence entre le raisonnement et la raison, entre la faculté de connaitre le vrai et ces moyens de l'acquérir ;

---

1. *Essai sur l'Indifférence*, chap. xiii.
2. *Essai sur l'Indifférence*, introduction.
3. *Premiers Mélanges*, XXV.

et ces moyens, tels que jusqu'ici on s'en servait dans les écoles, lui paraissent impropres au but qu'ils se proposent :

Pour commencer par la philosophie, quelles sont les vérités qu'elle nous révèle ?... Hélas ! plus impuissante encore que présomptueuse, elle trompe ou dégrade toutes nos facultés... Toutes les croyances fuient devant elle... Autant de philosophes, autant de systèmes, aussi vagues, aussi fugitifs que les rêves de la nuit... Que d'obscurités ! que d'incertitudes ! que de contradictions ! [1]

Philosophie et raisonnement se sont malheusement identifiés ; c'est pourquoi Lamennais combat tous les philosophes, en exceptant le seul Malebranche dont la doctrine se rapproche de la sienne. Telle qu'on l'a comprise jusqu'ici, la philosophie c'est l'esprit de révolte : et la seule époque où le monde ait connu le bonheur est ce haut moyen-âge où la science végétait et où l'on ne s'était pas encore avisé d'exhumer Aristote. La philosophie est funeste, et la catastrophe révolutionnaire coïncide avec son avènement ; et, suivant toujours aveuglément Bonald, Lamennais confond la philosophie avec les « philosophes », lui imputant tous leurs méfaits :

J'ai montré que la philosophie détruit le pouvoir, détruit le droit des gens, détruit les lois, ou la règle des actions publiques ; il me reste à prouver qu'elle détruit également la morale, ou la règle des actions privées [2].

La raison ne saurait être dès lors notre faculté

---

1. *Essai sur l'Indifférence*, chap. IX.
2. *Essai sur l'Indifférence*, chap. X.

souveraine ; est-ce davantage le sentiment, ainsi
que le croyait Chateaubriand, et ainsi que Bonald
lui-même paraît enclin à le penser ? Assurément
ces deux autorités agissent puissamment sur sa
pensée ; mais ici il se refuse de les suivre ; et
d'ailleurs il trouvait dans la *Théorie du pouvoir* et
la *Législation primitive* certaines indications qui
lui permettaient de sacrifier avec moins de regret
la faculté chérie des romantiques. Il n'est d'ailleurs
pas très ferme sur ce point ; on ne trouverait
guère dans son œuvre qu'une seule condamnation
catégorique des « vérités de sentiment » :

On s'est imaginé qu'il existait des vérités indépen-
dantes de la raison, des vérités senties avant d'être
conçues, et qu'à cause de cela l'on nomme *vérités de
sentiment*. On ne pouvait confondre plus dangereuse-
ment des facultés distinctes [1]. -

Partout ailleurs il tergiverse, il équivoque :

Il y a donc des vérités de sentiment ; et ces vérités,
on les reconnait, ainsi que les vérités de sensation et de
raisonnement, par le témoignage qui nous apprend que
les autres hommes sont affectés des mêmes sentiments
que nous et de la même façon que nous [2].

Il confond visiblement ici une « vérité de sentiment » et la vérité de nos sentiments. D'ailleurs
ces vérités de sentiment, tout comme la raison
raisonnante, dépendent d'une autorité supérieure :

La certitude des vérités de sentiment repose, aussi

---

1. *Ibid.*, t. II, préface.
2. *Ibid.*, chap. x.

bien que la certitude des vérités de sensation, sur l'autorité générale ou le consentement commun. Qui donc
oserait nier une vérité de sentiment universel, devrait
douter de tout ce qu'il sent ou s'imagine sentir [1].   .

Plus tard, lorsqu'il cessera de reconnaître une
pareille autorité, le sentiment lui paraîtra de plus
en plus le pouvoir souverain de l'homme ; et, de
même que dans sa jeunesse il s'exclamait : « Il
semble que pour être chrétien il suffise d'être sensible » [2], de même il reconnaîtra dans ses *Amschaspands et Darvands* « une certaine notion instinctive du juste » que possède chacun de nous ; ou,
dans ses *Paroles d'un croyant,* faisant allusion au
protestantisme, il écrira cette phrase que le vieux
Bonald eût eu tort de désavouer :

Je vois au Septentrion des hommes qui n'ont plus
qu'un reste de chaleur concentrée dans leur tête, et qui
l'enivre ; mais le Christ les touche de sa croix, et le cœur
recommence à battre [3].

Cependant, puisqu'il apparaît que le cœur ne
peut suffire à nous guider, que ferons-nous ? Cher-
cherons-nous à tâtons à travers les ténèbres, demandant compte de ses titres à chacune de nos facultés ? « Mais l'homme n'est pas jeté sur la terre
quelques instants pour disputer ; il y est pour connaître et pour agir, par conséquent pour croire ; et

---

1. *Ibid.,* chap. XIV. Nouvelle confusion entre le fait de
sentir, *sentire,* et le sentiment, faculté affective. Mais
nous l'avions déjà signalée dans Bonald. Cf. p. 78, où nous
signalions la quasi-homonymie qu'ont chez cet auteur les
mots de « sentiment », d' « intuition » ou d' « instinct ».
2. *Réflexions sur l'état de l'Eglise,* p. 38.
3. *Paroles d'un Croyant,* II.

malheur à qui le doute ouvre les portes du tombeau ! » [1] Toute sa vie Lamennais gardera cet
amour de l'action, cette haine de la spéculation
pure ; toute sa vie il jugera des doctrines et des
faits d'après leur utilité présente. Il écrira toujours
pour agir, jamais pour divertir :

Si les questions traitées dans l'*Essai* n'étaient que des
questions de pure curiosité, si elles ne tenaient pas aux
plus grands intérêts de l'homme, jamais nous n'aurions
écrit cette *Défense*, car qui voudrait perdre un quart
d'heure de repos pour une simple opinion philosophique ? [2]

Par ce pragmatisme encore, il est bien de son
temps. Nous avons déjà dit qu'il imite Chateaubriand, prouvant la vérité du christianisme par ses
bienfaits et sa beauté. On croirait souvent que ces
preuves lui suffisent, et que la poésie de l'Ecriture
lui démontre sa divinité :

Nul autre livre que l'Ecriture ne nous apprend à parler à Dieu, à prier ; et cela seul prouverait que l'Ecriture
est divine [3].

Il va plus loin. Comme Bonald, il exige de la
science qu'elle n'émette jamais d'hypothèses con-
traires à la morale reçue :

La doctrine chrétienne, selon laquelle, conformément
aux antiques traditions, le genre humain provient d'une
seule tige, est donc sans conteste la plus favorable à l'hu-

1. *Essai sur l'Indifférence*, chap. IX.
2. *Défense de l'Essai*, chap. XII.
3. *Essai sur l'Indifférence*, chap. XXXII.

manité... A cet égard la science, qui s'est quelquefois trop livrée à la hardiesse de ses conjectures physiologiques, a de grands devoirs à remplir [1].

Si, même après sa défection, il persistera à croire une religion nécessaire, c'est surtout à cause des conséquences funestes qui en suivraient la disparition :

Jamais l'irréligion ne s'enracine au sein du peuple, sans quoi la société se dissoudrait immédiatement. De tous ses besoins, le besoin de croire est le plus invincible [2].

Et dans l'*Essai*, il ne s'adresse pas à la raison des incrédules, ni à leur cœur, mais à leur volonté :

Est-ce à la raison qu'il' (le Verbe divin) s'adressera ? Non, mais à la volonté: car il ne dépend pas toujours de la raison de comprendre, mais il dépend toujours de la volonté de croire ce qui est attesté par un témoignage d'une autorité suffisante [3]

La volonté, voilà donc notre faculté primordiale C'est elle qu'il s'agit de fléchir. Les erreurs comme les crimes proviennent d'une volonté dépravée, et c'est pourquoi il est parfaitement juste de dire que « c'est de l'orgueil que sortent les ténèbres ». Il faut humilier notre volonté ; notre raison doit dépouiller son arrogance, et s'incliner devant la raison universelle du genre humain, représentée

---

1. *De l'Absolutisme et de la Liberté.*
2. *Des Maux de l'Eglise et de la Société*, chap. I. Publié, comme on le sait, dans les *Affaires de Rome*, quoique composé antérieurement.
3. *Essai sur l'Indifférence*, chap. XII.

par l'autorité de l'Eglise. C'est pourquoi Lamennais peut dire de bonne foi qu'il « affranchit,
éclaire et divinise » la pensée ; car « ou la raison
humaine n'est qu'une chimère, ou elle dérive d'une
raison supérieure, éternelle, immuable... Vivre...
c'est l'écouter, c'est lui obéir, et la plus parfaite
obéissance constitue le plus haut degré de raison ». [1] Non seulement cette doctrine ne détruit
pas l'intelligence, mais elle lui rend la vie : « La
foi est la vie de l'intelligence ; et croire c'est obéir...
L'amour est la vie du cœur ; et aimer ce que l'ordre nous commande d'aimer, c'est obéir » [2]. Car
le sentiment, aussi bien que la raison, doit reconnaître l'autorité du sens commun : « Qui donc oserait nier une vérité de sentiment universel devrait
douter de tout ce qu'il sent ou s'imagine sentir » [3].
Raison et sentiment disparaîtraient sans cette soumission totale : « le premier acte de la raison est
nécessairement un acte de foi » [4]. Et Lamennais se
livre de plus belle à l'illusion de croire qu'il ne fait
que sauver la raison :

Si nous insistons sur la faiblesse de la raison particulière, c'est pour établir ensuite la raison générale...
Ainsi, loin de détruire la raison, nous la plaçons au contraire sur une base inébranlable [5].

La raison générale est donc le guide et la règle
de notre vie. Jamais il ne s'en dédira : « Telle est,

---

1. *Essai sur l'Indifférence*, t. II, préface.
2. *Ibid.*, chap. xxxv.
3. *Ibid.*, chap. xiv.
4. *Ibid.*, chap. xv.
5. *Ibid.*, t. II, préface.

écrivait-il en 1835, la solution qui nous a paru et qui nous paraît encore la seule réellement solide, la seule admissible » [1]. Seulement, à cette époque, il placera cette autorité dans l'opinion publique, alors que pour le moment il la met dans l'Eglise et cherche de toutes forces à l'y ramener. Chose difficile, d'ailleurs, que de prouver que « tout ce qui était de croyance universelle dans les temps qui ont précédé la naissance du Sauveur, est encore et sera toujours cru dans la société chrétienne universelle ou catholique » [2]. Encore une fois, il recourt à Chateaubriand et aux premiers chapitres du *Génie* ; il soutient même des assertions encore plus aventurées, et avance bravement que « l'idolâtrie ne fut jamais que... le culte des *Anges* et celui des *Saints* » [3]. Singuliers saints, en vérité, que les divinités païennes ! De même il prétend démontrer l'authenticité des Ecritures parce que « jamais la tradition n'a varié sur leurs auteurs » [4], et il prend les institutions des Juifs à témoin de la réalité des faits qu'elles commémorent :

Les institutions du peuple juif, ses pratiques religieuses, ses usages, ses fêtes, ses hymnes, supposent d'ailleurs la réalité des événements qu'ils rappellent, et dont ils sont destinés à conserver le souvenir. Ainsi, à moins de nier l'existence de ces institutions, de ces pratiques, de ces usages, de ces fêtes, ou à moins de nier l'existence des Juifs, on ne peut nier leur histoire [5].

---

1. Préface des *Troisièmes Mélanges*.
2. *Essai sur l'Indifférence*, chap. XXV.
3. *Ibid.*, chap. XXIV.
4. *Ibid.*, chap. XXXII.
5. *Ibid.*

Allons !. Il était bon que Renan vînt secouer les
littérateurs catholiques, et les forcer à étudier plus
sérieusement les faits contenus dans la Bible. —
Pour Lamennais, tous ces arguments sont valables,
et il est établi que d'une part, « en toutes choses
et toujours, ce qui est conforme au sens commun
est vrai ; ce qui lui est opposé est faux » [1] ; et que
d'autre part l'Eglise catholique sert d'organe à ce
sens commun :

L'Eglise catholique, seule société religieuse constituée,
est aussi la seule qui lie le présent au passé sur lequel
elle s'appuie ; la seule qui ait succédé, et n'ait point commencé ; la seule qui n'ait jamais varié, la seule qui ait un
symbole, ou qui exerce le droit de commandement sur
les esprits ; la seule qui promette la certitude, puisqu'elle
seule réclame l'infaillibilité. Que pourriez-vous demander
de plus ? La voilà, oui, la voilà, l'autorité que nous cherchons... [2]

Telle est la pensée de Lamennais au premier stade
de sa carrière. On voit combien elle est proche de
celle de Bonald, et combien aussi elle s'inspire du
*Génie du Christianisme*. L'auteur de l'*Essai* n'est
qu'un écolier qui reprend le langage de ses maîtres. Son individualité ne s'est pas encore déve-
loppée, pas plus que la force d'enthousiasme qui le
perdra et qui ne se manifeste encore que par la
réprobation dont il accable ses adversaires. — Mais
dès cette année 1817, il commençait à s'intéresser
aux luttes politiques de l'Eglise. Avant même Joseph de Maistre, il s'attaquait au gallicanisme ; et

1. *Défense de l'Essai*, préface.
2. *Essai sur l'Indifférence*, chap. XXII.

cette polémique mûrit son talent, tout en modifiant sa doctrine.

## III

« La souveraineté du peuple, une des plus étonnantes et des plus monstrueuses folies qui soient jamais montées dans l'esprit humain » [1] : voilà comment Lamennais, en 1823, qualifiait la doctrine dont il sera, dix ans plus tard, le plus ardent protagoniste. Il déclarait aussi que la démocratie « n'est que le dernier excès du despotisme » [2], et cela à moins de quatre ans de la Révolution de juillet ; il voyait enfin dans la constitution de l'ancien régime un modèle jamais dépassé :

Il existait, il y a trente ans, une nation gouvernée par une race antique de rois, d'après une constitution la plus parfaite qui fut jamais... [3]

Il changea vite, et pourtant logiquement. Car dans cette première partie de sa carrière, il ne faisait que reproduire les doctrines d'autrui. Nous n'aurions pas besoin de pousser bien avant la lecture de Bonald pour y trouver que « le principe désastreux que tout pouvoir vient du peuple, conduit infailliblement les peuples, ou à la privation de gouvernement, ou à un gouvernement oppres-

---

1. *Deuxièmes Mélanges* : Restauration de la science politique par M. de Haller.
2. *Religion dans ses Rapports.*
3. *Essai sur l'Indifférence,* chap. x.

sif » [1] : et si cela n'est pas dit en propres termes,
il s'en faut de peu. Remarquons aussi que dès cette
époque Lamennais marque leur devoir aux rois :
« Régner c'est servir, et le souverain n'est que le
premier serviteur des peuples » [2] ; et que, si le
monarque est inviolable, il ne peut donc prévari-
quer sans commettre un vrai sacrilège :

La royauté est un véritable sacerdoce politique ; on ne
peut pas plus s'en dépouiller que du sacerdoce religieux.
L'un et l'autre sont divins dans leur origine, dans leurs
fonctions, dans leur objet : l'un et l'autre, quoique différemment, dérivent de la même source ; et l'on est roi
comme l'on est prêtre, non pour soi, mais pour le peuple [3].

Il ne s'en faut pas de beaucoup qu'il n'affirme que
« la soumission du peuple au prince avait pour condition la soumission du prince à Dieu et à sa loi » [4] ;
et que, constatant les attentats réitérés commis
par le prince sur l'Eglise, il ne se déclare délié de
son devoir d'obéissance. — Car c'est dans sa lutte
contre le gallicanisme qu'il sentira sombrer sa foi
d'*Ultra*; c'est à voir les entreprises du pouvoir
contre la religion qu'il cessera de prôner ce pouvoir ; et rien, pour le dire en passant, ne confirme
mieux ce que nous avons avancé de Joseph de Maistre, que de voir les mêmes doctrines amener un
contemporain à prendre parti pour la république.
— Heureux s'il avait eu cette modération et

1. *Essai sur l'Indifférence*, chap. x.
2. *Ibid.*, chap. xi.
3. *Deuxièmes Mélanges* : 21 janvier.
4. *Progrès de la Révolution*, chap. i.

ce sens du contingent qui caractérisent l'auteur du
*Pape!* mais lui ne connaît que les extrêmes ; et,
voulant se désaltérer au torrent, il y pénètre jusqu'au cou, et s'y noie.

« Toute puissance vient de Dieu, et là seulement
se trouve la raison du pouvoir et de l'obéissance,
sans lesquels il ne peut exister de société » [1].
Sitôt que l'on admet ce principe éminemment catholique, il est aisé de voir que le gallicanisme va
directement à l'encontre de la doctrine de l'Eglise.
Lamennais semble s'en être aperçu dès ses débuts.
Aussitôt les Bourbons rétablis, il attaque de toute
sa vigueur les prétentions du pouvoir, engageant
contre l'Université cette lutte qui se continuera
jusqu'à l'heure présente ; et l'on peut croire que
s'il ne l'a pas inaugurée dès l'Empire, la censure
de Napoléon y devait être pour quelque chose. Cependant, du fait que « la religion est l'unique fondement des devoirs, comme, à leur tour, les devoirs
sont l'unique loi de la société »[2], on pouvait déduire
deux doctrines contradictoires. Ou bien l'on attribuait au pouvoir religieux la suprématie sur les
institutions civiles, et le gouvernement devait
se faire l'humble serviteur de l'Eglise ; ou bien
l'on proclamait leur indépendance réciproque, et
l'on revendiquait la séparation de l'Eglise et de
l'Etat. — Avant de se fixer à cette seconde solution qui demeura la sienne, Lamennais hésita longtemps : c'est que la première avait pour elle Joseph
de Maistre, et que Lamennais ne désespérait pas

1. *Réflexions sur l'état de l'Eglise,* p. 66.
2. *Essai sur l'Indifférence.*

de voir arriver au ministère des hommes qui consentiraient. à voir subordonner la couronne à la tiare.

« Nous fûmes en quelque sorte trop soldat, nous . regardâmes un peu trop les choses d'un seul côté », dira t-il dans cette triste préface des *Troisièmes Mélanges*, où il renie ses convictions passées. Ah oui, il le fut trop, non seulement dans cette circonstance, mais dans sa vie entière ; il l'était dans la page même où il écrivait cette rétractation. Jamais il ne vit de milieu entre l'humiliation de l'Etat par l'Eglise et la licence de toutes les sectes ; toujours incapable de considérer en même temps les différents aspects d'une doctrine, il passa de la théocratie la plus illimitée au plus effréné des libéralismes. En 1823 il prétendait encore que « les délits contre la religion, la morale et le gouvernement ne sauraient être tolérés dans aucune société » [1], et semblait justifier ainsi un despotisme inquisiteur ; dans l'*Essai*, il qualifiait la tolérance de « nouveau genre de persécutions et d'épreuves pour la foi »[2] ; et le voici qui tout d'un coup déclare que « l'ordre spirituel doit être en dehors de l'ordre temporel » et que « nul ne doit compte de sa foi au pouvoir humain »[3]. Quelle ressemblance, quel lien peuvent exister entre ces diverses déclarations ?

Il est vrai, Lamennais n'adhéra que pour peu de temps à une théocratie qui se ressentait d'ailleurs de Bonald plus que de Joseph de Maistre ; ou plu-

---

1. *Deuxièmes Mélanges* : De la tolérance.
2. *Essai sur l'Indifférence*, introduction.
3. *Troisièmes Mélanges*, III.

tôt il n'y adhéra que par instants, car à toutes les
époques de sa vie, on trouve sous sa plume des
affirmations libérales. Seulement, alors que jusqu'en 1826 il nourrit l'espoir de voir l'Etat adopter l'ultramontanisme, il y renonce à partir de cette
date. Dès lors il cesse de proclamer qu' « en sépa-
rant, contre la nature essentielle des choses, l'ordre politique de l'ordre religieux, le monde aussitôt a été menacé d'une anarchie ou d'un despotisme
universel »[1]; mais au contraire il revendique cette
séparation comme la seule solution possible :

Dans un pays où le pouvoir est disputé, où la guerre
civile est menaçante, la neutralité est le premier intérêt
de l'Eglise, quand ce ne serait pas son premier devoir.
En renonçant à toute alliance avec l'Etat et avec les partis, l'Eglise demeurerait inviolable pour tous[2].

Certains de ses antécédents favorisaient ce changement d'attitude ; dès le début il avait pris position contre le pouvoir, non pas encore dans l'intention de le séparer de l'Eglise, mais de l'y soumettre,
en le forçant de renoncer au monopole de l'enseignement.

« De toutes les conceptions de Bonaparte, déclarait-il dès 1814, la plus effrayante, la plus profondément anti-sociale... c'est l'Université »[3]; et il
invitait le nouveau régime à rendre l'enseignement
aux Congrégations. « Qui ne peut pas commander

1. *De la Religion dans ses Rapports*, chap. VI.
2. Mémoire présenté au Pape par Lacordaire au nom
des rédacteurs de l'*Avenir*, et publié dans les *Affaires de
Rome*.
3. *Premiers Mélanges*, XVI.

la foi doit se taire dans les questions de doctrine »,
ajoutait-il ; et il prononçait dès 1818 ces paroles
significatives : « On n'enchaîne pas plus la parole
que la pensée » [1]. L'année précédente déjà, il avait
déclaré que « l'enseignement qui n'est au fond que
la communication des pensées, resta toujours aussi
libre que la pensée même » [2] ; et il est curieux de
le voir ainsi invoquer la « liberté de penser » en
même temps qu'il publiait l'*Essai*, puisqu'en 1826
encore il s'indignera de ce que « l'on chercherait
en vain le nom de Dieu dans nos codes » [3]. Tout
cela d'ailleurs avec une entière bonne foi ; et il ne
s'aperçoit même pas qu'il varie.

On comprend dès lors comment il devint libéral ;
et ses attitudes successives, si peut-être elles se
contredisent, peuvent néanmoins s'expliquer. Dès
le début il revendique la liberté pour le catholicisme. Il lui suffira d'oublier qu'il la revendique
au nom d'un privilège divin, pour qu'aussitôt il se
trouve réclamer l'affranchissement de toutes les
doctrines, dans toutes leurs manifestations. « Personne n'est plus convaincu que nous qu'on ne ramène point les hommes à la vérité par la violence » [4],
dit-il dès l'*Essai* ; et persuadé d'autre part que la
vérité se défend toute seule et triomphe par la discussion, il juge que non seulement il est possible
de tolérer toutes les opinions, mais que cette tolérance est la base des progrès futurs du catholi-

---

1. *Ibid.*, II.
2. *Ibid.*, XIX.
3. *Religion dans ses Rapports*, chap. II.
4. *Essai sur l'Indifférence*, t. II, préface.

cisme. Il y a une transition toute naturelle entre
l'absolutisme de Lamennais en 1820 et ce fameux
programme de l'*Avenir*, qui ne viendra cependant
à maturité que lorsque les événements et les con-
troverses lui auront fait abandonner ses espérances
de théocrate :

Catholiques sincères, nous tenons par le fond de nos
entrailles à l'unité .. Nous tenons dès lors non moins
fortement à l'antique et sainte hiérarchie... Nous repous-
sons avec dégoût les opinions qu'on appelle gallicanes...
Nous reconnaissons le gouvernement actuel de la France...
et nous le défendrons tant qu'il obéira lui-même à la
Charte qu'il a créée... Nous demandons premièrement
la liberté de conscience... la totale séparation de l'Eglise
. et de l'Etat... en second lieu la liberté d'enseignement...;
en troisième lieu la liberté de la presse... ; en quatrième
lieu la liberté d'association..., en cinquième lieu qu'on
développe et qu'on étende le principe d'élection, de manière à ce qu'il pénètre jusque dans le sein des masses ;...
en sixième lieu, l'abolition du système funeste de la
centralisation [1].

Comment a-t-on pu s'y tromper au point de
croire que la fondation de l'*Avenir* marque dans la
carrière de Lamennais l'étape décisive, sa rupture
avec le passé, sa conversion aux idées libérales ?
Cette rupture, cette conversion, mais elles étaient
déjà faites depuis longtemps, elles remontent au
moins jusqu'en 1828, et peut-être bien auparavant ;
et pendant toute cette époque, jusqu'aux *Paroles
d'un croyant*, Lamennais n'a pas varié, il n'a fait
que développer les éléments accumulés dans son

---

1. *Troisièmes Mélanges*, VIII.

esprit par sa longue lutte contre le gallicanisme.
Remarquons, en effet, que dans cette profession de
foi, le premier article est une répudiation des maximes gallicanes ; et l'on peut dire que de ce premier article dépendent les autres. « La séparation de
l'Eglise et de l'Etat » ? Mais il la réclamait dès 1826,
lorsqu'il disait que « la vraie dignité, la force véritable des évêques comme des prêtres, dépend aujourd'hui de leur éloignement des affaires publiques ;
il leur suffit de celles de l'Eglise » [1] ; dès 1828, lorsqu'il demandait « que l'Eglise, évitant de lier ou
de paraître lier indissolublement sa cause à celle
des gouvernements qui l'oppriment, se fortifie en
elle-même au milieu de la lutte des peuples et des
rois, sans y prendre aucune part directe » [2]. La
liberté d'enseignement, celle de la presse et celle
d'association ? Mais, outre qu'elles sont implicite-
ment contenues dans les revendications précédentes, nous avons vu combien il les prôna toujours,
du moins la première, qui contient les autres.
L'abandon de la monarchie ? Mais n'écrivait-il pas
dans les *Progrès de la Révolution* : « Le christianisme ne réprouve aucune forme de gouvernement,
il s'allie à tout genre de police ; mais par ses maximes et par son esprit, il est souverainement incompatible avec les doctrines d'anarchie et de despotisme » [3] ? Ainsi du reste. On ne peut dire même
qu'il innove par les aspects dangereux de sa doctrine, par ses affirmations tranchantes, par la ma-

---

1. *Religion dans ses rapports,* chap. IX.
2. *Progrès de la Révolution,* chap. IX.
3. *Progrès de la Révolution,* chap. IV.

nière dont il proclame comme des vérités absolues
des principes essentiellement contingents et dûs
aux nécessités modernes ; il n'innove pas par son
ton de menaces, par ses appels à la révolte contre
les autorités oppressives; tout cela se trouvait déjà
dans les *Progrès de la Révolution*. Mais les circonstances avaient changé ; telle tournure d'esprit, qui
deux ans auparavant semblait anodine, revêtait un
caractère grave par suite de la révolution ; et Lamennais ayant insisté avec emportement pour obtenir l'appui de Rome, Grégoire XVI dut le condamner. Alors eut lieu cette douloureuse volte-face,
qui montre une fois de plus le fondateur de l'*Avenir*
débordant d'un enthousiasme généreux mais irré-
fléchi, — le type de ces enthousiasmes romantiques
que l'on couvrait d'applaudissements.


# IV


Si jamais en effet le héros romantique s'incarna
dans un être de chair et d'os, ce fut en Lamennais.
Ni Chateaubriand, ni Byron ne parvinrent avec
tous leurs efforts à atteindre cette exaltation dans
l'idéalisme à laquelle Lamennais était mené par sa
nature même. Du héros romantique il a les nobles
élans et les généreuses folies. Aucun de ses buts
n'est mesquin ; il s'adresse à l'humanité, et même
après sa défection il croira travailler à l'évangéli-
sation du monde. Mais en même temps ces idéaux
sublimes sont d'irréalisables chimères ; ces moyens
séduisants sont des armes dangereuses, et la réalité

s'oppose de tout son poids à l'accomplissement de
ces projets. Lamennais s'y bute, il s'en indigne, il
invite les peuples à s'unir pour renverser l'obstacle : peine perdue, l'obstacle résiste ; et, exténué
mais non découragé, le vieux chef rappelle encore
au combat ses troupes fléchissantes. — Rien de
plus attachant que cette âme, si ardente et si con-
vaincue ; rien de plus triste que de la voir, victime
de ses propres fantômes, perdre sa foi en croyant
la garder et prêcher la révolution en croyant an-
noncer l'Evangile.

De tout temps Lamennais avait poursuivi de ces
chimères généreuses et splendides. C'en était une
que de vouloir infuser au peuple de 1815 la foi
chrétienne et monarchique ; et là déjà, se heurtant
au mauvais vouloir du gouvernement, l'auteur des
*Premiers Mélanges* appelait sur la tête des ministres toutes les foudres de Jéhovah. C'en était une
autre que de prétendre séparer l'Eglise et l'Etat,
et cette fois aussi, la magnificence de sa vision lui
faisait négliger les difficultés pratiques très réelles
qui résulteraient de cet acte. En outre — et d'ailleurs avec une certaine clairvoyance — il s'était
toujours apitoyé sur la misérable condition des
pauvres, dans lesquels « la politique moderne...
ne voit qu'une machine à travail »[1] ; et, prenant
en main leurs revendications, il avait, dans le
même temps qu'il rédigeait l'*Avenir*, sommé le
gouvernement de résoudre la question ouvrière :

La question des pauvres, qui n'est pas seulement une
question d'économie politique, mais une question de vie

---

[1]. *Deuxièmes Mélanges* : Sur l'observation du dimanche.

ou de mort pour la société… est plus que jamais l'une de celles qui appellent en Europe une prompte solution [1].

Cela dans un article où il réclamait l'abolition de la peine de mort, et où il salue l'affaiblissement du « patriotisme exclusif, principe de tant de calamités et de tant de crimes », que remplacera « un sentiment généreux de fraternité universelle ». On voit que toutes les utopies et tous les idéalismes ont leur contre-coup dans sa mentalité, et qu'après avoir subi l'influence de Bonald, il passe sous celle de George Sand, et du Chateaubriand « progressiste » de la dernière heure [2]. Il formule ces demandes la menace à la bouche, et il avise le pouvoir que, dans le cas d'une persécution, les catholiques résisteraient par la violence :

Que le gouvernement respecte tous les droits s'il veut qu'on respecte les siens. La paix est à ce prix, il faut qu'il le sache [3].

---

1. *Troisièmes Mélanges*, XXI. — Ceci est un des points où il a vu le plus juste, et par lesquels il a le plus agi. Mais, pour que cette action fût efficace, il fallait que l'école sociale des Montalembert et des Lacordaire eût dégagé les revendications mennaisiennes de ce qu'elles avaient de révolutionnaire. Il fallait passer du socialisme au christianisme ; et si telle paraît bien avoir été l'évolution des disciples, celle du maître fut certainement inverse.

2. Il leur prend des idées ; il leur en donne aussi. Il y a là une interaction continuelle. Lamennais eut certainement une grande influence, mais, comme nous l'avons déjà constaté, lui-même subit très fortement les influences ambiantes. Ajoutons d'ailleurs que cette campagne de l'*Avenir* est certainement le moment de sa carrière où il est le plus original. Avant 1825 il est bonaldien ; après 1835, il est socialiste ; de 1825 à 1835 il est lui-même.

3. *Troisièmes Mélanges*, II.

Sans doute prêche-t-il la justice et la modération, rappelant qu' « aucune forme de république
ne saurait nous donner plus que ce que nous possédons déjà » et qu' « il y aurait donc de la folie,
et même pis que cela, à rejeter tout notre avenir
dans le ténébreux chaos d'une nouvelle révolution » [1]. Mais il reconnaît en même temps « qu'il
ne peut aujourd'hui exister en France qu'un seul
genre de gouvernement, la république » [2], et
qu'on a eu grand tort de remplacer Charles X par
Louis-Philippe, prolongeant ainsi l'ère des troubles. Et pour empêcher le pouvoir de porter
atteinte à la Charte, il le tient perpétuellement
sous la menace d'une insurrection :

Rallions-nous franchement, complétement, à tout pouvoir qui maintiendra l'ordre et se légitimera par la justice
et le respect des droits de tous. Nous ne lui demanderons aucun privilège ; nous lui demanderons la liberté,
lui offrant notre force en échange. Mais qu'on le sache
bien, si, dans l'entraînement d'une passion aveugle, qui
que ce soit osait tenter de nous imposer des fers, nous
avons juré de les briser sur sa tête [3].

Dès 1828, il saluait avec joie la révolution qu'il
prévoyait [4]. Il applaudit aux soulèvements de la
Belgique, de la Pologne et de l'Irlande. Il fit plus :
fondant son Association internationale pour la défense des libertés religieuses, il semblait devenir
le père d'une société secrète d'un nouveau genre.

---

1. *Ibid.*, XIV.
2. *Ibid.*, II.
3. *Ibid.*, I.
4. *Progrès de la Révolution*, chap. v.

— Tout cela effrayait fort les monarchies, y compris celle du Vatican. En France les légitimistes s'effaraient, et ce qu'il restait de gallicans lui imputaient les plus noirs desseins; et c'est alors qu'il eut un grand geste à la Hernani, geste malencontreux s'il en fut, et qu'il se résolut d'aller demander à Rome une solennelle approbation.

Dès l'abord, l'accueil qu'on lui fit le glaça. On n'y était guère romantique; et le pape, outre qu'il avait été prévenu par son légat contre celui qui venait implorer sa sentence, relevait les exagérations et les erreurs qui abondaient dans ses écrits. Aussi le reçut-il avec une froideur silencieuse qui le blessa profondément :

Je me suis souvent étonné que le Pape, au lieu de déployer envers nous cette sévérité silencieuse dont il ne ne résultait qu'une vague et pénible incertitude, ne nous eût pas dit simplement : « Vous avez cru bien faire, mais vous vous êtes trompés. Placé à la tête de l'Eglise j'en connais mieux que vous les besoins, les intérêts, et seul j'en suis juge. En désapprouvant la direction que vous avez donnée à vos efforts, je rends justice à vos intentions. Allez, et désormais, avant d'intervenir en des affaires aussi délicates, prenez conseil de ceux dont l'autorité doit être votre guide ». Ce peu de paroles aurait tout fini. Jamais aucun de nous n'aurait songé à continuer l'action déjà suspendue. Pourquoi, au contraire, s'obstina-t-on à nous refuser un seul mot ? [1]

Peut-être y avait-il quelque fondement à ces plaintes de Lamennais. Grégoire XVI s'était déjà laissé influencer par son caractère de prince tem-

---

1. *Affaires de Rome,* p. 30.

porel lorsqu'il avait blâmé comme des rébellions les insurrections nationales de la Pologne ou de l'Irlande [1] ; et, de même, il paraît en avoir cru trop facilement les détracteurs de l'*Avenir*, puisqu'il reproche à Lamennais une lettre que lui-même nie avoir écrite [2]. — Mais ce ne sont là que des fautes de doigté, et qui ne justifient pas les emportements du philosophe de la Chesnaie. Suivant toute apparence, une attitude plus bienveillante du Saint-Siège n'eût fait que retarder une défection inévitable. Lamennais s'exagérait au delà de toute mesure tant l'hostilité de la cour romaine que la portée de sa condamnation ; — et d'autre part, il commit en publiant les *Paroles d'un croyant*, un éclat que rien ne nécessitait et qui paraît dû uniquement à son exaltation de romantique.

Car il importe encore de réfuter une opinion que l'on entend souvent émettre. Bien des personnes voient en Lamennais une victime de l'orgueil : or il est à coup sûr bien moins féru de lui-même que Bonald, ou que les plus illustres de ses contemporains. Cette légende provient sans doute de certains passages de l'*Essai*, où il s'efforce de démontrer que l'orgueil est à la base de l'incrédulité. On a pu songer facilement à retourner contre lui ses paroles, et à le représenter comme la proie d'une passion qui, dans tous les cas, ne constitue nullement un trait marquant de son caractère. — Ce

---

1. Confusion d'ailleurs facilitée par le « libéralisme » d'un Mickiewicz, ou de tels autres chefs d'insurgés dont la verve enflammée nuisit à leur cause plus qu'elle ne la servit.
2. Lettre de Grégoire XVI à l'archevêque de Rennes.

qui l'a perdu, c'est plutôt son exaltation, qui lui
faisait pousser tout à l'extrême. Il s'imagine que
« la Papauté a déclaré que sa cause propre était,
de fait et de droit, inséparable de celle de l'absolutisme européen » [1]; alors qu'en réalité, tout en
condamnant en principe la liberté illimitée de la
presse et des opinions, l'Eglise s'est bien gardée
de se déclarer hostile à une liberté restreinte et
contingente ; la seule sanction à laquelle Grégoire XVI fasse allusion dans sa fameuse Encycli-
que, ce sont les peines décernées par l'index,
d'ordre purement spirituel. — Pareillement lorsqu'on lui fait signer une promesse d'obéissance :
« Je savais très bien, dit-il, que je signais impli-
citement que le pape était Dieu » [2]. En vérité ! Il
fallait donc que vous vous fussiez bien exagéré
les choses. Et c'est ainsi que d'exagérations en
exagérations, de rancunes en rancunes, il ne vit
plus dans cette hiérarchie catholique tant vantée
jadis, qu'une machine monstrueuse destinée à
broyer la pensée, et dans le Pape, que le suprême
tyran :

Quel est ce vieillard qui parle de justice, en tenant
d'une main une coupe empoisonnée, et caressant de
l'autre une prostituée qui l'appelle mon père ?

Il dit : c'est à moi qu'appartient la race d'Adam. Qui
sont parmi vous les plus forts, et je la leur distribue-
rai ? [3]

Car sur un point du moins, il ne change pas.

---

1. *Affaires de Rome*, p. 206.
2. *Affaires de Rome*, p. 127, 128.
3. *Paroles d'un Croyant*, XXX.

L'humanité lui paraît toujours composée d'anges
et de démons : pas de milieu. Seulement il ne
traite plus de scélérats les incrédules, mais les
despotes :

> Et je fus transporté en esprit dans les temps anciens,
> et la terre était belle et riche, et féconde; et ses habi-
> tants vivaient heureux, parce qu'ils vivaient en frères.
>
> Et je vis le Serpent qui se glissait au milieu d'eux :
> il fixa sur plusieurs son regard puissant, et leur âme se
> troubla; et ils s'approchèrent, et le Serpent leur parla à
> l'oreille.
>
> Et après avoir écouté les paroles du Serpent, ils se le-
> vèrent et dirent : Nous sommes rois [1].

Sur un autre point encore, le pamphlétaire socialiste ne dépouille pas entièrement les théories
de l'abbé de la Mennais. Il s'efforce de prêcher non
la haine, mais un Evangile de justice et d'amour :

> Voulez-vous travailler à détruire la pauvreté, travail-
> lez à détruire le péché en vous d'abord puis dans les
> autres, et la servitude dans la société [2].
>
> Ne buvez point à la coupe du crime : au fond est
> l'amère détresse et l'angoisse et la mort [3].

Nous disons bien un Evangile. De même que
l'auteur du *Nouveau christianisme* ou que celui du
*Vrai Christianisme selon Jésus-Christ* [4], Lamennais
est persuadé, dans les premiers temps tout au
moins, qu'il suit la doctrine du Christ bien mieux

---

1. *Paroles d'un Croyant*, III.
2. *Ibid.*, IX.
3. *Ibid.*, X.
4. Peut-être n'est-il pas inutile aujourd'hui de préciser qu'il s'agit de Saint-Simon et de Cabet.

que l'Eglise romaine; il répète que « le christianisme... est la loi première et dernière de l'humanité » [1]. Peu à peu, abandonnant ce point de vue,
il adoptera un évolutionisme panthéistique, et
croira qu' « une foi, destinée à unir les peuples
actuellement privés de lien, se forme peu à peu » [2].
Ainsi se détacheront petit à petit les derniers vestiges de catholicisme qui adhéraient encore à l'âme
du philosophe; ainsi, tombé du haut de ses enthousiasmes et de ses projets d'autrefois, il s'enfoncera
de plus en plus douloureusement dans la voie de la
négation et de l'anticléricalisme. Il ne perdra pourtant jamais une certaine foi; toujours il attendra
une aurore nouvelle; mais, tournant le dos à la
seule lumière, il la cherchera dans des sentiers de
plus en plus obscurs, de plus en plus abrupts. Triste
victime d'un état d'esprit que seul peut-être il em-
brassait de bonne foi, il se verra renié par ses anciens amis, sans retrouver dans les nouveaux milieux où il s'aventurait des âmes assez hautes pour
répondre à la sienne. Enfin, irrémédiablement seul,
il s'endormira dans la mort sans s'être départi de
son attitude inflexible, toujours obstiné dans des
convictions que son passé rendait indéracinables...

Il symbolise mieux que personne la destinée du
romantisme.

---

1. *Livre du Peuple*, p. 71.
2. *Amschaspands et Darvands*, VI.

# CHAPITRE CINQUIÈME

## Les artistes : Nodier, Hugo.

Leur caractère. Peu de sincérité ou d'originalité, malgré leurs prétentions au rôle de « mages ». — Ils sont plus artistes que chrétiens.

I. *Les Beautés artistiques du Catholicisme.* L'art chrétien opposé à la mythologie. — La Bible. — Poésie du culte. — Le merveilleux chrétien et légendaire.

II. *Le Sentimentalisme religieux.* Ses origines allemandes chez Nodier. — Preuve de Dieu par la nature. — Ses affinités avec le panthéisme. — L'amour finit par résumer toute religion.

III. *Destruction progressive du Catholicisme par la Religion de l'Amour.* Tolérantisme. — Humanitarisme. — La morale et la société battues en brèche. — Vers la crise morale de 1830.

Les tendances que Bonald et Lamennais tâchaient de systématiser dans une doctrine philosophique, d'autres écrivains les populariseront par la poésie ou le roman. Peu convaincus, nullement penseurs, ces hommes, au premier rang desquels brillent Nodier et Hugo, n'en sont pas moins intéressants, si leur manque même d'originalité contribue à les rendre représentatifs de la mentalité de leur époque. Uniquement occupés à traduire dans un langage sonore les idées qui couraient les rues, ils exprimèrent en un style magnifique des théories auxquelles ils ne croyaient pas ; et peut-être est-ce surtout par ce trait de leur caractère qu'ils ressemblent à Chateaubriand.

On s'étonnera peut-être de cette suspicion que nous jetons sur la sincérité de Hugo, par exemple ; on nous opposera la persuation où il est de cette mission divine du poète qui en fait l'héritier légitime des prophètes de l'ancien temps. De fait, c'est peut-être le thème lyrique sur lequel il s'exerce le plus. Déjà en 1822 il compare la lyre à un « sceptre » [1], et il y reviendra encore en 1856, dans sa fameuse pièce des *Mages* :

> Pourquoi donc faites-vous des prêtres
> Quand vous en avez parmi vous ?
> Les esprits conducteurs des êtres
> Portent un signe sombre et doux
> . . . . . . . . . . . . .
> Ces hommes, ce sont les poètes.

« Le théâtre est une tribune. Le théâtre est une chaire », dit-il dans la préface de *Lucrèce Borgia*. « Le poète a une fonction sérieuse » [2], déclare-t-il ailleurs ; et lorsqu'on lui demandait en quoi consiste cette fonction, il répondait qu' « inspiré d'en haut » [3], « connaissant le saint délire de Pathmos » [4], le poète était donc naturellement appelé à s'ériger en mage, en prophète, en juge souverain dont le devoir est de châtier les monarques prévaricateurs :

> Je hais l'oppression d'une haine profonde.
> . . . . . . . . . . . . .

---

1. *Odes et Ballades* : A mes odes.
2. Préface des *Voix Intérieures*.
3. *Odes et Ballades* : A M. Alphonse de L.
4. *Ibid.* Actions de grâces.

... Je maudis, dans leur cour, dans leur antre,
Ces rois dont les chevaux ont du sang jusqu'au ventre !
Je sens que le poète est leur juge !...
. . . . . . . . . . . . . . . . . . . . .
Et j'ajoute à ma lyre une corde d'airain ! [1]

Malheureusement toutes ces idées n'ont rien de bien original. Chateaubriand déjà prétendait à ce rôle, et Lamartine s'est cru toute sa vie le pape d'une religion à venir. Mieux que cela — *horresco referens !* — ou pourrait sans doute retrouver dans un Jean-Baptiste Rousseau ou un Lefranc de Pompignan des déclarations analogues, et il est probable que la poésie de tous les temps nous en offrirait d'identiques. Sans doute Hugo prenait-il au sérieux son attitude de pontife ; mais croyait-il toujours aussi profondément aux théories qu'il exprimait ? L'eût-il fait, que nous serions encore en droit de soutenir qu'il n'en tire aucune de son propre fonds, et qu'il se borne au rôle « d'écho » de toute la pensée de son siècle :

L'auteur pense, écrivait-il en 1839, que tout poète véritable, indépendamment des pensées qui lui viennent de son organisation propre et des pensées qui lui viennent de la vérité éternelle, doit contenir la somme des idées de son temps [2].

D'ailleurs, à une époque où il se disait chrétien, dans ces années 1830 à 1835 où le romancier de *Notre-Dame de Paris* s'efforçait encore d'atténuer les différences qui le séparaient du poète des

---

1. *Feuilles d'Automne*, LX.
2. *Les Rayons et les Ombres*, préface.

*Odes et Ballades*, il ne se gênait pas d'écrire cette phrase dans laquelle germe son anticléricalisme futur :

Ceci tuera cela... c'était le cri du prophète qui entend déjà bruire et fourmiller l'humanité émancipée, qui voit dans l'avenir l'intelligence saper la foi, l'opinion détrôner la croyance, le monde secouer Rome... Pronostic du philosophe qui voit la pensée humaine volatilisée par la presse, s'évaporer du récipient théocratique. Terreur du soldat qui examine le bélier d'airain et qui dit : La terre croulera. Cela signifiait qu'une puissance allait succéder à une autre puissance. Cela voulait dire : La presse tuera l'Église [1].

Quant à Nodier, ce fils de Jacobin, devenu, par une bizarre destinée, un des porte-drapeaux de cette réaction qui se disait religieuse, il manifeste souvent un scepticisme absolu peu compatible avec son rôle d'artiste chrétien. Non seulement il se raille des croyances populaires sur la protection qu'accorde le Ciel par l'intermédiaire de la « châsse de Saint-Claude » [2], non seulement il considère l'illustre athée que fut Bonaventure Desperriers comme « l'esprit le plus profond et le plus ingénieux de la première moitié du XVIe siècle » [3], mais il proclame qu' « il n'y a rien de positif, rien d'essentiellement vrai dans la *morale* et dans les *mœurs* » [4], et, un jour de franchise, il ira jusqu'à nier l'existence de toute vérité :

---

1. *Notre-Dame de Paris*, liv. V, chap. II.
2. *Souvenirs de Jeunesse* : Thérèse.
3. *Rêveries* : Miscellanées.
4. *Ibid*. De l'amour.

Notre destination, c'est de trier entre nous les parcelles de la vérité qui paraissent telles au plus grand nombre... Ne contestez plus, et tâchez de vous aimer... Dans le sens général et absolu du mot, il n'y a point de vérité [1].

Croyez-en après cela toutes ses déclarations sur la beauté, sur la bienfaisance, sur la vérité du catholicisme ! En réalité, pas plus qu'Hugo, il ne s'occupe de religion autrement que du point de vue de l'art. De l'œuvre de Chateaubriand, il ne retient que les théories esthétiques ; et, ne voyant dans le *Génie du Christianisme* qu'une ample matière à poésie, il s'en sert uniquement pour en déduire des procédés originaux de style. « De cette manière, sous prétexte de bâtir des églises à Dieu, l'art se développait dans des proportions magnifiques : » c'est une phrase de Victor Hugo dans *Notre-Dame de Paris*.

# I

Chez les anciens, disait Nodier, ce sont les poètes qui ont fait la religion ; chez les modernes, c'est la religion qui crée enfin des poètes ; et, comme aucun langage ne s'adresse avec plus de pouvoir à l'intelligence, il serait peut-être permis de dire que tant que la poésie n'a pas été chrétienne, le grand ouvrage de cette nouvelle loi qui a révélé à l'univers un ordre entier de pensées et de sentiments, n'a pas été complet.
Voyez cependant avec quelle infaillible certitude s'ac-

---

1. *Ibid.* Miscellanées.

complissent les destinées annoncées au christianisme !
Tantôt abandonné par le pouvoir, tantôt combattu avec
les armes de la dialectique, tantôt livré au sarcasme du
mépris par ceux qui s'appellent les *Sages*, il semble
n'exister depuis longtemps que par la tolérance, et à la
faveur de son indispensable nécessité. On dirait qu'il va
périr sous les épigrammes des beaux esprits et les ar-
guties des sophistes, quand tout à coup s'élève une école
inspirée des plus belles idées de l'homme et favorisée
des dons les plus précieux du génie ; une école qui exprime la pensée la plus élevée ; qui représente le perfec-
tionnement le plus accompli de la société, dans un âge
où le cercle de la civilisation a été parcouru ; et cette
école est chrétienne et ne pouvait pas être autre chose.

On le demande : quelle impression ferait maintenant
sur l'esprit des peuples désabusés le chœur fastidieux
des divinités païennes sur lesquelles la nature physique
elle-même a, pour ainsi dire, l'avantage de la nouveauté? Le ciel, tout désert que les athées l'ont fait, disait
plus de choses à la pensée que Saturne et Jupiter. Il n'y
a pas une vague qui ne porte au rivage sur lequel elle
vient se briser plus d'inspirations poétiques que la fable
surannée de Neptune et de son cortège éternel. Les
muses du Parnasse classique, froides images de quelques divisions des sciences, des arts et de la poésie, ont
perdu toute leur séduction, même au collège. Le christianisme est arrivé, accompagné de trois muses immor-
telles, qui régneront sur toutes les générations poétiques
de l'avenir : la religion, l'amour et la liberté [1].

Le passage est long, mais il importe de le citer
en entier pour faire voir combien cet introducteur
du romantisme prend à son compte les théories

---

1. Préface écrite par Nodier pour les *Méditations* de
Lamartine.

exprimées par Chateaubriand. Il fut un de ceux
qui contribuèrent le plus à les répandre en les vul-
garisant ; et lorsque l'on constate l'étendue de
son influence, on ne peut s'empêcher de regretter
l'oubli dans lequel est tombée sa mémoire. Les plus
illustres de ses contemporains le saluèrent comme
leur égal, et l'on est tout surpris de constater de
combien d'idées ils lui sont redevables. Il ne se
borne d'ailleurs pas à imiter Chateaubriand. Sans
doute ne saurait-on exagérer ce qu'il doit à l'auteur de *René*, et lui-même couvre de fleurs cette
« imposante et magnifique création, dans laquelle
le génie a déposé le secret effrayant de notre civilisation expirante »[1]. Mais il ne faudrait pas oublier qu'il doit encore plus à l'Allemagne, « cette
merveilleuse Allemagne, la dernière patrie des
poésies et des croyances de l'Occident, le berceau
futur d'une forte société à venir, s'il reste à faire
une société en Europe »[2], peuple dont il ne se lasse
pas de vanter les écrivains et les philosophes.

Si d'ailleurs il y ajouta nombre d'exagérations,
du moins n'abdiqua-t-il jamais les théories que
nous reproduisions tout à l'heure. Toujours il vit
dans le catholicisme une source de multiples beautés, et son scepticisme intermittent ne l'empêchait
pas de proclamer que « la poésie de l'âme, c'est le
christianisme qui nous l'a faite, c'est la réforme et
la philosophie qui l'ont tuée »[3]. Victor Hugo n'est
d'ailleurs pas moins affirmatif, lui qui soutenait

---

1. *Rêveries* : Des types de la littérature.
2. *Le Peintre de Salzbourg*, préface.
3. *Souvenirs de jeunesse* : Amélie.

que « le point de départ de la religion est toujours
le point de départ de la poésie » et qui accentuait
encore les dires de Nodier concernant la supériorité des croyances chrétiennes sur la mythologie
antique :

Une religion spiritualiste, supplantant le paganisme
matériel et extérieur, se glisse au cœur de la société antique, la tue, et dans ce cadavre d'une civilisation décrépite dépose le germe de la civilisation moderne. Cette
religion est complète, parce qu'elle est vraie ; entre son
dogme et son culte elle scelle profondément la morale.
Et d'abord, comme première vérité, elle enseigne à
l'homme qu'il a deux vies à vivre, l'une passagère,
l'autre immortelle ; l'une de la terre, l'autre du ciel.
Elle lui montre qu'il est double comme sa destinée...
Il n'y avait que la sagesse divine qui pût substituer une
vaste et égale clarté à toutes ces illuminations vacillantes de la sagesse humaine. Pythagore, Epicure, Socrate,
Platon, sont des flambeaux ; le Christ, c'est le jour...
Le paganisme, qui pétrit toutes ses créations de la
même argile, rapetisse la divinité et grandit l'homme...
Nous venons de voir que le christianisme sépare profondément le souffle et la matière. Il veut un abime entre
l'âme et le corps, entre l'homme et Dieu [1].

Il aurait été bien étonnant que de si fougueux
apôtres de la poésie catholique n'eussent pas mis
leurs théories en pratique, et n'eussent pas fait
intervenir à tous moments les mystères de la religion. Et, de fait, Hugo ne se contente pas d'humilier la lyre profane devant la harpe sacrée, ou encore d'affirmer la supériorité de son ciel sur celui
des anciens poètes :

---

1. Préface de *Cromwell*.

Tu peux dire à qui doute encore :

. . . . . . . . . . . . . . . .

Leur jour est plus bleu que le vôtre !
Dieu montre sa face en leur ciel !
J'ai vu luire une croix d'étoiles
Clouée à leurs nocturnes voiles
Comme un labarum éternel [1] !

Il ne se borne pas à faire l'éloge de la Genèse, que son imagination transforme d'ailleurs singulièrement :

Aux temps primitifs, quand l'homme s'éveille dans un monde qui vient de naître, la poésie s'éveille avec lui. En présence des merveilles qui l'éblouissent et qui l'enivrent, sa première parole n'est qu'une hymne. Il touche encore de si près à Dieu que toutes ses méditations sont des extases, tous ses rêves des visions. Il s'épanche, il chante comme il respire... La prière est toute sa religion, l'ode est toute sa pensée.
Ce poème, cette ode des temps primitifs, c'est la Genèse [2].

Mais il remplit ses poèmes d'expressions ou de comparaisons bibliques, il y met en scène l'Ancien Testament, et son style finira par n'être plus qu'un tissu de réminiscences apocalyptiques. — Quant à Nodier, le seul nom de la Bible lui est une occasion de s'extasier, « la Bible, le seul corps d'ouvrage absolument indispensable qu'il connaisse, et il lui semble qu'en le donnant à l'homme, Dieu a tout fait pour les besoins de son intelligence »[3]. Je l'au-

---

1. *Odes et Ballades* : A M. de Lamartine.
2. Préface de *Cromwell*.
3. *Adèle*.

rais bien voulu voir réduit à cette lecture ! D'ailleurs, ce qui est naturel étant donné son sentimentalisme, il en admire beaucoup moins la vérité qu'il
n'en goûte les jouissances :

Mais la lecture de la Bible m'offre encore de plus dé-
licieuses jouissances. Il n'est point de circonstances dans
la vie de l'homme où elle ne mêle quelque douceur,
point de revers qu'elle ne solennise, point de prospérité
qu'elle n'embellisse : voilà le caractère que devait avoir
un livre émané du ciel même [1].

De même, tous deux tireront des dogmes et des
cérémonies du culte des effets poétiques coloriés, à
la manière de Chateaubriand. Lorsque Nodier dépeint des funérailles, il évoque irrésistiblement le
souvenir d'Atala :

Quel spectacle elle offrait à mes yeux, et de quelles
idées elle venait assaillir mon cœur, cette pompe tou-
chante que la religion a placée comme un point de repos
entre le trépas et l'éternité ! La sainteté du lieu ; la
grandeur des cérémonies ; la mélodie imposante qui re-
tentit dans l'enceinte sacrée ; les vapeurs de l'encens
qui se mêlent à la fumée des flambeaux funéraires ; un
prêtre auguste... ; une foule pensive... ; Dieu lui-même
descendu en victime expiatoire pour la rédemption des
hommes et ramenant les fidèles au pied du trône de son
père [2]...

Comme son modèle, il exprime beaucoup plus
une impression physique qu'une émotion véritable.
On pourrait d'ailleurs dire la même chose d'Hugo,

---

1. *Le Peintre de Salzbourg.*
2. *Ibid.*

qui, décrivant le sacre de Charles X, s'arrête à crayonner des effets de lumière sur les vitraux de la cathédrale :

D'un trône et d'un autel les splendeurs s'y répondent.
> Des festons de flambeaux confondent
> Leurs rayons purs dans le saint lieu ;
Le lys royal s'enlace aux arches tutélaires,
Le soleil, à travers les vitraux séculaires,
> Mêle aux fleurs des roses de feu [1].

Citons encore une de ces magnifiques descriptions d'églises qui font le charme de ses récits de de voyage :

Quand je suis entré dans Sainte-Gudule, il était trois heures. On célébrait l'office de la Vierge. Une madone, couverte de pierreries et vêtue d'une longue robe de dentelle d'Angleterre, étincelait sous un dais d'or, au milieu de la nef, à travers une lumineuse fumée d'encens qui se déchirait autour d'elle. Beaucoup de peuple priait immobile à genoux sur le pavé sombre, et au-dessus un large rayon de soleil faisait remuer l'ombre et la clarté sur plusieurs grandes statues d'une fière tournure adossées aux colonnes. Les fidèles semblaient de pierre, les statues semblaient vivre [2].

Tout cela est très pittoresque sans doute, mais on n'y [sent pas autre chose qu'un enthousiasme purement esthétique. C'est de l'art pour l'art. « Voyez-vous, écrira-t-il au peintre Boulanger, il n'y a que cela, Dieu qui se reflète dans la nature, la nature qui se reflète dans l'art [3] ». Et cet amour

---

1. *Odes et Ballades* : Le sacre de Charles X.
2. *France et Belgique* : Belgique, 1837.
3. *Ibid.*, 1835.

de l'art chrétien est si indépendant de ses sympathies religieuses, que dans un roman comme *Notre-
Dame de Paris*, il rendra merveilleusement l'aspect d'un intérieur d'église, tout en y mêlant des
sentiments qui ne sont nullement catholiques :

On vit dans toute sa longueur la profonde église, sombre, tendue de deuil, à peine éclairée de quelques cierges
scintillant au loin sur le maître-autel, ouverte comme
un gueule de caverne au milieu de la place éblouissante
de lumière... Toute la nef était déserte. Cependant on
voyait remuer confusément quelques têtes dans les stal-
les lointaines du chœur ; et au moment où la grande
porte s'ouvrit il s'échappa de l'église un chant grave,
éclatant et monotone qui jetait comme par bouffées sur
la tête de la condamnée des fragments de psaumes lu-
gubres [1].

On croirait assister à la cérémonie ; et cependant, que d'expressions haineuses ! Il n'y a pas bien
loin de cette « gueule de caverne » aux « deux
oreilles d'âne » auxquelles Hugo comparera plus
tard les tours des églises chrétiennes :

La cathédrale avec sa double tour aiguë,
  Debout devant le jour qui fuit
Ignore, et, sans savoir, affirme, absout, condamne ;
Dieu voit avec pitié ses deux oreilles d'âne
  Se dresser dans la vaste nuit [2].

Sans doute il ne parle pas encore ainsi en 1834 ;
et ce même roman de *Notre-Dame de Paris*, si an-
ticlérical en son fond, puisqu'il nous montre un

---

1. *Notre-Dame de Paris*, liv. VIII, chap. VI.
2. *Légende des siècles* : Tout le passé et tout l'avenir.

digne homme et un profond savant transformé en un
infâme coquin par le fait seul d'avoir reçu la consécration sacerdotale, — ce même ouvrage où le
clergé est vilipendé dans la personne de Claude
Frollo, où l'église même, nous l'avons vu, n'est
pas épargnée, peut être considéré sous un autre
aspect comme la glorification, comme l'épopée de
« ces merveilleuses églises du moyen âge ». Si l'impression qu'il en rapporte est parfois terrifiante,
elle est souvent pleine de confiance et de sérénité :

L'église, cette vaste église qui l'enveloppait de toutes
parts, qui la gardait, qui la sauvait, était elle-même un
souverain calmant. Les lignes solennelles de cette architecture, l'attitude religieuse de tous les objets qui entou-
raient la jeune fille, les pensées pieuses et sereines qui se
dégageaient, pour ainsi dire, de tous les pores de cette
pierre, agissaient sur elle à son insu. L'édifice avait aussi
des bruits d'une telle bénédiction et d'une telle majesté
qu'ils assoupissaient cette âme malade... Les cloches
surtout la berçaient. C'était comme un magnétisme
puissant que ces vastes appareils répandaient sur elle
à larges flots [1].

Elle est surtout pittoresque et imaginative : et,
sous ce rapport, l'église vient rarement seule ; elle
est associée au château, au cimetière, à toute la
fantasmagorie du Moyen Age :

J'aimais la tour, verte de lierre,
Qu'ébranle la cloche du soir,
Les marches de la croix de pierre
Où le voyageur vient s'asseoir ;

---

1. *Notre-Dame de Paris*, liv. IX, chap. IV.

> L'église veillant sur les tombes
> Ainsi qu'on voit d'humbles colombes
> Couver les fruits de leur amour ;
> La citadelle crénelée,
> Ouvrant ses bras sur la vallée,
> Comme les ailes d'un vautour [1].

On trouvera dans Musset des passages tout semblables, dans les moments où le fantaisiste prendra en lui le pas sur le poète, et où il poussera jusqu'à la caricature l'imitation de ses amis :

> Que j'aime à voir, dans la vallée
>   Désolée,
> Se lever comme un mausolée
> Les quatres ailes d'un noir moutier !
> Que j'aime à voir, près de l'austère
>   Monastère,
> Au seuil du baron feudataire,
> La croix blanche et le bénitier [2] !

Autour de ces églises et de ces manoirs se groupent des scènes empruntées à la légende :

> C'est moi qui t'inspirai d'aimer ces vieux piliers,
> Ces temples où jadis les jeunes chevaliers
>   Priaient, armés par leurs marraines [3].

Et non seulement aux légendes dont le fondement est historique ou proprement chrétien, mais aux légendes fantastiques, aux superstitions médiévales. — Nodier aussi en a grandement usé ; mais son imagination reste souriante. Les êtres

---

1. *Odes et Ballades* : La Bande Noire.
2. *Premières Poésies* : Stances.
3. *Odes et Ballades* : Promenade.

aériens qu'il met en scène sont des lutins ou des fées, créatures gracieuses et nullement méchantes, dont il conte l'histoire avec une aisance un peu sceptique. — Hugo se meut dans un domaine plus sombre. Ses personnages, loin d'être bienfaisants, constituent le cortège des goules, des psylles, des démons et des sorcières, dans le genre des *Contes* d'Hoffmann. Nodier déjà y avait recouru dans *Smarra*, mais il avait assez vite renoncé à les mettre en scène. — Hugo, lui, surtout dans ses premiers ouvrages, les fait intervenir à tous moments. Il peuple ses nuits horrifiques d'une multitude d'êtres fantomatiques et terribles :

Bientôt, nains monstrueux, noirs de poudre et de cendre,
Dans leur gouffre sans fond les Gnomes vont descendre.
Le follet fantastique erre sur les roseaux.
Au frais Ondin s'unit l'ardente Salamandre,
Et de bleuâtres feux se croisent sur les eaux [1].

Les lutins dans le genre de *Trilby* y paraissent, mais plus sombres d'aspect que leur original. ¡Ce sont (et l'invention est de Nodier) des anges déchus et condamnés à une espèce de Purgatoire [2] :

Quelques démons, sauvés de l'éternelle flamme,
Rebelles moins pervers que l'Archange proscrit,
Sur la terre, où le feu, l'onde ou l'air les réclame,
Attendent, exilés, le jour de Jésus-Christ [3].

---

1. *Odes et Ballades* : Le Sylphe.
2. On voit les libertés qu'ils prennent avec le dogme. Fantastique et « merveilleux chrétien », pour eux, c'est tout un.
3. *Odes et Ballades*. La Fée et la Péri.

Et, puisque ces démons secondaires y assistent, il n'est pas étonnant d'y constater la présence des véritables satellites de Lucifier. Tous sont là, avec les chauves-souris, les chouettes, et les autres êtres ténébreux qui participent à « la ronde du sabbat » :

La nuit, quand les démons dansent sous le ciel sombre,
Tu suis le chœur magique en tournoyant dans l'ombre [1].

Pendant la nuit, les ruines voient s'accomplir des vengeances infernales :

L'Enfer, hélas, ne peut s'éteindre.
Toutes les nuits, dans ce manoir,
Se cherchent sans jamais s'atteindre
Une ombre blanche, un spectre noir [2]... .

Au surplus, dans ce domaine du merveilleux où se complaît son tempérament apocalyptique, le futur mage de Guernesey ne se contente pas de faire revivre les légendes du Moyen-Age. En attendant d'avoir recours au spiritisme, en attendant de créer lui-même des mythes dans la *Légende des siècles*, il puise dans les ressources grandioses que lui offre l'Ecriture sainte. Il aime surtout à mettre Dieu en œuvre, car il évoque ainsi de plus vastes spectacles et des bouleversements plus universels :

Soit qu'il sème un volcan sous l'océan qui gronde,
Courbe ainsi que des flots le front altier des monts,
Ou de l'enfer troublé touchant la voûte immonde,
Au fond des mers de feu chasse les noirs démons [3].

---

1. *Odes et Ballades*. La chauve-souris.
2. *Ibid*. La légende de la novice.
3. *Ibid*. Jéhovah.

Deux spectacles surtout l'attirent, les plus sublimes qu'un homme puisse rêver. Le premier est la
création du monde :

Montre-moi l'Eternel, donnant, comme un royaume,
Le temps à l'éphémère et l'espace à l'atome ;
Le vide obscur, des nuits tombeau silencieux,
Les foudres se croisant dans leur sphère tonnante,
      Et la comète rayonnante
Traînant sa chevelure éparse dans les cieux [1].

L'autre est cette catastrophe finale qui a tenté la
plume de bien des poètes et de bien des romanciers,
mais que nul peut-être n'a décrite avec une vie
aussi intense et une couleur aussi extraordinaire
que l'auteur des *Odes et Ballades* :

Quand les peuples verront, craignant leur fin prochaine,
Du monde décrépit se détacher la chaîne ;
Les astres se heurter dans leur chemin de feu ;
Et dans le ciel, — ainsi qu'en ses salles oisives
Le maître se promène, attendant ses convives,
Passer et repasser l'ombre immense de Dieu [2].

Bref, on peut dire que de tout le cycle indiqué
par Chateaubriand, il n'est pas un aspect que ce
prestigieux artiste verbal ne se soit évertué à reproduire ; et bien peu nombreux sont les thèmes
sacrés qui n'ont pas servi au développement de
son lyrisme incomparable. A coup sûr, si nous
avons un poète dans notre langue, c'est celui-là !
poète non pas chrétien précisément, mais plutôt
fantastique; et pourquoi nous faut-il ajouter que

---

1. *Odes et Ballades*. L'Ame.
2. *Ibid*. L'Antéchrist.

cette foi, que cette crédulité qu'il manifeste se
double d'un scepticisme profond ? Telle est pourtant
la vérité. Dans tous ces tonnerres, dans ces inter-
ventions divines, comme plus tard dans son spiritisme halluciné, Hugo ne voit qu'un prétexte à des
sonorités, à des images : et la foi qu'il chantait
était si peu le fond de sa pensée, qu'il sut y allier
de bonne heure des opinions toutes différentes.


## II


Si nous n'avions eu à considérer en Nodier que le
théoricien d'une esthétique chétienne, ou l'inven-
teur de nouvelles formes artistiques inspirées du
catholicisme, on le voit, sa place eût été mince, et
c'eût été presque une profanation que d'accoler
son nom à celui de Hugo. Il vulgarisa sans doute
les idées de Chateaubriand et il parla avec exaltation de la poésie du christianisme ; il n'en est pas
moins totalement inférieur à son glorieux émule,
et cette partie de son œuvre n'a rien de bien original. Ce qui nous intéresse, en revanche, beaucoup plus, c'est le sentimentalisme qui déborde de
ses romans, plus ardent et plus prononcé que le
sentimentalisme de commande de l'auteur des *Odes
et Ballades*; et, par ses théories sur la foi, ou sur
l'amour, et par les sophismes antisociaux qu'il en
a tirés, il se montre le précurseur des Lamartine
et des George Sand.

Tout d'abord, indiquons la provenance de ces sophismes et de ces divagations. Comme nous l'avons

dit, et comme le lecteur n'a pas eu de peine à le pressentir, il admire Chateaubriand et s'efforce d'imiter *René*. Il s'est également nourri de Rousseau, sur lequel il prononce ce curieux jugement :

Nul n'a pénétré plus profondément la pensée, et n'a plus superficiellement effleuré l'homme... Il ne savait lire que dans les cieux [1].

Mais ce sont avant tout les auteurs germaniques qu'il ne se lasse pas de vanter. Dès l'Empire, poussant plus loin que Madame de Staël, il leur emprunte leurs pires extravagances. Il chérit Ossian [2]; mais c'est surtout l'auteur de *Werther* [3] et celui de « Charles Moor » [4] dont il s'efforce de reproduire en notre langue les personnages et les déclamations. L'Allemagne lui paraît le pays de l'idéal, la patrie de tous les beaux enivrements et de toutes les passions sublimes :

L'Allemagne a encore toute la poésie d'un peuple primitif, comme elle a en toute la grandeur. Oh! c'est une sublime nation [5] !

Et voici encore un aveu très caractéristique :

Mon héros a vingt ans ; il est peintre, il est poète ; il est *ALLEMAND* (c'est Nodier qui souligne). Il est exactement l'homme avec lequel je m'étais identifié à cet âge. [6]

C'est dans la bouche de ce héros sentimental et

---

1. *Rêveries* : Des types de la littérature.
2. *Le peintre de Salzbourg*.
3. *Adèle*.
4. *Jean Sbogar*.
5. *Mademoiselle de Marsan* : Le Tugend-Bund.
6. Préface du *Peintre de Salzbourg*.

romantique que Nodier met la plupart de ses déclarations sur la beauté du christianisme, sur la
Bible, sur les cérémonies du culte, etc. Mais, comme
d'habitude, là ne se trouve pas l'origine de son sentimentalisme religieux; et celui-ci découle plutôt
de son amour de la nature.

Disons-le en passant, cet amour de la nature explique vraisemblablement la prédilection que les
romantiques accordèrent toujours aux édifices rui-
nés. Déjà Volney — idéologue pourtant — s'était
complu à en faire sortir des idées révolutionnaires.
Chateaubriand y avait attaché des idées religieuses, et Nodier, puis Hugo s'en emparèrent et en
firent un de leurs thèmes favoris. Dans les ruines
s'opérait en effet la fusion des deux sources de
poésie dont ils usaient le plus : le Moyen-Age et la
nature. Une ruine, c'est la nature rentrée en possession d'un édifice du passé : et comme ce spectacle est fort mélancolique, on ne s'étonnera pas de
voir l'un après l'autre, les disciples de *René* rêver
sur les décombres qui leur inspireront d'amères
réflexions sur l'instabilité des choses humaines :

J'ai traversé les corridors résonnants et les cours dé-
vastées, pour parvenir au pied du grand escalier de la ter-
rasse ! Là s'échappaient du milieu des marches rompues,
les cylindres du verbascum, les cloches bleues des cam-
panules... J'ai dit : Pourquoi mon génie lui-même n'est-
il plus qu'une ruine ? Pourquoi la nature que je trouvais
toute belle s'est-elle décolorée avant le temps ? [1]

Hugo, à son tour :

---

1. *Le Peintre de Salzbourg.*

Ce n'est pas, ce n'est pas entre des pierres neuves
Que la bise et la nuit pleurent comme des veuves.
Hélas! d'un beau palais le débris est plus beau.
Pour que la lune émousse à travers la nuit sombre
L'ombre par le rayon et le rayon par l'ombre,
Il lui faut la ruine à défaut du tombeau! [1]

Mais il n'est pas besoin de ruines pour qu'ils admirent la nature. Celle-ci d'ailleurs attriste plutôt Nodier; il en aime les aspects les plus sombres; il préfère la nuit au jour :

Quand mon âme vint à se détacher de ses jeunes illusions, et qu'elle ne trouva plus rien qui pût la fixer parmi les hommes, elle épia les secrets des ténèbres et les joies silencieuses de la solitude ; elle s'égara dans les demeures de la mort, et sous les gémissements de l'aquilon ; elle aima les ruines, l'obscurité, les abimes, tout ce que la nature a de terreurs. [2]

Il se complaît d'ailleurs aussi à des spectacles plus attrayants :

Oh! que la terre me paraissait belle! oh! comme je suspendais mon haleine pour écouter l'air des bois et les bruits du ruisseau! Que j'aimais le pépiement des oiseaux sous la feuillée, et le bourdonnement des abeilles autour des fleurs! [3]

Mais, tristes ou gais, ces spectacles développent en lui une sentimentalité profonde. Il n'est pas rare qu'ils le fassent songer au monde du surnaturel :

La foudre glissait sous les voûtes de la nuit, comme

1. *Voix intérieures*: A la Colonne.
2. *Le peintre de Saizbourg*.
3. *Souvenirs de Jeunesse*: Séraphine.

une épée flamboyante ; et, à sa lueur passagère, on voyait quelquefois des ombres sinistres se balancer sur le vallon, semblables à ces esprits de vengeance qui sont envoyés sur les ailes de la tempête pour effrayer les enfants des hommes. Les vents frémissaient dans les forêts, ou grondaient dans les abimes ; et leurs voix impétueuses se confondaient, dans les profondeurs de la montagne, avec les sons graves du tocsin, le tumulte de la cascade et le fracas du tonnerre ; et, dans le silence même qui succédait, triste et terrible, à ces harmonies imposantes, on distinguait des bruits étranges et des concerts mystérieux, comme ceux qui doivent s'élever dans les solennités du ciel. [1]

Ceci est dans le genre terrible ; voici des sentiments analogues produits par un spectacle plus serein :

O mon Dieu ! m'écriai-je, que la nature est belle ! et que vous êtes bon dans les consolations que vous prodiguez aux malheureux ! O mon Dieu ! si j'ai assez vécu pour vous connaitre et pour vous adorer, retirez mon âme à vous, je vous en prie ! mon faible corps ne peut plus la contenir. [2]

« Si j'avais été plus savant, j'aurais compris le panthéisme. Je l'inventais », dit-il ailleurs. [3] Hugo accentuera encore cette tendance, sans cacher qu'il la doit partiellement à Nodier :

Le poète aime l'abime
Où fuit l'aigle audacieux,

---

1. *Le Peintre de Salzbourg.*
2. *Nouveaux souvenirs et Portraits* : Suites d'un mandat d'arrêt.
3. *Contes* : Jean-François les bas bleus.

Le parfum des fleurs mourantes,
L'or des comètes errantes,
Et les cloches murmurantes
Qui se plaignent dans les cieux !
Tel est Nodier, le poète ! [1]

Lui aussi, la nature le fait songer à Dieu ; et l'on devine avec quelle orchestration puissante il amplifiera ce thème :

On croit sur la falaise,
On croit dans les forêts,
Tant on respire à l'aise,
Et tant rien ne nous pèse,
Voir le ciel de plus près ! [2]

Il remercie Dieu d'avoir créé un monde si agréable :

Le ciel rit, l'air est pur; tout le jour, chez mon hôte,
C'est un doux bruit d'enfants épelant à voix haute ;
L'eau coule, un verdier passe ; et moi, je dis : Merci,
Merci, Dieu tout-puissant ! [3]

La nature elle-même lui paraît rendre hommage à son créateur :

L'hosanna des forêts, des fleuves et des plaines
S'élève gravement vers Dieu, père du jour. [4]

Cette tendance devait encore se développer dans la suite, et il en serait arrivé à un véritable panthéisme :

---

1. *Odes et Ballades*: A Trilby.
2. *Odes et Ballades* : Rêves.
3. *Contemplations*, liv. II, VI.
4. *Ibid.*; liv. I, IV. Cf. encore, dans les *Orientales*, la célèbre pièce d'*Extase*.

Et je lui dis : — Je prie. — Hermann dit : Dans quel
                             [temple ?
. . . . . . . . . . . . . . . . . . . . .
— L'Église, c'est l'azur, lui dis-je, et quant au prêtre...
. . . . . . . . . . . . . . . . . . . . .
Lui montrant l'astre d'or sur la terre obscurcie,
Je lui dis : — Courbe-toi, Dieu lui-même officie,
       Et voici  l'élévation. [1]

ou encore :

La bête, le rocher, l'épi d'or, l'aile peinte,
Tout cet ensemble obscur, végétation sainte,
Compose en se croisant ce chiffre énorme : Dieu, [2]

si d'ailleurs il n'en avait été empêché par ses
préoccupations spirites, qui l'amenèrent à accorder une vie réelle à tous les êtres, mais pour en
faire des criminels accomplissant une expiation.
Là, encore, Nodier lui avait tracé la voie, tout en
indiquant à Lamartine le sujet de la *Chute d'un
ange* :

O mon ami ! sois sûr qu'il y a dès le monde que
nous habitons des âmes punies d'une faute ancienne,
punies peut-être par anticipation d'une faute à venir indispensable, des âmes d'expiation qui portent pour une
génération tout le poids des vengeances de Dieu, et qui
sont condamnées à l'amour de l'impossible... qui ont
la faculté déplorable de concevoir, d'embrasser en imagination des voluptés devant lesquelles toutes celles de
la terre se dégradent et  s'anéantissent ! [3]

Bien entendu, chacun de ces romantiques croit

---

1. *Ibid.*, liv. VII, XXVI.
2. *Ibid.*, liv. III, VIII.
3. *Adèle.*

être cet « auguste infortuné que son âme dévore ».[1] Ils rendent grâce au christianisme, d'avoir « pour ainsi dire inventé tous nos sentiments... Les plus précieux de ces bienfaits, aujourd'hui si cruellement méconnus, c'était la liberté, c'était l'amour ».[2] Entendez par là tout espèce de liberté et toute espèce d'amour, même la liberté de l'amour, qu'on revendique au nom de la nature, au nom même de l'Evangile :

> Au Dieu des vastes armées,
> Des canons et des essieux,
> Des flammes et des fumées,
> Je préfère le bon Dieu !
> Le bon Dieu, qui veut qu'on aime,
> Qui met au cœur de l'amant
> Le premier vers du poème,
> Le dernier au firmament. [3]

Le Dieu de Victor Hugo n'est il pas proche parent de celui de Béranger ? En tout cas, telle est bien la conception des romantiques ; ils ne surent jamais distinguer l'amour divin de l'amour, tout court. Celui-ci leur paraît même conduire directement à celui-là :

> Heureux qui peut aimer, et qui dans la nuit noire,
> Tout en cherchant la foi, peut rencontrer l'amour !
> Il a du moins la lampe en attendant le jour.
> Heureux ce cœur! Aimer, c'est la moitié de croire. [4]

---

1. *Odes et Ballades* : Le poète.
2. Nodier, *Rêveries* : De l'amour.
3. *Contemplations,* liv. II, XVIII.
4. *Chants du Crépuscule.* Que nous avons le doute en nous.

Et désormais, c'est dans les yeux de leur maî-
tresse qu'ils chercheront la preuve de Dieu et de
l'immortalité de l'âme :

Oh ! je n'accuse point le matérialiste disgracié de la
Providence qui a cherché le secret de l'âme sans le trouver, mais je ne le comprendrais pas s'il avait plongé une
seule fois sa vue dans le regard d'Amélie ! [1]

Non seulement leur preuve, mais leur « explication », si nous en croyons Victor Hugo :

> Aimez donc ! car tout le proclame,
> Car l'esprit seul éclaire peu,
> Et souvent le cœur d'une femme
> Est l'explication de Dieu ! [2]

Certes, pour se contenter de pareilles preuves, il
faut de la bonne volonté ; il faut « toute l'effusion
d'un cœur disposé à croire, et que l'idée de Dieu
a toujours charmé, même dans ces moments
d'amère déception où elle ne l'a pas convaincu [3] ».
Je ne le lui fais pas dire ! Mais c'est bien ainsi
qu'ils procèdent. Ils ne recherchent qu'un certain
« charme » qui n'est pas nécessairement celui de la
vérité ; et surtout ils commencent toujours par or-
donner à la raison de se taire :

> La raison !
> Gouffre où l'on jette tout et qui ne peut rien rendre !
> Doute aveugle qui nie à défaut de comprendre !
> L'imbécile l'invoque et rit. C'est plus tôt fait ! [4]

---

1. Nodier. *Souvenirs de Jeunesse* : Amélie.
2. *Les Rayons et les Ombres*, XL.
3. Nodier. *Recherches sur l'Eloquence Révolutionnaire* : La
Montagne.
4. *Cromwell*, acte III, Sc. XVIII.

Ils le lui enjoignent même lorsqu'il s'agit d'une pure fantasmagorie :

Si quelque enseignement se cache en cette histoire,
Qu'importe ! il ne faut pas la juger, mais la croire.
La croire ! Qu'ai-je dit ? Ces temps sont loin de nous !
Ce n'est plus qu'à demi qu'on se livre aux croyances.
Nul, dans notre âge aveugle et vain de ses sciences,
     Ne sait plier les deux genoux ! [1]

Ce qu'ils admettent comme preuve de la religion chrétienne, ce ne sont pas les démonstrations traditionnelles, mais, nous l'avons vu, des considérations sur sa beauté, sur sa puissance d'amour, ou encore, bien que plus rarement, des considérations utilitaires :

Chevaliers de la foi à Rhodes et à Jérusalem ; holocaustes de la foi chez les idolâtres, conservateurs des lumières dans toute l'Europe, et propagateurs de la morale sur les deux hémisphères ; artistes et lettrés à la Chine, législateurs au Paraguay, instituteurs de la jeunesse dans les grandes villes, et patrons des pèlerins dans les bois ; hospitaliers sur le mont Saint-Bernard, et rédempteurs des captifs sous le froc de la Merci, je ne sais si les torts qu'on leur reproche pourraient balancer leurs services ; mais il m'est démontré qu'une institution parfaite serait contradictoire à notre essence... [2]

Même ces considérations pragmatistes sont d'ordinaire d'ordre sentimental :

Quand je viens à me rappeler ces associations vénérables que je devais voir si peu de temps et regretter tant

---

1. *Odes et Ballades* : Les Deux Archers.
2. Nodier. *Méditations du Cloître.*

de fois... quand je me dis, dans l'intimité de mon cœur :
Ce lieu serait devenu ton refuge ; mais on ne t'en a point
laissé ; souffrir et mourir, voilà ta destination ! Oh !
comme elles m'apparaissent belles et touchantes, les
grandes pensées qui présidèrent à l'inauguration des
cloîtres ! [1]

Mais le plus souvent, quand ils en sont à cette
étape, ils ne se préoccupent plus de démontrer le
christianisme ; ou plutôt, ils baptisent de ce nom
et défendent comme tel un vague théisme compatible avec toutes les espèces de doute, et même avec
une incroyance totale. Le sentiment seul reste, et
il suffit ! Et si l'on se rappelle que ces états d'esprit que nous avons été obligés de séparer pour les
besoins de notre exposé, sont en réalité simulta-
nés, on ne s'étonnera plus que nous mettions en
doute la sincérité de leurs convictions. Dans le
même ouvrage, à quelques pages de distance, on
passe d'une apologie passionnée de la foi catholique à l'énoncé de théories qui en sont l'absolue
négation. Rien de stable, rien de permanent dans
cette religion de l'amour. Rien ne subsiste que
l'amour même, et pour voir cette mentalité manifester ses dernières conséquences, nous n'aurons
pas besoin de passer à d'autres auteurs ; bien
avant la crise morale de 1830 vers laquelle nous
nous acheminons, nous verrons Nodier poser tous
les principes qui rendront illustre George Sand. Il
est vrai, l'origine s'en trouve encore plus loin,
dans la littérature allemande.

---

1. Nodier. *Méditations du Cloître*. Cf. p. 195, des idées
analogues dans Musset.

## III

On se rappelle que Chateaubriand, pour justifier
l'introduction de ce bizarre épisode de *René* dans
son *Génie du christianisme*, avait piétendu démontrer qu'à l'infini besoin d'aimer de l'homme, ne
pouvait répondre qu'un objet infini. Nodier dont
les personnages ne sont que des décalques du frère
d'Amélie, use aussi de cet argument, et on l'entend soupirer comme son modèle : « Rien de fini,
rien de périssable ne peut suffire au besoin d'aimer
qui me tourmente ». [1] Mais il n'en est pas plus religieux ; et, si son cœur le pousse parfois à implorer l'Etre suprême, il s'effondre d'ordinaire dans
une mélancolie qui l'amène à douter de tout :

A vingt-trois ans, je suis cruellement désabusé de toutes les choses de la terre, et je suis entré en un grand
dédain du monde et de moi-même ; car j'ai vu qu'il n'y
avait qu'affliction dans la nature, et que le cœur de
l'homme n'était qu'amertume. [2]

On croirait entendre l'époux de Céluta narrer
ses infortunes à Chactas. Mais, tandis que Chateaubriand, gêné par son attitude d'apologiste, laissait
à René quelque religion, Nodier n'a pas les mêmes
scrupules. Ses héros trouvent le ciel sourd à leurs
lamentations :

---

1. *Adèle.*
2. *Le Peintre de Salzbourg.*

Balancé depuis l'enfance entre le besoin et l'impossibilité de croire ; dévoré de la soif d'une autre vie et de
l'impatience de m'y élever, mais poursuivi de la conviction du néant, comme d'une furie attachée à mon existence, j'ai longtemps, souvent, partout cherché ce Dieu
que mon désespoir implore... Combien de fois et avec
quelle ferveur, ô ciel, je me suis prosterné devant cette
création immense en lui redemandant son auteur ! Combien j'ai versé de larmes de rage, lorsqu'en redescendant
dans mon cœur, je n'y ai trouvé que le doute, l'ignorance et la mort !... Croyez, Antonia ! Votre Dieu
existe, votre âme est immortelle, votre religion est vraie.
Mais Dieu... a donné la prescience de l'immortalité aux
âmes pures, pour qui l'immortalité est faite. Aux âmes
qu'il a dévouées d'avance au néant, il n'a montré que le
néant. [1]

N'avons-nous pas eu raison de dire que dans
cette religion de l'amour, telle qu'elle se dégage
dès maintenant du catholicisme romantique, l'idée
de Dieu ne joue qu'un rôle accessoire, et que le
sentiment fait tout ? On comprendra mieux à présent le tolérantisme de Nodier, qui proclame que
« toutes les causes sont bonnes quand on les em-
brasse avec candeur et foi » [2] ; et Hugo partage ce
tolérantisme, lui qui, dès ses *Odes et Ballades*,
dresse des « autels pour chaque Dieu » [3], puis qui
passe à une indifférence complète, avant d'en venir
à réserver ses haines à la religion de sa naissance :

Toute religion m'est vénérable. Le catholicisme est

---

1. *Jean Sbogar*, chap. IX.
2. *Recherches sur l'Eloquence Révolutionnaire*, Avertisse-
ment nécessaire.
3. *Odes et Ballades* : A mes amis.

nécessaire à la société, le protestantisme est utile à la civilisation... Heureux et bénis ceux qui aiment et qui croient, soit qu'ils fassent comme les catholiques, de toute philosophie une religion, soit qu'ils fassent, comme les protestants, de toute religion une philosophie. [1]

Ce tolérantisme les amène, par réaction contre Joseph de Maistre, et en complet accord avec Ballanche [2], Lamennais [3], ou Vigny [4], à combattre la peine de mort, Hugo parce qu'il la croit solidaire de la monarchie et de la religion :

L'édifice social du passé reposait sur trois colonnes : le prêtre, le roi, le bourreau. Il y a déjà longtemps. qu'une voix a dit : *Les dieux s'en vont!* Dernièrement une autre voix s'est élevée et a dit : *Les rois s'en vont!* Il est temps maintenant qu'une troisième voix s'élève et dise : *Le bourreau s'en va !* [5]

---

1. *Le Rhin*, XXVI.
2. *Palingénésie sociale*, 3ᵉ partie. — Et *Vision d'Hébal*, IX. « Le sang qui a arrosé le Golgotha proclame enfin l'abolition de la peine de mort, et dit l'impiété de la guerre ».
3. *Troisièmes Mélanges*, XXI : « Plus de torture et prochainement, on doit l'espérer, plus de peine de mort ».
4. « Malheur, malheur à celui qui a versé le sang! Les juges de la terre sont-ils des dieux? Non, ce sont des hommes qui vivent, naissent et souffrent, et cependant ils osent dire à haute voix : Faites mourir cet homme ! La peine de mort! la peine de mort! qui a donné à l'homme le droit de l'exercer sur l'homme ? » (*Cinq-Mars*, chap. XII). Et *Stello* : « La vie, le feu sacré, le feu trois fois saint, que le Créateur lui seul a le droit de reprendre! droit terrible de la peine sinistre, que je conteste même à la justice! » (*Stello*, chap. XXXI). Nous groupons ici tout ce qui a trait à cette question, afin de n'avoir pas à le répéter.
5. *Le dernier jour d'un Condamné*, Introduction.

Et Nodier, par humanitarisme surtout, mais aussi pour ce motif plus grave que nous ne savons pas au juste discerner le bien et le mal :

Dieu, qui peut retirer la vie de l'homme par un seul acte de volonté, n'a pas fait mourir Caïn qui avait fait mourir son frère ; et vous, dont les lumières imparfaites suffisent à peine à distinguer le bien du mal, vous tuez ! 1

Voilà donc la morale elle-même battue en brèche par ce sentiment destructeur ! Dieu s'est évanoui comme un fantôme, et sert tout au plus à contenter des aspirations vagues du cœur; avec lui s'écroulent les dogmes qui dérivaient de son existence, et voici que la loi naturelle, la morale suivent le dogme dans sa chute. Que restera-t-il donc des anciennes croyances ? Chateaubriand lui-même sauvera-t-il du naufrage un de ses principes religieux ? Oui, et encore une fois, répétons-le, il reste l'amour, l'amour passionnel de Saint-Preux, l'amour-force de Byron et de Stendhal, cet amour, maître de la vie, de la religion et des lois. Grâce à lui, l'existence de Dieu, souverain amour, reste admise ; mais on lui retire tous les attributs qui peuvent contredire le sentiment ; et l'on édifie sur l'amour une religion nouvelle, catholique de nom, admiratrice des rites traditionnels, mais quant au reste, exclusivement sentimentale. Désormais aveugle à tout ce qui n'est pas l'amour, on combattra tout ce qui s'y oppose, à commencer par la société même :

----

1. *Nouveaux Souvenirs et Portraits* : Charlotte Corday

La société pouvait-elle être un bien, quand c'était elle qui me séparait de Thérèse, qui m'empêchait de me saisir d'elle du droit de la force et de l'amour ?... [1].

« Du droit de la force et de l'amour » : seul droit encore reconnu, droit que nul ne peut contester, et Hernani est une exception, quand il y renonce un moment pour le plaisir d'une belle phrase :

Non, Dieu qui fit tout bien ne te fit pas pour moi.
Je n'ai nul droit d'en haut sur toi, je me résigne!
J'ai ton cœur, c'est un vol! je le rends au plus digne [2].

Contre ce droit ne vaut aucun des préjugés qu'on tente de lui opposer, ainsi la différence des conditions :

Affreuse tyrannie de la société, qui jette un homme dans un paradis de délices, et lui dit comme le Dieu jaloux : Tu ne toucheras point à ce fruit d'élite et de prédilection, parce que je me le suis réservé ! — Et pensez-y bien! quand vous n'existerez plus que par le sentiment qui vous est interdit, on vous permettra, que dis-je? on vous prescrira de vivre [3].

On s'autorise donc de la passion pour revendiquer le droit au suicide ; et les héros d'*Indiana* ne feront qu'imiter ceux de Nodier, qui, eux-mêmes, plagient Werther.

Il y a des actions fortes (le suicide) qui sont au-dessus de la capacité des jugements de l'homme, mais que Dieu apprécie, et qui trouveront devant lui la grâce que la méprisable sagesse du vulgaire leur a refusée [4].

---

1. *Thérèse Aubert.*
2. *Hernani*, acte III, sc. IV.
3. Nodier, *Souvenirs de Jeunesse* : Clémentine.
4. *Thérèse Aubert.*

On proteste contre les anathèmes jetés par l'Eglise sur la mort volontaire ; on proteste contre sa prétention de limiter les sentiments ; on vilipende le vœu de chasteté ; et l'on met en scène des personnages tels que Claude Frollo, que ce vœu seul rend criminel :

Il pensa à la folie des vœux éternels, à la vanité de la chasteté, de la science, de la religion, de la vertu, à l'inutilité de Dieu. Il s'enfonça à cœur joie dans les mauvaises pensées [1].

On s'en prend enfin au mariage, autre obstacle à la passion ; et l'on commence par déclarer toutes les unions légitimes :

J'entends bien ce long cri du préjugé qui rèpéte à mon oreille : C'est la fille illégitime de Jacques Evrard... Illégitime ! L'amour, la constance, la gloire, l'aveu même de ton aïeul, ne t'ont-ils pas légitimée ? Cette cérémonie froide et sérieuse qu'on appelle le mariage aurait-elle mieux constaté ta naissance que le dernier baiser que se donnèrent tes parents en face de Dieu, du peuple et des bourreaux... Naitre noble, c'est l'ouvrage du hasard ; le devenir par son courage, c'est la plus haute fortune de l'héroïsme [2].

A l'avenir, ne nous embarrassons plus de ces cérémonies désuètes :

Pourquoi n'osai-je pas la ceindre de mes bras, la ravir comme une proie, l'entraîner hors de la vue des hommes et la proclamer mon épouse devant le ciel ?... Dans des jours de barbarie, dont le souvenir est lié à toutes les

1. *Notre Dame de Paris*, liv. IX, chap. I.
2. *Adèle.*

idées d'ignorance et de servitude, le vulgaire s'est avisé d'écrire ses préjugés, et il a dit : voici des lois ! Etrange aveuglement de l'humanité, spectacle digne de mépris... [1]

Et même lorsque la tradition de l'humanité entière flétrit certains attachements, même lorsque la voix de tous les siècles est unanime à les condamner, on lui donnera tort, plutôt que de limiter les droits du sentiment, seul principe de la vie :

Les alliances de famille (du frère et de la sœur), œuvre de nécessité chez les peuples jeunes, furent longtemps maintenues daus les lois qui viennent de haut ; et la seule police humaine, qui passe pour être immédiatement émanée de Dieu, fit aux hommes une obligation religieuse de ce qui est devenu, par une étrange perturbation d'idées, un crime dans l'ordre moral [2].

Voilà où en arrive Nodier, « le bon Nodier », l'auteur ingénu de tant de contes pour l'enfance ! On imprimait cela dès 1820 (*Adèle*), dès 1818 (*Jean Sbogar*), et bien auparavant, dès 1803 (*Le peintre de Salzbourg*); et c'est ce qui aurait pourtant dû avertir Bonald qu'il faisait fausse route, en essayant de fonder sur le sentiment sa nouvelle philosophie ! Voilà où en arrivaient des auteurs qui se disaient chrétiens, et qui s'efforçaient de retenir les dogmes enseignés par l'Eglise ! — Mais on comprend que ce semblant d'orthodoxie ne pût durer ; ces écrivains ne tardèrent pas à répudier leurs croyances, et dès 1834, l'Index dut inscrire sur son catalogue les noms de Lamartine et de Victor Hugo. A ce

---

1. *Le Peintre de Salzbourg.*
2. *Rêveries* : De l'amour.

moment, entre 1830 et 1835, la révolution littéraire qui tout d'abord s'était déclarée chrétienne, tourna franchement le dos à l'Eglise. Lamennais, Hugo, Lamartine, George Sand, proclamèrent ouvertement la toute puissance du sentiment. Une vague de doute passa sur la France, et le romantisme consomma son œuvre d'anarchie et de destruction.

# CHAPITRE SIXIÈME

## La crise morale de 1830. Vigny, Musset.

## I

Nous voici arrivés à cette crise morale de 1830, point central de la première moitié du siècle, époque critique vers laquelle convergent tous les courants que nous avons étudiés et d'où découlent tous ceux qui nous restent à décrire. A ce moment se produisit comme une rupture et un bouleversement général dans les croyances de la foule. Le romantisme, en même temps qu'il passait des doc-

trines légitimistes à la politique révolutionnaire,
transformait son catholicisme en un protestantisme
sentimental. La question religieuse était à l'ordre
du jour ; l'anxiété du doute tourmentait toutes les
âmes. Ceux qui jusqu'alors avaient accepté sans
critique les enseignements de l'Eglise, prétendaient les soumettre à leur examen et en éliminer
ce qu'ils jugeraient caduc ; et ceux qui en regret-
taient le plus profondément la sérénité et la certitude, étaient ceux-là même qu'une impulsion plus
violente en écartait plus irrésistiblement. — On
connaît l'apostrophe de *Rolla* :

O Christ ! je ne suis pas de ceux que la prière
Dans les temples muets amène à pas tremblants ;
. . . . . . . . . . . . . . . . . . . .
Je suis venu trop tard dans un monde trop vieux.
. . . . . . . . . . . . . . . . . . . .
Ta gloire est morte, ô Christ ! et sur nos croix d'ébène
Ton cadavre céleste en poussière est tombé !
Eh bien ! qu'il soit permis d'en baiser la poussière
Au moins crédule enfant de ce siècle sans foi,
Et de pleurer, ô Christ ! sur cette froide terre
Qui vivait de ta mort, et qui mourra sans toi !
Oh ! maintenant, mon Dieu, qui lui rendra la vie ?
Du plus pur de ton sang tu l'avais rajeunie ;
Jésus, ce que tu fis, qui de nous le fera ?
Nous, vieillards nés d'hier, qui nous rajeunira ?

On se tromperait en croyant cet état d'esprit particulier à Musset. Il l'exprime avec plus de fougue,
avec plus de sincérité que d'autres ; il l'éprouve
avec plus de passion. Mais cette mentalité est générale. Victor Hugo, l' « écho sonore », toujours à
l'affût des tendances les plus modernes et des doc-

trines les plus populaires, fait également résonner
cette corde : « En moi je porte un ennemi, le doute »,
gémit-il [1] ; et, sous une forme plus déclamatoire,
il expose des sentiment identiques à ceux de Musset dans la fameuse tirade :

Mal d'un siècle en travail où tout se décompose,
Quel en est le remède et quel en est la cause ?
Serait-ce que la foi derrière la raison
Décroît comme un soleil qui baisse à l'horizon ?
Que Dieu n'est plus compté dans ce que l'homme fonde ?
Et qu'enfin il se fait une nuit trop profonde
Dans ces recoins du cœur du monde inaperçus,
Que peut seul éclairer votre lampe, ô Jésus ?

. . . . . . . . . . . . . . . . . . . . . . .

Jours de piété calme et de force féconde,
Lorsque la Bible ouverte éblouissait le monde ! [2]

« Tout se décompose » : c'est le cri général, la
plainte universelle. La foi disparaît, le peuple s'endort dans l'indifférence, on se rallie à des sectes
bizarres telles que le Saint-Simonisme, qui prétendent réformer la religion chrétienne et par elle la
société. Aux « fanatiques religieux » dont on considère Joseph de Maistre comme le dernier représentant, se substitue une nouvelle espèce de fanatiques anti-religieux ; et l'on s'aperçoit que l'on ne
gagne pas au change. Les prêtres sont insultés,
les églises profanées, un évêché est saccagé, et les
« nouveaux barbares » menacent de détruire la civilisation laïque aussi bien que la culture religieuse.

_____

1. *Chants du Crépuscule*: Que nous avons le doute en
nous.
2. *Ibid.*, XIII.

On jette les regards de tous côtés pour chercher
un refuge contre cette marée montante ; on entre-
voit la décadence morale avec toutes ses laideurs ;
et après Hugo, après Musset, voici que le grave
Vigny termine son « élévation » des *Amants dc
Montmorrency* par cette phrase découragée :

Et Dieu ? — Tel est le siècle, ils n'y pensèrent pas !

Il nous laisse ailleurs, de ce « mal du siècle »,
de cette angoisse universelle, un tableau qui concorde point à point avec ceux que nous citions précédemment :

Dans le naufrage universel des croyances, quels
débris où se puissent rattacher encore les âmes généreuses ?... Les chefs des partis politiques prennent aujourd'hui le Catholicisme comme un mot d'ordre et un
drapeau ; mais quelle foi ont-ils dans ses merveilles, et
comment suivent-ils sa loi dans leur vie ? Les artistes le
mettent en lumière comme une précieuse médaille, et se
plongent dans ses dogmes comme dans une source épique de poésie ; mais combien y en a-t-il qui se mettent
à genoux dans l'église qu'ils décorent ? — Beaucoup de
philosophes embrassent sa cause et la plaident, comme
des avocats généreux celle d'un client pauvre et délaissé ;
leurs écrits et leurs paroles aiment à s'empreindre de ses
couleurs et de ses formes ; leurs livres aiment à s'orner
de dorures gothiques, leur travail entier se plait à faire
serpenter autour de la croix le labyrinthe habile de leurs
arguments ; mais il est rare que cette croix soit à leurs
côtés dans la solitude. — Les hommes de guerre combattent et meurent sans presque se souvenir de Dieu.
Notre siècle sait qu'il est ainsi, voudrait être autrement
et ne le peut pas [1].

---

1. *Servitude et Grandeur Militaires*, la canne de Jonc
chap. IX.

« Je voudrais bien, Seigneur ; je veux : pourquoi ne puis-je ? » [1] Sainte-Beuve le répétera presque textuellement. Et encore, ceux-ci manifestent-ils des velléités de secouer leurs doutes. D'autres n'en auront même pas la force ; comme Musset, ils regretteront le temps de la croyance, tout en en jugeant le retour impossible ; et, las de voir sans cesse la réalité mettre un obstacle à l'infinité de leurs rêves, ils se laisseront déprimer par les rancœurs d'une vie monotone, ainsi que les âmes dont parle Lacordaire :

Faites silence ; laissez venir à votre cœur le monde tel qu'il est aujourd'hui. Qu'entendez-vous ? Des voix confuses qui s'appellent sans jamais se répondre ; des monologues innombrables dans une foule pressée et béante ; le cri de l'homme perdu, le soir, au milieu du désert, des voyageurs sans but qui se disent : *Allons* ; des cœurs las avant d'avoir vécu ; des bouches taciturnes qui n'ont que deux mots : Peut-être, hélas ! Nulle harmonie, nulle unité que celle de la plainte. Si encore il y avait des champs de bataille où l'on pût se tuer avec quelque gloire ; s'il y avait des révolutions qui, en donnant des craintes à la vie, lui donnassent quelque intérêt ; s'il y avait du sang, de la débauche, des amphithéâtres, des gladiateurs, quelque chose qui nous empêchât de sentir, dans le vide de notre cœur, la grâce du ciel qui y tombe malgré nous ! Mais non, la société nous emporte d'un mouvement froid et comme régulier, malgré ses catastrophes, et la littérature seule, expression de notre démence, évoque autour de nous un monde à notre gré [2].

---

1. *Les Consolations* : A M. Viguier.
2. *Considérations sur le Système philosophique de M. de la Mennais*, préface.

Ils sont passés, les enthousiasmes catholiques de 1801 ! On n'a plus cette naïveté de croire que des fantaisies littéraires suffiraient à ressusciter des croyances capables de régir la vie ; mais on passe à l'excès contraire, et, croyant la foi morte dans l'élite française, on en conclut à sa disparition totale dans l'humanité. Ceux qui vont le moins loin, un Chateaubriand, un Ballanche, envisagent à l'exemple de Joseph de Maistre, une prochaine rénovation religieuse : « Une nouvelle ère se prépare ; le monde est en travail, les esprits sont attentifs » [1]. Mais combien haussent les épaules en entendant ces pronostics trop répétés ! Et, puisque l'espérance, malgré tout, est la plus forte, et que se résigner au scepticisme ambiant équivaudrait à accepter la mort, beaucoup s'imaginent qu'une nouvelle religion va remplacer le christianisme. Ballanche lui-même déclarait que « le moment palingénésique où nous nous trouvons à présent, ressemble, sous beaucoup de rapports, aux premiers siècles de notre ère » [2]; Gérard de Nerval, plus tard, comparera l'époque de 1830 à « celle de Pérégrinus et d'Apulée » [3] ; Benjamin Constant soutiendra que « la crise actuelle est la même que celle qui menaçait la nature humaine lors de l'établissement du christianisme, » [4]. Vigny sera plus net, et il notera dans son journal : « Le Christia-

---

1. *Palingénésie sociale*, prolégomènes.
2. *Ibid.*, 1re partie.
3. *Sylvie*, chap. I.
4. *De la Religion*, liv. V, chap. VII.

nisme en est donc au point où en était le Poly-
théisme en 300 »[1].

Tel est le point de départ de ces mouvements
dont nous étudierons deux représentants, George
Sand et Lamartine, qui s'efforceront d'élargir le
catholicisme en le sentimentalisant ; telle est aussi
la raison des succès qu'obtinrent vers cette époque
« le nouveau christianisme » de Saint-Simon ou le
« vrai Christianisme suivant Jésus-Christ », de
Cabet. — Mais on le voit, le romantisme s'est bien
transformé depuis ses premiers théoriciens ; il est
devenu aussi curieux d'avenir qu'il était fervent
du passé. C'est le moment d'examiner plus amplement les causes de cette transformation.

Les événements politiques eurent une influence
certaine. On avait trop imprudemment solidarisé
l'Eglise et le trône pour que la chute de l'un n'ébran-
lât pas l'autre. Bonald, ou le premier Lamennais,
avaient trop insisté sur la connexion qu'ils ju-
geaient nécessaire entre la monarchie et le catholicisme, pour qu'on ne fût pas persuadé qu'une fois
un de ces principes à terre, l'autre succomberait fa-
talement. En pratique d'ailleurs, si la Restauration
montrait un zèle souvent intempestif à la défense
des idées religieuses, les libéraux, affiliés aux sociétés secrètes, haïssaient cette loi d'obéissance qui
faisait des croyants de fidèles sujets. — Leurs chefs,
d'autre part, se rattachaient par une tradition di-

---

1. *Daphné*, appendice. Comparer également Stendhal :
« La fin du paganisme était accompagnée de cet état d'inquiétude et de doute qui, au xix° siècle, désole les esprits
tristes et ennuyés ». (*Le Rouge et le Noir*, chap. xlix).

recte aux derniers des idéologues. Tandis que Béranger ou Courier professaient le voltairianisme le plus étroit, le protestant Benjamin Constant en revenait à la religion naturelle des moins athées d'entre les Encyclopédistes. Et ces hommes-là, ou leurs disciples, formaient la nouvelle équipe gouvernementale, côte à côte avec ces doctrinaires dont l'Eglise ne pouvait attendre rien de bon, si leurs chefs se nommaient Cousin ou Royer-Collard, les inventeurs de l'éclectisme et les introducteurs en France de la philosophie allemande, — leur collègue et ami Jouffroy étant d'un tempérament trop spéculatif et ayant été trop vite emporté par la mort pour qu'il pût enseigner autrement qu'en théorie « comment les dogmes finissent ».

Le mouvement révolutionnaire se croyait d'ailleurs général. Sans doute n'obtint-il pas les résultats pratiques qu'il escomptait. Presque toutes les insurrections furent écrasées, et celles mêmes qui purent sembler un moment assez fortes pour triompher — celles de la Belgique, de la Pologne, de l'Irlande — étaient moins des révoltes sociales que des soulèvements nationaux. On ne leur attribuait pas moins une importance qu'elles ne possédaient pas. On attendait l'écroulement prochain de la monarchie en Europe ; et les craintes des gouvernements semblaient justifier les espoirs révolutionnaires [1]. Un petit nombre de catholiques, avec Lamennais, en prirent leur parti, et s'efforcèrent d'autant plus inconsidérément d'unir l'Eglise avec la démocratie, qu'ils avaient fort bien montré au-

---

1. Cf. Guichen, *La Révolution de 1830 et l'Europe.*

trefois les dangers de cette confusion des deux
pouvoirs. Emboîtant le pas à l'*Avenir*, et cherchant
à introduire dans la hiérarchie religieuse les réformes que Lamennais demandait dans la société civile, Ballanche, Chateaubriand, ou encore Sainte-
Beuve, s'efforçaient de tranformer l'Eglise en un
assemblage éclectique de toutes les sectes ; et leur
exemple semblait donner raison à ces légitimistes
éperdus qui ne concevaient pas la possibilité d'un
catholicisme indépendant de la monarchie. Deux
camps se formaient dans l'Eglise, les libéraux et
les absolutistes ; un schisme semblait imminent.
Lamennais sommait Grégoire XVI de se mettre à
la tête des peuples affranchis. Tous attendaient
avec anxiété la réponse, et beaucoup, personni-
fiant dans Lamennais tout ce que l'Eglise possédait
de vie, et s'attachant à lui comme au seul homme
capable de moderniser l'orthodoxie, appréhen-
daient la décision du Pape comme un arrêt de vie
ou de mort :

Rien. — Le corps de Dieu ploie aux mains du dernier
[homme,
Prêtre pauvre et puissant pour Rome et malgré Rome.
Le cadavre adoré de ses clous immortels
Ne laisse plus tomber de sang pour ses autels [1].

Et lorsque survint la condamnation qui proscri-
vait les idées libérales, combien d'esprits jusque-là
hésitants, abandonnèrent des croyances qu'ils ju-
geaient désormais incompatibles avec les nécessités
présentes. — Je ne dirai pas: Tel fut le cas de Vigny.

---

1. Vigny, *Paris*.

Ses œuvres antérieures témoignent déjà de sa haine
contre ce que les contemporains qualifiaient de
théocratie. Mais il voyait précisément en Lamennais le philosophe qui libérait les doctrines chrétiennes de ce cachet théocratique, et c'est en le
voyant évoluer vers le jacobinisme que lui-même
renonça définitivement à la foi. La conclusion de
*Daphné* témoigne de la répercussion douloureuse
produite par cette volte-face sur son esprit. Le
pillage de l'Archevêché, le Saint-Simonisme, les
*Paroles d'un croyant* sont pour lui trois signes de
la dissolution des anciennes croyances :

Ils arrivèrent au palais de l'Archevêque. Les hommes
et les enfants jetaient le toit par terre et les meubles
par les fenêtres, et les troupes les regardaient faire et
riaient et empêchaient les livres d'être retirés de la ri-
vière.

Comme ils regardaient, ils virent passer un groupe
d'hommes sans masque, vêtus singulièrement. Ceux-ci
étaient jeunes et beaux, ils avaient leur nom sur la poitrine ; ils adoraient un homme appelé Saint-Simon et
prêchaient une foi nouvelle, essayant de fonder une société nouvelle.

La foule leur jetait des pierres et riait.

Ce ne fut pas tout. Ce qu'ils virent de plus lugubre, ce
fut un prêtre qui vint et les suivit en disant :

— Je vous servirai et je vous imiterai.

« Les rois boivent du sang dans des crânes, les prêtres sont gorgés de biens, d'honneurs, de puissance, il
faut que le peuple les détruise et que les armées secon-
dent le peuple.

« J'écrirai pour vous une apocalypse Saint-Simonienne
qui sera une œuvre de haine ».

La foule l'écoutait et riait.

Alors il rentrèrent tous deux remplis d'une tristesse profonde.

Stello regarda tristement le grand Christ d'ivoire.

Le docteur Noir dit avec une gravité froide :

*TOUT EST CONSOMMÉ.*

Ils regardèrent la statue de Julien. A ses pieds était Luther, et plus bas Voltaire qui riait.

Mais toutes ces causes, dont nous nous garderons de nier l'efficacité très réelle, ne pouvaient suffire à elles seules à produire un si vaste mouvement. Dans d'autres temps, elles n'eussent pas agi ; la défection de Lamennais, la révolution de 1830, tout en contribuant à accélérer et à généraliser la crise, en sont elles-mêmes les premiers effets. Si d'ailleurs les *Poésies de Joseph Delorme* ou les *Premières Poésies* de Musset parurent dès 1829, on conviendra que les événements politiques ne purent avoir une influence déterminante, et qu'il fallait toute la préparation antérieure du romantisme pour produire ces résultats. Il fallait que les volontés eussent été énervées, que les croyances se fussent affaiblies, et que, dans des âmes dépourvues de toute véritable persuasion, le cœur eût été appelé à jouer le rôle d'un souverain arbitre, favorable hier au catholicisme, mais demain aux pires aberrations.

Si du moins, à défaut de cette croyance motivée qui, après tout, ne fut jamais accessible qu'à une élite intellectuelle, si du moins le peuple avait conservé une volonté, un attachement ferme au devoir ! Mais non, chez ces hommes de 1830, le sentiment a tué l'action. Comme Werther, comme René, on s'abandonne à tous les mouvements de son âme, et l'on n'a plus la force de réagir contre le doute envahissant. Depuis vingt ans on habituait les peuples à chercher dans l'instinct une règle de conduite. On leur répétait que là se. trouvait la religion, la philosophie, la morale. Ils ont fini par en croire une doctrine si flatteuse, et le résultat en a été une démoralisation générale, un déséquilibre total, un affolement qu'eux-mêmes compareront à l'excitation de la fièvre. Et ils n'ont pas entièrement tort, quand ils rapprochent l'agitation contemporaine de celle qui précède les grands changements religieux ; on peut dire au moins qu'elle ressemble à la naissance des hérésies, à des mouvements tels que ce xvie siècle auquel ils aimaient à se reporter. Et, de fait, cette crise morale, ce romantisme, qu'est-ce donc, sinon l'invasion du protestantisme par le moyen de l'influence allemande ?

Cette « maladie morale abominable »[1] se préparait déjà sous l'Empire ; on en pouvait trouver. l'expression dans *René*. Dès 1811, Michaut, l'historien des Croisades, signalait comme un fait bien connu « ces profonds malaises, ces tristesses qui d'ordinaire saisissent les générations appelées à enfanter de grandes choses : toutes les fois qu'une époque est travaillée par le vague pressentiment de quelque nouveauté, comme ce qui doit venir lui est inconnu, elle commence par se troubler et s'effrayer, et d'abord il lui semble que le monde va périr »[2]. Et si peut-être Chateaubriand est un auteur trop personnel, ou si Michaut ne marque pas

---

1. *Confession d'un Enfant du siècle*, liv. I, chap. I.
2. *Histoire des Croisades*, liv. I.

assez l'actualité de ses observations, voici Nodier
qui montre mieux que nul autre à quelles chimères,
à quelles hallucinations de doute on en arrive lorsqu'on a bien appris à subordonner la raison à la
cécité de nos sentiments :

. J'avais alors vingt-trois ans, et je ne connaissais de
l'amour que cette fièvre turbulente qu'on appelait de
l'amour dans cette génération de malheur dont la destinée était de se méprendre sur tous les sentiments ;
maladie âpre, aigüe, dévorante, sans compensations,
sans adoucissements, sans espérances, dont les émotions
étaient des crises et les élans des convulsions... C'était
un besoin profond et douloureux d'épreuves, d'agitations,
de souffrances, et surtout de changement, la révélation
d'un invincible instinct de destruction, d'anéantissement
social [1].

Tels étaient les désordres de l'âme alors qu'un
régime de fer et qu'une Eglise respectée parve-
naient encore à les comprimer. On devine avec
quelle violence ils feront explosion au moment où
les cadres religieux et politiques paraîtront se disjoindre. On devine quel désarroi se répandra dans
la nation, quelles apostasies s'en suivront, et
quelles théories monstrueuses naîtront de ces
imaginations surchauffées. Notons que le caractère
de cette épidémie de doute est de paraître involontaire. Ceux qui l'éprouvent s'en plaignent
amèrement, tout en se méprenant sur son origine.
Car il est difficile de distinguer entre deux sortes
de négation, et du scepticisme on tombe facilement

---

1. *Souvenirs de Jeunesse* : Clémentine.

dans le voltairianisme. C'est pourquoi Voltaire
est peu à peu adopté par les romantiques ; ils commencent à invoquer une « raison » dont le rôle
reste d'ailleurs négatif ; et, par le fait même que
leur emprise s'affirme sur toutes les portions du
peuple, ils voient leurs rangs se grossir d'une
foule d'esprits rationalistes et railleurs. Tout cela
les trompe sur l'origine des incertitudes dont ils
souffrent. Loin de les reporter à leur cause réelle
— l'omnipotence du sentiment — ils s'en prennent au xviiie siècle et le rendent responsable de
leurs ténèbres :

> O dix-huitième siècle, impie et châtié !
> Société sans Dieu, qui par Dieu fut frappée !
> Monde, aveugle pour Christ, que Satan illumine !
> Honte à tes écrivains devant les nations ! [1]

Et Musset, comme Hugo, invective Voltaire,
sans se douter que Rousseau encourt une responsabilité bien plus grande dans la genèse de cet
état d'esprit :

> Voilà pourtant ton œuvre, Arouet, voilà l'homme
> Tel que tu l'as voulu [2]...

Une seule fois il a vu plus juste ; et, dans cette
introduction à la *Confession d'un enfant du siècle*,
qui, malgré sa forme déclamatoire, constitue un
des documents les plus suggestifs sur la crise de
1830, il dénonce les véritables coupables, les cor-
rupteurs de la nation française :

---

1. *Les Rayons et les Ombres*, IV.
2. *Rolla.*

Quand les idées anglaises et allemandes passèrent
ainsi sur nos têtes, ce fut comme un dégoût morne et silencieux, suivi d'une convulsion terrible... Ce fut comme
une abnégation de toutes choses du ciel et de la terre,
qu'on peut nommer désenchantement, ou si l'on veut,
désespérance [1].

Toutes ces citations nous montrent une fois de
plus le caractère de ce découragement ; c'est
comme une paralysie spontanée et inattendue qui
s'empare des intelligences. La religion de l'amour
aboutit à supprimer les réalités, à annihiler les
certitudes et à ne laisser subsister qu'un chaos de
rêveries. « Hélas ! l'homme aujourd'hui ne croit
plus, mais il rêve » [2] ; et souvent il en souffre ; il
réclame une certitude, il implore un Sauveur :

« Où donc est l'inconnu ? où donc est le Maître ? où
donc est le Libérateur, où le Demi-Dieu, où le Prophète ? [3] »

Qui de nous, qui de nous va devenir un dieu ? [4]

Il essaye de se raccrocher à la religion traditionnelle, et, comme plus tard, le jeune Renan, il implore un ciel qui reste muet [5]. Mais il n'en arrive

---

1. *Confession d'un enfant du siècle*, liv. I, chap. II.
2. *Les Rayons et les Ombres*.
3. *Daphné*, chap. I.
4. *Rolla*.
5. « O Dieu de ma jeunesse, j'ai longtemps espéré revenir à toi enseignes déployées et dans la fierté de la raison, et peut-être te reviendrai-je humble et vaincu comme
une faible femme. Autrefois tu m'écoutais ; j'espérais voir
quelque jour ton image, car je t'entendais répondre à ma
voix. Et j'ai vu ton temple s'écrouler pierre à pierre, et
le sanctuaire n'a plus d'écho... Est-ce ma faute ? est-ce la

pas au scientisme comme le futur auteur de la *Vie
de Jésus*. Les temps n'en sont pas encore venus.
Loin de prendre son parti de la perte de ses
croyances, l'homme de 1830 maudit ceux qui l'ont
fait incrédule, et il a des élans vers Dieu, qui
n'aboutissent qu'à constater son impuissance :

Et toi, Jésus, qui l'as sauvée, pardonne-moi, ne le lui
dis pas. Je suis né dans un siècle impie et j'ai beaucoup à expier. Pauvre fils de Dieu qu'on oublie, on ne
m'a pas appris à t'aimer... Pardonne à ceux qui m'ont fait
incrédule, puisque tu m'as fait repentant ; pardonne à
tous ceux qui blasphèment ! ils ne t'ont jamais vu, sans
doute, lorsqu'ils étaient au désespoir ! Les joies humaines sont railleuses, elles dédaignent sans pitié ; ô Christ !
les heureux de ce monde pensent n'avoir jamais besoin
de toi : pardonne : quand leur orgueil t'outrage, leurs
larmes les baptisent tôt ou tard... C'est la douleur qui
t'a fait Dieu ; c'est un instrument de supplice qui t'a servi
à monter au ciel et qui t'a porté les bras ouverts au sein
de ton père glorieux ; et nous, c'est aussi la douleur qui
nous conduit à toi comme elle t'a ramené à ton père [1]...

On le voit, c'est un ardent désir de foi. C'est un
sentiment profond du rôle consolateur de la religion. C'est un vif regret des temps passés où elle
était là, propice à tant de misères :

---

tienne ? Ah ! que je frapperais volontiers sur ma poitrine,
si j'espérais entendre cette voix chérie qui autrefois me
faisait tressaillir. Mais non, il n'y a que l'inflexible nature... Adieu donc, ô Dieu de ma jeunesse ! Peut-être
seras-tu celui de mon lit de mort. Adieu ; quoique tu
m'aies trompé, je t'aime encore ! (*Avenir de la Science*,
chap XXXII).
1. *Confession d'un Enfant du siècle,* liv. IV, chap. VI.

Vous, chercherez autour de vous quelque chose comme une espérance ; vous irez secouer les portes des églises pour voir si elles branlent encore, mais vous les trouverez murées ; vous penserez à vous faire trappiste, et la destinée qui vous raille vous répondra par une bouteille de vin et une courtisane [1].

Mais ces élans d'amour, ces retours désespérés ne servent de rien. On s'est laissé entraîner trop bas pour pouvoir remonter la pente ; on s'est trop épuisé en jouissances morbides pour revenir à la santé. On finit par désespérer du catholicisme, on cherche une nouvelle foi, et en attendant de l'avoir trouvée, on s'arrête à cet aveu navrant :

La croyance en Dieu est innée en moi ; le dogme et la pratique me sont impossibles, mais je ne veux me défendre de rien [2].

## II

De tous les romantiques, il en est surtout deux qui peuvent être pris comme exemples de ce mal du doute ; et peut-être s'étonnera-t-on de voir que l'un d'entre eux est le plus stoïque et le plus raide des poètes de cette époque, alors que le second en est sans contredit le plus abandonné et le plus vo-

---

1. *Ibid.*, liv. II, chap. x.
2. Musset. Lettre à madame la duchesse de Castries (1840).

luptueux. Sans doute, cette crise produisit des résultats fort différents dans des âmes aussi dissemblables ; ils n'en passèrent pas moins à un certain moment par un état d'esprit identique, par cette angoisse qu'ils éprouvèrent avec une intensité plus grande que la plupart de leurs contemporains. Chateaubriand et même Nodier, qui pourtant exprimaient cette mélancolie avec autant de force que Musset, ne l'éprouvaient que par intermittences, et continuaient, en dehors de leurs moments de convulsions, à se montrer raisonnables et chrétiens. George Sand, Lamartine, Sainte-Beuve, renonceront sans trop de peine à leurs croyances, et, quoique se parant du nom de catholiques, s'amuseront à forger des dogmes et une morale inédite. Vigny et Musset, au contraire, souffriront beaucoup d'avoir perdu la foi. Tous deux, un moment, se raidiront contre l'étreinte du doute ; après quoi, vaincus, Vigny se cuirassera dans un stoïcisme désespéré, cependant que Musset n'aura même plus la force de réagir contre ses passions.

A ses débuts, le futur auteur des *Destinées* ne paraît pas avoir été très différent des autres romantiques. Sans doute, dès ses ouvrages antérieurs à 1830 — dans *Cinq-Mars*, par exemple, dans le *Déluge* ou dans *Moïse* — on trouverait aisément des germes de ce pessimisme hautain qui finira par résumer sa pensée. Mais, en général, il se conforme assez docilement aux théories de ses amis. Comme eux, il cherche dans la Bible le sujet de ses inspirations. Il n'est même pas étranger à la religion de l'amour, puisqu'*Eloa* symbolise la

passion au moins autant que la pitié. Son poème
de *Satan Sauvé*, resté à l'état d'ébauche, devait
encore accentuer cette tendance, et l'on y devait
voir qu'un seul moment d'amour balance une vie
d'iniquités :

> Une voix ineffable prononça ces mots :
> — Tu as été puni dans le temps ; tu as assez souffert,
> puisque tu fus l'ange du mal. Tu as aimé une fois : entre
> dans mon éternité. Le mal n'existe plus [1].

Comme les autres, on le voit, le sentimentalisme
l'entraîne à nier l'enfer ; comme les autres, il confondra l'amour de Dieu avec l'amour humain, ou
du moins, le spectacle de ces « profanations involontaires » lui paraîtra-t-il « ineffable » :

> O profanations involontaires ! Mélanges ineffables de
> l'amour, de la sainteté et de la science que personne en-
> core n'a compris entièrement ! Soupirs mystiques et
> passionnés d'un amour énergique et pieux à la fois [2] !

« Pour dormir sur un sein son front est trop pe-
sant » : voilà, somme toute, le grand malheur de
Moïse. Et ailleurs l'auteur de *Cinq-Mars* met en
scène, avec une sympathie visible, un prêtre qui,
pour justifier l'amour que lui inspire une religieuse, se sert d'arguments comme ceux-ci :

> Ne sois pas triste parce que tu m'aimes ; ne sois pas
> affligée parce que je t'adore. Les anges du ciel, que font-
> ils ? et les âmes des bienheureux, que leur est-il promis ?
> Sommes-nous moins purs que les anges [3] ?

---

1. *Journal d'un Poète*.
2. *Daphné*, chap. III.
3. *Cinq-Mars*, chap. IV

La crise morale de 1830 a donc été préparée
chez lui par le même genre de sophismes que chez
ses contemporains. Il passa par un sentimentalisme
dont il conserva des traces toute sa vie ; et, dans
la *Maison du Berger*, s'il y a d'autres choses, n'y
a-t-il pas aussi une apologie de « l'amour et de sa
divine faute ? »

> Eva, j'aimerai tout dans les choses créées,
> Je les contemplerai dans ton regard rêveur.
> Sur mon cœur déchiré viens poser ta main pure ;
> Ne me laisse jamais seul avec la nature ;
> Car je la connais trop pour n'en avoir pas peur.

En même temps d'ailleurs que ce sentimentalisme humanitaire le détachait lentement de
croyances qui l'avaient toujours laissé assez froid,
une influence négative contribuait à l'en détourner.
Il personnifiait en Joseph de Maistre la théocratie
et l'absolutisme, et protestait toutes les fois qu'il
en trouvait l'occasion, contre des doctrines qui
lui faisaient horreur. « Un homme, dira-t-il du
philosophe des *Soirées de Saint-Pétersbourg*, doué
d'une des plus hardies et des plus trompeuses imaginations philosophiques qui jamais aient fasciné
l'Europe, était arrivé à rattacher au pied même
de la croix le premier anneau d'une chaîne effrayante et interminable de sophismes ambitieux
et impies, qu'il semblait adorer consciencieuse-
ment et qu'il avait fini peut-être par regarder du
fond du cœur comme les rayons d'une sainte vérité » [1]. C'est contre ce Dieu « jaloux » et impi-

---

1. *Stello,* chap. XXXI.

toyable qu'il lancera plus tard les anathèmes du
*Mont des Oliviers* ; mais, dès ses premières poésies,
il en dénonçait l'inflexible tyrannie, que la *Fille
de Jephté* ou le *Déluge* étaient consacrés à maudire :

> La pitié du mortel n'est point celle des cieux ;
> Dieu ne fait point de pacte avec la race humaine ;
> Qui créa sans amour fera périr sans haine [1].

Et, comme il impute ces doctrines sanguinaires
à l'ensemble des catholiques, il ne tarde pas à
rompre avec les croyances traditionnelles. — Mais
ici surgit l'anxiété du doute : où se raccrocher ?
quel est le « Dieu préservateur » [2] ? Car il faut une
religion au peuple, sans quoi il tombe dans cette
morne apathie, qu'après Lacordaire, Vigny constate et déplore :

> Chacun paraissait chercher et demander quel désir
> l'avait amené, et vers quel plaisir. Aucun n'était satis-
> fait, aucun n'entrevoyait même ce qui lui pourrait plaire.
> Tous s'en allaient l'œil vague et la bouche béante ; tous
> incapables de s'arrêter sur leur route perpétuelle qui ne
> menait à rien [3].

Et l'auteur de *Daphné* se met en quête d'une
religion qui sauvegarde la morale : car il constate
l'impuissance des hommes à accomplir d'eux-mêmes leurs devoirs. Il sait que les dogmes sont nécessaires pour préserver la civilisation, de même

---

1. *Le Déluge.*
2. *Daphné*, chap. v, 1re lettre.
3. *Ibid.*, chap. I.

que le cristal enveloppant les momies les protège
de toute souillure :

Les dogmes religieux avec leurs célestes illusions, sont
pareils à ce cristal. Ils conservent le peu de sages préceptes que les races se sont formés et se passent l'une à
l'autre. Lorsque l'un de ces cristaux s'est brisé sous l'effort
des siècles et les coups des révolutions des hommes, ou
lorsque les caractères qu'il porte sont effacés et n'impri-
ment plus de crainte, alors le trésor public est en danger,
et il faut qu'un nouveau cristal serve à le voiler de ses
emblèmes et à éloigner les profanes par ses lueurs toutes
nouvelles, plus sincèrement et plus chaudement révé-
rées [1].

Mieux vaudrait — et ici le romantique se révèle
encore une fois — mieux vaudrait, plutôt que de
raisonner les croyances ou d'échafauder une théologie, « revenir à la foi naïve » des enfants et des
saints :

Samuel a cette *Religiosité organisatrice* qui cherche
toujours le Code dans les religions. — La sœur Saint-
Ange a la foi simple qui aime Dieu et aime tous les
hommes pour Dieu. — Samuel remonte à la foi naïve
ou plutôt, faisant effort pour y revenir, y succombe. —
Sœur Saint-Ange l'emporte au ciel par ses exemples [2].

Et c'est pourquoi, malgré sa haine contre Joseph de Maistre, il put croire encore un moment
le catholicisme nécessaire. S'il avait eu quelque
espoir de galvaniser cette religion qu'il jugeait

---

1. *Daphné*, chap. v, 1re lettre.
2. *Ibid.*, appendice, 17 septembre 1837.

épuisée, il l'aurait considérée comme le plus sûr
remède aux angoisses des temps présents :

Daphné démontre l'ancienneté de la négation philosophique du christianisme, mais que dès lors il pouvait se
trouver un homme qui pensât qu'il était bon de ne pas
le détruire pour conserver et perpétuer le trésor public de
la morale [1].

Mais il renonce peu à peu à utiliser les anciennes
croyances. Il ne les aime pas, et d'ailleurs elles
lui semblent mortes ; et, réservant de plus en plus
ses affections à cet « homme d'imagination, éternellement crucifié par le sarcasme et la misère » [2],
les croyants ne lui paraissent qu'une partie du
troupeau grossier qui les lapide :

— Venez, dit aux chrétiens le philosophe Paul de La-
risse, venez, maîtres futurs de la terre, qui lui apportez
les ténèbres, la nuit et la tristesse ; vous qui êtes voués
au culte de la mort et qui portez pour étendard un gibet
que vous prenez pour un flambeau ; vous, les vrais
croyants, qui ne doutez pas de ce qui vous est enseigné
et qui adorez sans comprendre rien ;... Venez et soyez
glorieux : vous êtes vainqueurs [3].

Cependant, il éprouve la nécessité d'un palliatif
à cette décadence menaçante. Peut-être ne s'aper-
çoit-il pas clairement de son origine sentimentale ;
mais en tous cas, il se rend compte que les passions ont besoin d'être réfrénées ; et, à partir de

---

1. *Daphné*, appendice, 16 décembre 1839.
2. *Chatterton*, acte III, sc. I.
3. *Daphné*, chap. V. 4ᵉ partie.

cette époque de 1830, où, se désaffectionnant lui-même du catholicisme, il verra les foules le quitter, sa vie ne sera plus qu'une laborieuse enquête à la recherche d'une religion. Il croira tout d'abord la trouver dans l'honneur ; et, quelque insuffisante que soit cette notion, il faut lui savoir gré de l'avoir substituée à la religion de l'amour :

J'ai cru apercevoir sur cette sombre mer un point qui m'a paru solide...

... Cette foi... est celle de l'*Honneur.*

... Gardons-nous de dire de ce dieu antique de l'honneur, que c'est un faux dieu, car la pierre de son autel est peut-être celle du dieu inconnu [1].

D'ailleurs, encore dans *Daphné,* et à plus forte raison dans *Servitude et Grandeur Militaires,* ce culte nouveau n'exclut pas un respect extérieur envers la religion traditionnelle. Il faut se garder, en effet, de démoraliser les âmes qui s'y attacheraient encore. Le but étant de sauver le monde de la décadence, peu importent donc les moyens :

Roman moderne. — Un homme d'honneur. L'honneur le défend de tous les crimes et de toutes les bassesses : c'est sa religion. Le christianisme est mort dans son cœur. A sa mort il regarde la croix avec respect, accomplit tous ses devoirs de chrétien comme une formule et meurt en silence [2].

Plus tard son attitude changera ; et en même

---

1. *Servitude et grandeur militaires,* la canne de Jonc, chap. IX.
2. *Journal d'un poète,* 1834.

temps qu'il abandonnera ce culte de l'honneur qui repose décidément sur une. base trop faible,— véritable « morale provisoire » à la Descartes, qu'il ne considéra jamais que comme un pis-aller; en même temps qu'il subit l'influence du courant scientiste de 1840, et que la Raison reprend le premier rang dans sa synthèse religieuse, il accentue son hostilité contre ce fatalisme à la Joseph de Maistre qu'il s'obstine à confondre avec le catholicisme traditionnel. C'est alors qu'il écrit ce poème des *Destinées* où il invective une Providence absurde qui lui paraît équivaloir au Destin :

Notre mot éternel est-il : *C'était écrit ?*
*Sur le Livre de Dieu*, dit l'Orient esclave ;
Et l'Occident répond : *Sur le Livre du Christ.*

C'est alors qu'il compose la stance du *Silence*, éloquente protestation qui s'adresse d'ailleurs au Jehovah hébraïque plus qu'à aucune conception chrétienne : car il oppose les deux Testaments, les deux alliances, celle de la justice et celle de l'amour.— C'est alors qu'il raidit encore son stoïcisme et qu'il jette ses conseils hautains par la voix du Loup expirant :

Gémir, pleurer, prier, est également lâche.
Fais énergiquement ta longue et lourde tâche
Dans la voie où le sort a voulu t'appeler ;
Puis, après, comme moi, souffre et meurs sans parler.

« Il faut avant tout anéantir l'espérance dans le cœur de l'homme » : il écrivait ceci dès 1824 ; maintenant il s'efforce de réaliser ce programme. Et, s'il en vient à ce pessimisme foncier, c'est

qu'il estime que l'homme seul et sa raison sont capables de sauver l'homme. Il rejette toute métaphysique, toute théologie ; et il pousse ses frères humains à améliorer pratiquement leur destin, par
le moyen de ce « pur esprit » qu'il divinise :

> Le vrai Dieu, le Dieu fort est le Dieu des idées [1].
> Ton règne est arrivé, *Pur Esprit*, roi du monde !
> . . . . . . . . . . . . . . . . . . . . . . . .
> Colombe au bec d'airain ! *Visible Saint-Esprit* [2]!

Les prêtres de cette future religion seront les
poètes et les penseurs, ces « hommes d'imagination » vers lesquels étaient toujours allées ses sympathies. Vigny invoque un bouleversement social
qui puisse substituer la primauté de l'intelligence
à cet état de choses actuel où l' « homme spiritualiste est étouffé par une société matérialiste,
où le calculateur avare exploite sans pitié l'intelligence et le travail » [3]. La pensée doit conquérir
cette première place que le monde contemporain
offre à l'or. Comme dans le poème de la *Sauvage*,
les classes supérieures doivent se faire les éduca-
trices du peuple ; elle doivent faire avancer l'ensemble de l'humanité dans la voie du progrès matériel et intellectuel.— Si nous avons vu dans le
culte de l' « esprit pur » l'aspect théorique des
croyances de Vigny dans sa vieillesse, cette religion de l'humanité en constitue l'aspect pratique ;
et l'on ne peut s'empêcher de trouver une singu-

---

1. *La bouteille à la mer.*
2. *L'esprit pur.*
3. *Dernière nuit de travail.*

lière ressemblance entre ces idées et celles d'Auguste Comte. Comme l'auteur des *Destinées*, le père du positivisme poussera le pragmatisme religieux jusqu'à chercher l'alliance de cette Eglise à laquelle il ne croyait pas ; comme lui, il attribuera à la raison et à la raison positive, la suprématie intellectuelle; comme lui enfin, il couronnera son système philosophique par le culte de l'humanité. Tous deux représentent en effet le même aspect de l'opinion française après la crise de 1830, cet aspect rationnel et pratique qui commence à poindre dès lors, mais qui n'atteindra son complet épanouissement que lorsqu'ayant rompu avec le romantisme, il édifiera sur les ruines de celui-ci une nouvelle doctrine littéraire. On voit d'ailleurs qu'il ne saurait plus être question de catholicisme dans les tenants de cet état d'esprit, et que, par réaction contre le romantisme, ils condamnent la religion.— L'autre aspect, cet aspect idéalisé et sentimental qui continue à s'affirmer chez Lamartine, chez George Sand, chez Sainte-Beuve, sera d'ailleurs encore moins favorable aux croyances traditionnelles ; ceux-ci, qui sont les vrais romantiques, construiront des systèmes plus dangereux les uns que les autres, qu'ils attribueront à Jésus-Christ ; et de quelque côté qu'on se retourne, sauf chez un petit nombre de catholiques incertains de leur avenir, on ne trouvera pas de milieu entre les négations des « réalistes » et les utopies toujours plus flottantes mais aussi toujours plus pernicieuses des disciples de Jean-Jacques Rousseau.

## III

Le type de ce second courant, c'est Musset ; ou plutôt, Musset nous représente mieux que tout autre ce fond de sentimentalisme sur lequel Lamartine ou George Sand grefferont leurs nouvelles doctrines. Il n'y a pas encore chez lui ces tentatives de systématisation et de reconstruction pseudo-mystique qui s'exprimeront dans *la Chute d'un Ange* et dans *Spiridion* ; il ramène tout à l'amour ; tout, hors l'amour, lui reste indifférent ; mais, comme rien d'humain ne peut suffire à son appétit d'infini, il se tourne vers la religion, et la trouvant morte en son âme, il tombe dans une indicible détresse, qu'il cherche en vain à déguiser. Le lecteur ne se méprend pas sur la souffrance intime qu'il essaye de lui voiler sous une gaminerie et un dandysme apparent :

Vous me demanderez si je suis catholique.
Oui ; — j'aime fort aussi les dieux Lath et Nésu [1].

Car ses paradoxes, ses audaces plaisantes, ne durent pas. Souvent un poème commence par une raillerie et se termine par un sanglot ; on voit qu'il cherche inutilement à s'étourdir. Dans la même pièce où il multiplie les badinages sur la « paresse » ou sur les ridicules contemporains, il jette un regard furtif vers les églises, désolé de [n'y voir

---

1. *La Coupe et les Lèvres,* dédicace.

qu' « une croix en poussière et le désert aux
cieux »[1]. — D'autres fois c'est tout un poème, ou
du moins une tirade entière, où s'exhale son désespoir :

Le doute ! il est partout, et le courant l'entraine,
Ce linceul transparent, que l'incrédulité
Sur le bord de la tombe a laissé par pitié
Au cadavre flétri de l'espérance humaine !
. . . . . . . . . . . . . . . . . . . . . . . . .
Mais vous, analyseurs, persévérants sophistes
. . . . . . . . . . . . . . . . . . . . . . . . .
Ah ! vous avez voulu faire les Prométhées,
·Et vous êtes venus les mains ensanglantées
Refondre et repétrir l'œuvre du Créateur !
Il valait mieux que vous, ce hardi tentateur,
Lorsqu'ayant fait son homme et le voyant sans âme,
Il releva la tête et demanda le feu.
Vous, votre homme était fait ! vous, vous aviez la flamme,
Et vous avez soufflé sur le souffle de Dieu.
Le mépris, Dieu puissant, voilà donc la science !
. . . . . . . . . . . . . . . . . . . . . . . . .
Large création, quand tu lèves tes voiles
Pour te considérer dans ton immensité,
Vois-tu du haut en bas la même nudité ?
Dis-moi donc, en ce cas, dis-moi, mère imprudente,
Pourquoi m'obsèdes-tu de cette soif ardente,
Si tu ne connais pas de source où l'étancher [2] ?

Une source où étancher sa soif d'infini, voilà ce
que Musset regrette de cette Eglise dont « le dogme et la pratique lui sont impossibles ». Son esprit
balloté par les orages de la passion, et privé de

---

1. *La Paresse.*
2. *La Coupe et les Lèvres*, acte IV, sc. 1.

tout appui solide, envie le sort de ces âmes pieuses « qui passèrent sur les abîmes en regardant le
ciel » [1]. Et il s'efforce, lui aussi, de revenir aux
croyances passées. Il s'émeut à la vue des églises,
il essaye d'y revenir à une certitude sereine, sans
y trouver autre chose que de nouveaux « doutes »
et de nouvelles « terreurs » :

Solitudes de Dieu ! qui ne vous connaît pas ?
Dômes mystérieux, solennité sacrée,
Quelle âme, en vous voyant, est jamais demeurée
Sans doute ou sans terreur ? [2]

Il se fait une idée trop noire du catholicisme
pour qu'il puisse recouvrer cette confiance paisible qu'il évoque. Comment pourrait-il croire en
une religion que ses prêtres, s'imagine-t-il, ne
considèrent que comme « un geste » :

Un geste ! malheureux, tu ne sais pas peut-être
Que la religion n'est qu'un geste, et le prêtre
Qui, l'hostie à la main, lève les bras sur nous,
Un saint magnétiseur qu'on écoute à genoux [3] !

Comme Vigny d'ailleurs, il se laisse impressionner par Joseph de Maistre, ou plutôt encore par le
jansénisme, car il reproche à la religion traditionnelle une exagération d'austérité plus commune à
Port-Royal qu'à Rome :

Mon juge est un bourreau qui trompe sa victime.
Pour moi, tout devient piège et tout change de nom.

---

1. *Confession d'un enfant du siècle,* liv. I, chap. II.
2. *Portia.*
3. *Suzon*

L'amour est un péché, le bonheur est un crime,
Et l'œuvre des sept jours n'est que tentation. [1]

Comme tous les romantiques, il nie l'enfer. Il
paraît d'ailleurs attribuer aux croyances catholiques une férocité qui, encore une fois, est plutôt le
fait du jansénisme, puisqu'il lui semble qu'aucune
faute ne saurait être pardonnée :

C'est une jonglerie atroce, en vérité!
O toi qui les entends, suprême intelligence,
Quelle pagode ils font de leur Dieu de vengeance!
Quel bourreau rancunier, brûlant à petit feu!
Toujours la peur du feu. — C'est bien l'esprit de Rome.
Ils vous diront après que leur Dieu s'est fait homme;
J'y reconnais plutôt l'homme qui s'est fait Dieu [2].

Quelle étrange idée se fait-il encore des couvents, qu'il peuple d'anciennes amantes aigries
contre l'amour, pour lesquelles il n'a que de l'hostilité :

Sais-tu ce que c'est que des nonnes, malheureuse
fille? Elles qui te représentent l'amour des hommes
comme un mensonge, savent-elles qu'il y a pis encore,
le mensonge de l'amour divin?... Le ciel n'est pas pour
elles [3].

Ainsi s'exprime Perdican ; et tel est le sens de
toute cette comédie d'*On ne badine pas avec l'amour*.
Il accuse l'enseignement chrétien de produire une
aversion contre le mariage, aversion que symbolise Camille :

---

1. *L'espoir en Dieu.*
2. *La Coupe et les Lèvres*, acte IV, sc. I.
3. *On ne badine pas avec l'amour*, acte II, sc. V.

On a décidé que Camille allait revoir son cousin, qu'on le lui voudrait faire épouser, qu'elle refuserait, et que le cousin serait désolé. Cela est si intéressant, une jeune fille qui fait à Dieu le sacrifice du bonheur d'un cousin ! [1]

On voit combien est fausse la notion qu'il se fait du catholicisme ; et on conçoit que dans ces conditions « le chrétien l'épouvante ». Reste cependant qu'il a besoin d'une foi ; « la croyance en Dieu est innée en lui » ; le suprême amour peut seul le dédommager des amertumes de la terre. Le doute qui le torture ne peut lui ôter une croyance qui s'identifie avec sa nature :

Je ne puis ; malgré moi l'infini me tourmente.
Je n'y saurais songer sans crainte et sans espoir,
Et, quoi qu'on en ait dit, ma raison s'épouvante
De ne pas le comprendre et pourtant de le voir [2].

Toutes les fois qu'il souffre, il a recours à Dieu : « A qui perd tout, Dieu reste encore » [3]. Loin de le maudire, il s'humilie devant sa main, acceptant la douleur comme un remède :

Est-ce donc sans motif qu'agit la Providence
Et crois-tu donc distrait le coup qui t'a frappé ?
Le coup dont tu te plains t'a préservé peut-être,
Enfant, car c'est par là que ton cœur s'est ouvert.
L'homme est un apprenti, la douleur est son maitre,
Et nul ne se connait tant qu'il n'a pas souffert [4].

---

1. *On ne badine pas avec l'amour*, acte III, sc. II.
2. *L'espoir en Dieu.*
3. *La Nuit d'août.*
4. *La Nuit d'octobre*

Et c'est là-dessus qu'il prononce ces strophes célèbres, que nous citerons presque en entier, car nous ne saurions touver une expression plus complète de la foi romantique :

O toi que nul n'a pu connaitre,
Et n'a renié sans mentir,
Réponds-moi, toi qui m'as fait naitre
Et demain me feras mourir !

Puisque tu te laisses comprendre,
Pourquoi fais-tu douter de toi?
Quel triste plaisir peux-tu prendre
A tenter notre bonne foi?

Dès que l'homme lève la tête,
Il croit t'entrevoir dans les cieux;
La création, sa conquête,
N'est qu'un vaste temple à ses yeux.

Dès qu'il redescend en lui-même,
Il t'y trouve, tu vis en lui,
S'il souffre, s'il pleure, s'il aime,
C'est son Dieu qui le veut ainsi.
. . . . . . . . . . . . . . . . . .
De quelque façon qu'on t'appelle,
Brahma, Jupiter ou Jésus,
Vérité, justice éternelle,
Vers toi tous les bras sont tendus.
. . . . . . . . . . . . . . . .
Le monde entier te glorifie;
L'oiseau te chante sur son nid ;
Et pour une goutte de pluie
Des milliers d'êtres t'ont béni [1].

_____

1. _L'espoir en Dieu._

Tout est là : le doute obstiné et tellement involontaire qu'on finit par le considérer comme une
épreuve envoyée par Dieu même, et qui aboutit à
ne plus savoir distinguer entre « Brahma, Jupiter
ou Jésus » ; la « preuve de Dieu par la nature » et
la gratitude envers la Providence ; enfin cette
conviction que Dieu « vit en nous », qu'il se manifeste par le sentiment, mieux que cela, qu'il est le
père de tous nos sentiments : si nous aimons
« c'est Dieu qui le veut ainsi ! » Car l'auteur des
*Nuits* n'est pas de ceux qui réduisent sa part à
l'amour. Le nouveau courant rationaliste ne l'ef-
fleure même pas ; et lorsqu'il lui arrive de vouloir
faire preuve d'érudition en énumérant les différents systèmes philosophiques, il conclut, comme
Bonald ou comme Chateaubriand, en les procla-
mant incapables d'arriver à la notion de Dieu :

... Où sont-ils ces faiseurs de systèmes,
Qui savent sans la foi trouver la vérité,
Sophistes impuissants qui ne croient qu'en eux-mêmes?
Quels sont leurs arguments et leur autorité ?

. . . . . . . . . . . . . . . . . . . . . . .

Enfin sort des brouillards un rhéteur allemand,
Qui, du philosophisme achevant la ruine,
Proclame le ciel vide, et conclut au néant.
Voilà donc les débris de l'humaine science ! [1]

Le cœur seul peut mener à Dieu ; le cœur est le
principe des grandes choses ; c'est lui seul qu'il
faut cultiver :

---

1. *L'espoir en Dieu.*

Tu te frappais le front en lisant Lamartine

. . . . . . . . . . . . . . . . . . . . . . .

Ah! frappe-toi le cœur, c'est là qu'est le génie [1].

L'amour, la nature, sont les deux grands principes qui émeuvent tout vrai poète :

Celui qui ne sent pas, quand tout est endormi,
Quelque chose qui l'aime errer autour de lui ;
Celui qui n'entend pas une voix éplorée
Murmurer dans la source et l'appeler ami ;
Celui qui n'a pas l'âme à tout jamais aimante ;

. . . . . . . . . . . . . . . . . . . . . . .

Que celui-là rature et barbouille à son aise

. . . . . . . . . . . . . . . . . . . . . . .

Grand homme, si l'on veut, mais poète, non pas [2].

L'amour est Dieu, l'amour est tout. Et c'est ce
qui rend si simples les conceptions de Musset :
religion, sociologie, littérature, il ramène tout à
un problème d'amour. L'amour donne son existence au monde, qui disparaîtrait en même temps
que lui :

Amour, ô principe du monde! flamme précieuse que
la nature entière, comme une vestale inquiète, surveille
incessamment dans le temple de Dieu! foyer de tout,
par qui tout existe! [3]

L'amour, seul motif que nous ayons de croire
en Dieu, nous est envoyé par ce Dieu d'amour ;

---

1. *A mon ami Edouard B...*
2. *Après une lecture.*
3. *Confession d'un Enfant du siècle*, liv. III, chap. XI. Cf.
*Il ne faut jurer de rien*, acte III, sc. IV.

il nous est conseillé par cette nature qui ne vit que
par l'amour :

> J'aime ! — Voilà le mot que la nature entière
> Crie au vent qui l'emporte, á l'oiseau qui le suit ! [1]

Et peu nous importe, après cela, la qualité de
cet amour, ou les souffrances qu'il entraîne. Il est
toujours bon, parce qu'il est l'Amour. Nul sans
doute n'a poussé aussi loin que Musset la confusion entre les sentiments, puisqu'il en donne la
théorie :

> Doutez de tout au monde et jamais de l'amour.
> . . . . . . . . . . . . . . . . . . . . . . . .
> L'amour est tout, — l'amour et la vie au soleil.
> Aimer est le grand point, qu'importe la maitresse ?
> Qu'importe le flacon pourvu qu'on ait l'ivresse ! [2]

En pratique comme en théorie, il se réchauffe à
ce foyer. Ses déceptions, son épuisement, ne lui
dessillent pas les yeux : et, foulant aux pieds ses
souffrances, il proclame l'amour bienfaisant *quand
même* :

> Eh ! bien, ce fut sans doute une horrible misère
> Que ce riànt adieu d'un être inanimé.
> Eh ! bien ! qu'importe encore ? O nature ! ô ma mère !
> En ai-je moins aimé ? [3]

C'est la conclusion de tous ses ouvrages; et
voilà le terme de la dissociation que le romantisme
a produite entre les éléments qui composaient

---

1. *Rolla.*
2. *La Coupe et les Lèvres*, dédicace.
3. *Souvenir.*

l'âme française. De tous ces éléments, croyance, raison, clarté, sens de l'équilibre, nul ne survit ; tous ont disparu, étouffés par ce sentiment destructeur, érigé en idole souveraine à l'exemple de la Germanie. Dans ces âmes de 1830, rien ne subsiste que l'amour, ou tout au moins rien ne subsiste qu'en fonction de l'amour. — Mais c'est bien peu que le seul sentiment pour remplir une âme d'homme. Les romantiques éprouvent la détresse du vide, cherchent à combler par des chimères les lacunes de leur âme, ou succombent à la mélancolie. Et chacun de poursuivre quelque autre chose qui puisse assouvir sa soif d'idéal ; l'un s'occupera de politique, un autre échafaudera une philosophie. Mais les unes comme les autres seront fondées sur le sentiment, qui les égarera, et les fera se perdre toujours plus loin, dans des rêveries utopiques et malsaines.

# CHAPITRE SEPTIÈME

## Lamartine.

## I

Comme il y a deux Lamennais et deux Chateaubriand, il y a aussi deux Lamartine ; le poète de la *Chute d'un ange* diffère de celui des *Méditations* ; 1830 modifia ses croyances, et le fit passer du catholicisme sentimental à une théosophie démocratique compliquée de rationalisme. Mais, au rebours de ses prédécesseurs chez lesquels des tendances assez imprécises remplaçaient la foi primitive, son système est devenu plus net à mesure qu'il évoluait. Au retour de son voyage en Orient, il apportait des convictions beaucoup plus arrêtées et plus systématiques que les vagues fantômes de catholicisme amoureux qui le captivaient en 1820. Tandis que Lamennais, en passant de l'*Essai sur l'indifférence* aux *Paroles d'un croyant,* avait abandonné le point de vue philosophique pour le point de vue poétique, Lamartine effectue plutôt le mouvement contraire. Sa pensée doit à peine se modifier et ne fait que se condenser ; et c'est pourquoi, comme le *Voyage en Orient* est de 1835, *Jocelyn* de 1836 et la *Chute d'un ange* de 1839, nous avons cru devoir parler de Lamartine après 1830 seulement, — puisqu'il est d'ailleurs, avec George Sand, le représentant le plus typique des reconstructeurs pseudo-chrétiens de cette époque.

Son œuvre est préparée par de nombreuses influences, tant dans le xviiie siècle que parmi ses contemporains. Personnellement hostile à Chateaubriand, il lui doit, néanmoins, quelques procédés et quelques idées ; il est aussi profondément imbu des théories de Bernardin et de Rousseau, tout en y mêlant celles de Voltaire, dont la correspondance était le livre de chevet de sa jeunesse, et à qui le néo-rationalisme de 1830 rend quelque considération ; enfin, loin d'être l' « ignorant qui ne sait que son âme » dont parle Sainte-Beuve, les idées de son temps l'impressionnent considérablement ; et Lamennais sera pour lui un maître qu'il suivra jusque dans les détails.

Nous avons dit qu'il goûtait peu les œuvres de l'auteur du *Génie*. En effet, quoique romantique, il n'en est pas le disciple, et le juge même très sévèrement. Voici en quels termes il en parle dans son *Histoire de la restauration :*

Un philosophe pieux avait une œuvre belle et sainte à faire sur un pareil plan... Rendre à Dieu ce qui était de Dieu, aux hommes ce qui était des hommes, au passé ce qui doit mourir avec lui, à l'avenir ce qui doit durer et vivifier l'âme humaine... Au lieu de cette œuvre, M. de Chateaubriand avait fait dans son livre, comme Ovide, les *Fastes de la Religion*. Il avait exhumé sans choix et sans critique ses dogmes et ses superstitions, sa foi et ses crédulités, ses vertus et ses vices... jusqu'aux fraudes pieuses des prodiges populaires inventés par le zèle et perpétués par la routine du clergé rural pour séduire l'imagination au lieu de sanctifier l'esprit des peuples... M. de Chateaubriand avait tout divinisé. Son livre était le reliquaire de la crédulité humaine [1].

On voit, d'ailleurs, que son rationalisme est la cause de ce dédain ; mais on peut se demander si, même à une époque antérieure, il a jamais goûté Chateaubriand. Peut-être en fut-il épris dans sa jeunesse, et lui-même l'avoue par moments :

J'étais lecteur fanatique de *René*, d'*Atala*, du *Génie du Christianisme* [2].

Encore mêlait-il bien des restrictions à son enthousiasme, si du moins nous voulons l'en croire :

Tout en étant plus ému peut-être qu'aucun de mes

---

1. *Histoire de la Restauration*, liv. **XV**, chap. VII et VIII.
2. *Recueillements*, entretien avec le lecteur

condisciples, de la peinture, de la musique, et surtout
de la mélancolie de ce style, je fus plus frappé que tout
autre aussi du défaut de raisonnement, de naturel et de
simplicité, qui caractérisait malheureusement ces belles
œuvres [1].

Voilà un bambin de douze ans qui ne manquait
pas de réflexion! Il réfléchit même tant qu'on peut
bien supposer que Lamartine s'attribue après coup
des opinions qui lui sont venues plus tard, sorte
d'erreur rétrospective assez commune aux romantiques. On retrouve d'ailleurs dans ces opinions
la trace des théories de *Jocelyn* ou de la *Chute
d'un ange*, qui n'ont tout de même rien de commun
avec une doctrine de collège. En réalité il n'y a
aucune raison de croire qu'il s'est défié de Chateaubriand avant sa sortie de l'école. Les caractères par
lesquels cette influence s'imprime dans son œuvre
sont assez importants pour nous témoigner de sa
durée.

Il lui doit en effet deux traits fondamentaux de
sa mentalité, et aussi, à un autre point de vue, un
de ses procédés les plus familiers. Il lui doit peut-
être sa vanité, en tous cas sa mélancolie; et il lui
emprunte le merveilleux chrétien sur lequel il
bâtit ses poèmes. Jusqu'à quel point, d'ailleurs, en
est-il redevable au seul auteur du *Génie du christianisme*, c'est ce qu'il y aurait lieu de discuter, et
il semble que les deux premiers tout au moins de
ces caractères, puissent être rapportés à Rousseau
ou à Gœthe aussi bien qu'à *René*. Ce qui, dans la
mélancolie lamartinienne, est authentiquement

_____

1. *Souvenirs et Portraits.*

du Chateaubriand, c'est la façon dont il en fait un auxiliaire de la foi, trouvant en Dieu le suprême refuge contre les inquiétudes terrestres. Mais ce ne sont pas ces aspirations vagues vers un idéal plus vague encore [1] que poursuivaient, avant Chateaubriand et Nodier, Werther aussi bien que Jean-Jacques. Ce n'est pas non plus cette façon de se « nourrir de sa tristesse » et d'y trouver une volupté ; et si peut-être l'on peut voir une influence du *Génie* dans les exaltations pieuses qui accompagnent cette mélancolie, il n'en saurait être ainsi de la manière dont il concrétise en Elvire son besoin d'aimer, ni du panthéisme, semblable à celui de Nodier, qui lui fait répandre ses affections sur la totalité de la nature :

J'étais dans une de ces heures de mélancolie fréquentes alors, rares aujourd'hui, pendant lesquelles j'entendais battre mon propre cœur, où je collais l'oreille à terre pour entendre sous le sol, dans les bois, dans les eaux, dans les feuilles, dans le vol des nuées, dans la rotation lointaine des astres, les murmures de la création, les rouages de l'âme infinie, et, pour ainsi dire, les bruits de Dieu [2].

Et quant à cet orgueil, source de son subjectivisme, qui l'amènera, comme Victor Hugo, à prendre une attitude de mage, c'est là plutôt une disposition congénitale qu'on ne saurait attribuer à aucune influence précise. Elle lui est du reste commune avec toute sa génération, avec Vigny,

1. Voir notamment la pièce très caractéristique de l'*Isolement*.
2. *Souvenirs et Portraits*.

avec Bonald, comme avec l'auteur du *Génie* ; et ici
encore il faut, pour en trouver la source, remonter
jusqu'à cette origine primitive de tant de mentalités diverses, jusqu'à ce Rousseau qui donna le
premier exemple de cet entêtement de soi que par-
tagèrent ses disciples.

Reste le merveilleux chrétien. C'est là en effet
le seul trait de son œuvre qu'on puisse indiscuta-
blement rapporter à Chateaubriand. S'il n'est aucun point de son caractère qui ne lui soit commun
avec Jean-Jacques ou Bernardin aussi bien qu'avec
René, du moins ce procédé n'était-il qu'à peine indiqué dans les ouvrages du xviii<sup>e</sup> siècle. Au moins
depuis un certain âge, il adoptera les principes du
*Génie*, et se glorifiera d'avoir été le premier à les
mettre en pratique :

En ce temps-là aucun poète ne se serait permis d'appeler les choses par leur nom. Il fallait avoir un diction-
naire mythologique sur son chevet, si l'on voulait rêver
des vers. Je suis le premier qui ait fait descendre la
poésie du Parnasse, et qui ait donné à ce qu'on nommait
la muse, au lieu d'une lyre à sept cordes de convention,
les fibres même du cœur humain [1].

Encore y a-t-il mis du temps ; et les plus anciennes des *Méditations*, non seulement le *Golfe de
Baïa*, mais aussi l'*Enthousiasme*, contiennent nombre de ces friperies qu'il se vantait d'avoir ban-
nies des vers français. On y trouve le « sein de
Thétis », la « statue de Memnon », l'enlèvement
de Ganymède, et son deuil seul lui fit comprendre

---

1. *Méditations,* 1<sup>re</sup> préface.

plus tard combien ces expressions étaient artificielles. — D'ailleurs, on ne peut dire qu'il les ait remplacées par une mythologie chrétienne. Son art essentiellement subjectif fera fi des machines poétiques, et lorsque plus tard, essayant de s'élever à l'épopée, il sera forcé d'en faire usage, il faudra faire la part de la métempsychose indoue dans son poème des *Visions*, de Byron dans la *Chute d'un Ange*, ou, dans *Jocelyn*, du *Vicaire de Wakefield*; et, sur cette portion aussi de son œuvre, l'influence de Chateaubriand apparaîtra singulièrement réduite. — Elle n'en subsiste pas moins, si c'est elle qui forme le trait d'union entre les imitations que nous venons de signaler, et si, même en ce qui concerne la mélancolie ou l'orgueil, elle a renforcé considérablement les influences antérieures. Mais c'est à cela que se réduit son rôle, et l'on conviendra qu'il n'est pas fort étendu.

Il faut, en effet, remonter au xviiie siècle, si l'on veut saisir l'origine du christianisme lamartinien. Aucun de ses contemporains — sauf peut-être Lamennais — ne prit sur son esprit une domination aussi marquée que les représentants des deux écoles qui se combattaient vers 1780. De même que la forme de ses vers est toute classique et ressemble à du Millevoye bien plus qu'à du Victor Hugo, de même sa pensée s'inspire, d'une part de Voltaire, de l'autre de Rousseau, plus que d'aucun philosophe de son siècle. — Nous avons déjà vu quels sont les points principaux que l'on peut rapporter en lui à l'auteur des *Confessions* et des *Rêveries*. Nous avons constaté que ce sont les mêmes traits que l'on retrouve chez tous les ro-

mantiques : une certaine mélancolie, un certain
orgueil, auxquels il faudrait ajouter cette tendance
qu'il a de rejeter au nom de la raison les croyances traditionnelles, tout en leur en substituant
d'autres, beaucoup plus bizarres et plus chiméri-
ques. — L'influence de Bernardin de Saint-Pierre
sera d'ailleurs encore plus considérable, et contribuera à nuancer celle de Jean-Jacques, en l'opposant à celle de Chateaubriand. Nourri dès son
enfance de cet idyllique récit de *Paul et Virginie*,
que sa mère lui narrait avant même qu'il sût lire,
il s'était accoutumé à y chercher une sensibilité
vraie qu'il opposait à la tension imaginative de
l'auteur d'*Atala* et de *René* :

Ces pages, écrivait-il du *Génie*, sont des larmes de nos
nerfs et non pas des larmes de nos cœurs [1].

On voit combien diffèrent ces deux natures que
l'on pourrait croire semblables : l'un, Chateaubriand, tout artiste, sensible avant tout à la beauté
des formes et à la volupté des couleurs; l'autre,
Lamartine, plus poète, plus subjectif encore, considérant beaucoup moins le monde extérieur que
les mouvements de son âme; l'un puisant ses impressions dans l'univers sensible, l'autre y versant
les siennes; l'un enfin ne voyant dans le catholicisme qu'une matière à jouissances artistiques insoupçonnées, l'autre s'efforçant de transposer dans
le domaine du sentiment ce que Chateaubriand
n'avait considéré que du point de vue esthétique.
Là, d'ailleurs, était le danger, qu'il ne saura pas

---

1. *Souvenirs et Portraits.*

plus éviter que Charles Nodier ou qu'Alfred de Musset. Il ne pourra parler de la foi catholique sans l'efféminer en l'attendrissant ; et, lorsque ses idées religieuses se préciseront, lorsque la crise morale de 1830 aura, comme un acide, précipité les substances diluées dans le creuset de sa pensée, il en viendra à parler de l'instinct à peu près dans les mêmes termes que l'auteur des *Études de la Nature*. Il en fera, comme lui, la suprême raison :

Méfions-nous de la raison, disait Bernardin, puisque dès les premiers pas; elle nous égare dans la recherche de la vérité et du bonheur. Voyons s'il n'est pas en nous quelque faculté plus noble, plus constante et plus étendue... Je substitue donc à l'argument de Descartes celui-ci, qui me paraît et plus simple et plus général : *Je sens, donc j'existe*... Il a pour mobile une faculté inconnue de l'âme, que j'appelle le *Sentiment*, auquel la pensée elle-même se rapporte : car l'évidence à laquelle nous cherchons à ramener toutes les opérations de notre nature, n'est elle-même qu'un simple sentiment [1].

Il sera même moins catégorique ; et l'influence voltairienne corrige quelque peu ou du moins limite cet exclusivisme sentimental. Car — le premier de tous les auteurs que nous avons étudiés jusqu'ici — il rend à Voltaire cette confiance dont le début du siècle l'avait dépossédé. Il en était nourri dans sa jeunesse, son influence se maintint dans son âge mûr par l'intermédiaire de madame de Staël ; et lorsque survint le regain de rationalisme consécutif à 1830, il finit par assigner à la raison un rôle presque égal à celui joué par le sentiment dans

---

1. *Études de la Nature*, t. III, p. 8-10.

ses théories religieuses. Mais ces deux puissances, bien qu'égales, ne seront pas coordonnées : l'intuition restera la puissance constructive et la raison n'aura qu'une fonction négative ; ce qui est encore du voltairianisme, si l'on peut définir Voltaire, avant tout, comme un négateur.

Ajoutons à ces influences celle de Bonald, à qui il adressait son ode sur le *Génie*, sans l'avoir lu, prétendait-il, — mais qui agit sur sa pensée tout au moins indirectement par l'intermédiaire de M. de Genoude ou de tel autre doctrinaire monarchiste de ses amis. — Ajoutons-y Joseph de Maistre, qui l'impressionne comme Vigny, et contre lequel il réagit ; ajoutons-y surtout Lamennais, dont il suivit de près l'évolution, et qui — M. Christian Maréchal l'a montré [1] — lui inspira, à toutes les époques de sa vie, des thèmes philosophiques d'inspiration. Mais — en mettant à part cette dernière influence dont on ne saurait contester l'étendue — la plupart des auteurs de son temps ne produisirent que des modifications superficielles de son esprit. Comme George Sand, et comme tous ceux dont la pensée ne s'est stabilisée qu'après les Journées de Juillet, il renie ce catholicisme que ses prédécesseurs identifiaient avec le romantisme. Remontant jusqu'aux origines de celui-ci, et dépouillant les doctrines de Rousseau de toutes les additions que ses disciples y apportèrent, il revient au XVIIIe siècle pur ; et entre ses mains, la religion romantique, amalgamant assez bizarrement le sen-

---

1. Dans son ouvrage : *Lamennais et Lamartine*.

timentalisme, le rationalisme et une certaine théosophie bouddhique, achève de se détacher de
l'Eglise pour bâtir des systèmes nouveaux.

## II

On a pu croire cependant — et l'on a cru — que
Lamartine personnifiait la poésie chrétienne. Nodier le considérait comme le type du poète chrétien
selon le cœur de Chateaubriand, et les adversaires
comme les admirateurs des *Premières Méditations*
y voyaient avant tout le triomphe du sentimentalisme catholique sur la sécheresse voltarienne. Et
nous ne dirons pas qu'ils aient eu tort, puisque
Lamartine était croyant à cette époque. On ne
pouvait lui reprocher une hétérodoxie encore peu
visible, et d'ailleurs, jusque dans sa *Chute d'un
Ange*, il écrira des pages irréprochables, comme sa
paraphrase du *Pater*. Ajoutons que les poésies sub-
jectives dans le genre du *Lac*, qui nous frappent
seules aujourd'hui, n'étaient pas ce qui plaisait le
mieux aux premiers lecteurs de l'ouvrage. Ils leur
préféraient des odes telles que l'*Homme* ou que la
*Prière*, assez banales dans leur fond, mais qui, par
le fait même qu'elles répétaient, avec un rare bonheur d'expression, les arguments les plus connus
de l'apologétique classique, donnaient l'impression
d'une foi solide :

> Gloire à toi dans les temps et dans l'éternité,
> Eternelle raison, suprême volonté !

Toi dont l'immensité reconnait la présence !
Toi dont chaque matin annonce l'existence !
Ton souffle créateur s'est abaissé sur moi ;
Celui qui n'était rien a paru devant toi.

. . . . . . . . . . . . . . . .

Me voici, mais qui suis-je ? un atome pensant [1].

On y trouvait aussi certaines définitions heureuses de la Divinité [2], ou même, quoique exprimés d'une façon plus vague, certains dogmes très peu romantiques, comme le péché originel :

Courage ! enfant déchu d'une race divine,
Tu portes sur ton front ta superbe origine,
Tout homme en te voyant reconnait dans tes yeux
Un rayon éclipsé de la splendeur des cieux [3].

. . . . . . . . . . . . . . . .

L'homme est un dieu tombé qui se souvient des cieux.

Ce que d'ailleurs on admirait surtout, c'étaient moins les passages irréprochables qu'on y pouvait trouver abondamment, que cet ensemble de caractères à la fois religieux et sentimentaux par lesquels la mélancolie et la foi se compénétraient mutuellement, si bien que, loin de s'opposer comme elles le faisaient encore dans *René*, elles finissaient par ne plus constituer qu'une seule et même chose. Et — du moment qu'il s'agissait de poésie et non pas de théologie — nul ne pouvait élever une objection sérieuse contre la légitimité de cette fusion. On n'y songeait même pas, et on admirait comme

---

1. *L'Homme.*
2. *La Prière.*
3. *L'Homme.*

une conquête du catholicisme ce deuil chrétien
d'un amoureux, ou encore l'habileté avec laquelle
il rajeunissait la preuve de Dieu par la nature,
puisque la prière jaillissait en lui spontanément
de la contemplation du monde. Tous ces mérites
faisaient fermer les yeux sur des taches qui d'ailleurs n'en semblaient pas à cette époque de ferveur
idéaliste, mais qui n'en existaient pas moins ; car
des lecteurs mieux avertis eussent discerné certains passages fâcheux, comme cette divinisation
de la personne aimée dans certaines strophes du
*Temple,* ou comme ces phrases franchement anti-
intellectualistes qu'il écrivit un peu plus tard dans
la *Sagesse* :

> Insensé le mortel qui pense !
> Toute pensée est une erreur !

Il est probable d'ailleurs que même dans un milieu plus rationnel que la France de 1820, on ne
se fût pas formalisé de pareilles exagérations, ex-
cusables chez un poète. Et de fait, pas plus à ce
moment que pendant les dix années qui suivirent,
Lamartine ne prétendit à un autre rôle qu'à celui
d'un artiste mélodieux. Toutes les fois qu'il abor-
dera le problème religieux, il s'exprimera avec
une grande retenue et en termes incapables de
choquer le chrétien le plus orthodoxe. Même dans
les *Harmonies* où des éléments troubles se glisse-
ront, on pourra les prendre pour des expressions
fâcheuses plus que pour des erreurs véritables.
Jusqu'à son voyage en Orient, il conservera une
attitude de christianisme purement littéraire ; il
faudra la crise morale de 1830 pour qu'il se pose

en philosophe, et pour que, tout en se disant encore catholique, il prêche une doctrine à la fois
rationaliste, intuitionniste et panthéiste.

On peut d'ailleurs se demander si ce changement d'attitude répond à un changement de doctrine, et s'il avait jamais professé réellement le
catholicisme qu'on lui attribuait. Il semblerait que
non, d'après le récit de Dargaud :

*Dargaud* : Néanmoins vous êtes orthodoxe.
*Lamartine* : Je le suis un peu des lèvres, mais je ne le
suis plus guère de cœur. A vrai dire je ne l'ai été à aucune époque. J'avais été très malheureux, j'avais perdu
un amour, l amour le plus profond, le plus ardent de ma
jeunesse. J'étais brisé de douleur. J'avais soif de religion
absolue. J'aspirais à me consoler, à m'assoupir du
moins. Je voulais me faire un peu de bien, et faire
beaucoup de joie à ma mère. Je voulais, j'ai voulu dix
ans me reposer dans la tradition. — Vainement [1]

Cette version est vraisemblable, mais non certaine, et, même s'il fallait en croire Dargaud, il
resterait à vérifier l'exactitude du récit même de
Lamartine. Ce ne serait pas la première fois qu'il
dénaturerait son passé afin de paraître aussi conséquent qu'il s'imaginait l'être. — Quoi qu'il en
soit, d'ailleurs, ce n'est qu'à partir du *Voyage en
Orient* qu'il énonça nettement ses doctrines hété-
rodoxes  Examinons-en tout d'abord le côté négatif, cette raison, ce sens critique, qu'il se garde de
confronter avec ses nouvelles utopies, mais qui

---

1. Cité par Jean des Cognets, dans sa *Vie intérieure de
Lamartine*.

lui sert à démolir ce qu'il veut détruire des anciennes croyances.

Il part de ce principe, que la raison est seule
capable d'atteindre le divin. « L'hymne de la raison s'échappe de ma lyre [1] », disait-il dès les *Méditations*, opposant sa raison aux passions qui lui
voilaient les plans de Dieu. Il va maintenant plus
loin, et prédit l'avènement d'une religion purement rationnelle :

Cette foi, c'est la raison générale... elle veut poser
en religion, — Dieu un et parfait pour dogme, la morale
éternelle pour symbole, l'adoration et la charité pour
culte ; — en politique, l'humanité au-dessus des nationa-
lités ; — en législation, l'homme égal à l'homme,
l'homme frère de l'homme... Le christianisme législaté! [2]
La raison... c'est l'infaillible et perpétuelle révélation
des lois divines, applicables aux sociétés [3].

Et, franchissant du premier coup une étape que
jusqu'à lui les romantiques n'avaient pas osé accomplir, il salue comme les fondateurs de cette
foi universelle, non seulement le Christ, mais encore et bien plus les philosophes de l'antiquité :

Socrate et Platon ! Là, commence la religion de la
raison! Puis vient le christianisme... Les âges de barbarie qu'il lui fallut traverser pour aller à nous, l'ont souvent altéré et défiguré, mais s'il était tombé sur des
Platon ou des Pythagore, où ne serions-nous pas arrivés? Nous arriverons, grâce à lui, par lui et avec lui [4].

---

1. *L'Homme.*
2. *Voyage en Orient*, t. III, p. 229.
3. *Ibid.*, p. 283-284.
4. *Voyage en Orient*, t. II, p. 126-127.

Le dogme, aujourd'hui comme de tout temps, est en perpétuel progrès; non pas, comme le pourrait dire un catholique, en se précisant, en s'enrichissant de vérités qu'on n'y avait pas encore aperçues, bien qu'elles y fussent déjà incluses; mais au contraire en s' « épurant », en se débarrassant de tout « fanatisme » et de toute « superstition ». Avec Joseph de Maistre, Lamartine doute que la révélation du Christ soit la dernière : l'Esprit saint peut encore s'incarner « dans un homme ou dans une doctrine »[1]. Seulement, tandis que le philosophe des *Soirées de Saint-Pétersbourg* envisageait une troisième révélation comme quelque chose d'infiniment solennel et de grandiose, l'auteur du *Voyage en Orient* considère les manifestations de la parole divine comme presque journalières et communes à tous les grands hommes. La dernière de ces révélations et l'une des plus importantes, c'est la Révolution, c'est l'humanitarisme :

C'est un second accès, mais plus radical, de la réforme du xvi° siècle ; mais au lieu de la réforme ou du protestantisme qui ne fut qu'un schisme dans la politique et dans la foi, c'est une réforme par la raison [2].

> Le Verbe où s'incarna l'antique vérité
> Se transfigure encor ; le Verbe s'est fait homme,
> Le Verbe est fait humanité ! [3]

« Une croix et une presse, ose-t-il bien ajouter, voilà les instruments des deux plus grands mouvements civilisateurs du monde »[4]. Et dès lors,

---

1. *Ibid.*, t. II, p. 229.
2. *Souvenirs et Portraits*, t. I, p. 281.
3. *Recueillements* : A M. de Genoude.
4. *Voyage en Orient*, t. III, p. 277.

la religion chrétienne n'apparaît plus que comme
un aspect, incomplet parce que fragmentaire, de
la croyance universelle. Les cultes vont se réduire
peu à peu à la simple adoration de Dieu, à ce déisme
voltairien dépourvu de tout dogme défini :

> Minarets, pagodes et dômes
> Sont écroulés sur leurs fantômes,
> Et l'homme, de ces dieux vainqueur,
> Sous tous ces temples en poussière
> N'a ramassé que la prière
> Pour la transvaser dans son cœur !
>
> Un seul culte enchaîne le monde,
> Que vivifie un seul amour ;
> Son dogme, où la lumière abonde,
> N'est qu'un Evangile au grand jour ;
> Sa foi, sans ombre et sans emblème,
> Astre éternel que Dieu lui-même
> Fait grandir sur notre horizon,
> N'est que l'image immense et pure,
> Que le miroir de la nature
> Fait rayonner dans notre cœur [1].

D'où, l'idée de tolérance. Puisque tous les cultes,
le christianisme comme les autres, disparaîtront
devant cette foi rationnelle, il serait absurde de
les condamner au nom d'une vérité que nous ne
possédons pas. Dieu seul connaît la part de vérité
que renferme chaque religion :

> Vous croyez posséder seuls les clartés divines,
> Vous croyez qu'il fait nuit derrière vos collines,
> Qu'à votre jour, celui qui ne s'éclaire pas
> Marche aveugle et sans ciel dans l'ombre du trépas !

---

1. *Recueillements* : Utopie.

Or, sachez que Dieu seul, source de la lumière,
La répand sur chaque âme et sur toute paupière ;
. . . . . . . . . . . . . . . . . . . . . . . . . .
Et que lui seul il sait combien de jour ou d'ombre
Contient pour ses enfants ce rayon toujours sombre !
. . . . . . . . . . . . . . . . . . . . . . . . . .
Car l'ange qui de Dieu viendra faire l'épreuve
Juge le culte au cœur [1] !

Nous ne devons haïr qu'une chose, « les délices
mystiques de la sacristie » [2], le fanatisme à la
Joseph de Maistre, la superstition dans le genre
de Chateaubriand :

... Ces vulgaires prestiges
Qui, confondant l'erreur avec la vérité,
Font d'une foi céleste une crédulité ;
Honte au Dieu trois fois saint prouvé par l'imposture !
Son témoin éternel, à nous, c'est sa nature !
Son prophète éternel, à nous, c'est sa raison [3] !

Et cette raison, poursuivant son travail dissolvant avec une logique disparue depuis les derniers
idéologues, entraine Lamartine à rejeter toute révélation, au sens traditionnel du mot :

Dans un regard de chair Dieu n'est pas descendu [4] ;

tout miracle :

Mais si quelqu'un de ceux que vous écouterez
Prétend vous éblouir de prodiges sacrés ;
S'il vous dit...
Que la sainte nature intervertit ses lois

---

1. *Jocelyn*, 9ᵉ époque.
2. *Méditations, la Semaine Sainte*, commentaire.
3. *Jocelyn*, 9ᵉ époque.
4. *Chute d'un Ange*, 8ᵉ vision.

. . . . . . . . . . . . . . . . . . . . . . . . .

Et que pour la raison il est d'autres miracles
Que l'ordre universel, constant, mystérieux,
Où la volonté sainte est palpable à vos yeux

. . . . . . . . . . . . . . . . . . . . . . . . .

Etouffez dans vos cœurs cette parole immonde :
La raison est le culte, et l'autel est le monde. [1]

Cependant les Livres Saints nous affirment cette révélation et ces miracles ? Qu'à cela ne tienne ! Il n'y a pas de Livres Saints :

Le seul livre divin dans lequel il écrit
Son nom toujours vivant, homme, c'est ton esprit,
C'est ta raison !...

. . . . . . . . . . . . . . . . . . . . . . . . .

L'intelligence en nous, hors de nous la nature,
Voilà les voix de Dieu, le reste est imposture ! [2]

On est à l'aise désormais pour ne retenir du dogme que ce qui nous plaira ; et Lamartine de nier l'Incarnation :

Dans un regard de chair Dieu n'est pas descendu ;

la divinité du Christ ; il n'est que « le plus saint des hommes, divinisé par la mort »[3] ; l'Eucharistie, du moins c'est un des sens de ce passage :

Ne renfermez pas Dieu dans des prisons de pierre
Où son image habite et trompe vos paupières ;

. . . . . . . . . . . . . . . . . . . . . . . . .

De ce qui remplit tout ne cherchez point la place ; [4]

---

1. *Chute d'un Ange*, 8ᵉ vision.
2. *Ibid.*
3. *Voyage en Orient*, t. II, p. 173.
4. *Chute d'un Ange*, 8ᵉ vision.

le dogme d'un enfer éternel, incompatible avec l'i-
dée de tolérance :

D'un supplice sans but la pensée est impie ;
Ce que le temps souilla, c'est le temps qui l'expie ·
A sa source à la fin toute eau se réunit,
Et même dans l'enfer c'est l'amour qui punit ! [1]

Il nie même l'existence du mal :

Et le sage comprit que le mal n'était pas,
Et dans l'œuvre de Dieu ne se voit que d'en bas [2].

On serait bien étonné qu'il s'en tînt au dogme.
Il considère la Papauté comme une institution ty-
rannique du moyen âge [3] ; il souhaite la destruction des ordres monastiques, sauf de ceux qui s'oc-
cupent des écoles et des hôpitaux [4] ; il combat le
célibat des prêtres. — Quant à l'architecture religieuse, l' « obscurité » des cathédrales gothiques
lui a plu un moment :

O ténèbres du sanctuaire,
L'œil religieux vous préfère
Au bois par la brise agité ...[5]

Mais de plus en plus, il leur a préféré la claire
architecture italienne, qu'il jugeait plus rationaliste :

Les architectes des cathédrales gothiques étaient des
barbares sublimes. Michel-Ange seul a été un philoso-

1. *Ibid.*
2. *Ibid.*
3. *Jocelyn*, 9⁰ époque.
4. *Voyage en Orient*, t. III, p. 11.
5. *Harmonies* : Hymne du soir dans les temples.

phe dans sa conception. Saint-Pierre, c'est le christianisme philosophique d'où l'architecte divin chasse les
ténèbres, et où il fait entrer l'espace, la beauté, la symé-
trie, la lumière à flots intarissables... Le christianisme
périrait que Saint-Pierre resterait encore le temple universel, éternel, rationnel, de la religion quelconque qui
succéderait au culte du Christ, pourvu que cette religion
fût digne de l'humanité et de Dieu !... Michel-Ange est
le Moïse du catholicisme monumental, tel qu'il sera un
jour compris. Il a fait l'arche impérissable des temps
futurs, le Panthéon de la raison divinisée. [1]

Cette architecture elle-même ne le satisfait pas
entièrement. Elle est trop petite pour Dieu ; elle
est humaine, en un mot. Le seul temple digne de
Dieu est celui que lui-même a bâti : la nature.

Que ton temple, Seigneur, est étroit pour mon âme !
Tombez, murs impuissants, tombez !
Laissez-moi voir ce ciel que vous me dérobez !
. . . . . . . . . . . . . . . . . . . . . . . . .
Voilà le temple où tu résides [2] !

Plus de temple, donc ; plus d'images ; plus d'architecture ni de peinture religieuses ; plus de « cérémonies », ni de « prédications », ni de « proces-
sions », ni de « congrégations », tout cela, c'est
du « fanatisme » [3]. Et voilà bientôt le culte épuré
autant que le dogme. On comprend dès lors le jugement qu'il portait sur Chateaubriand. Tous deux
étaient véritablement, sur ce point, aux antipodes
l'un de l'autre. Il est vrai, sur un autre terrain,

1. *Graziella*, liv. I, chap. VI.
2. *Harmonies* : Hymne des Nuits.
3. *Confidences*, liv. XII, chap. XIV.

Lamartine a subi assez profondément l'influence du père des romantiques. Mais cet *agnosticisme* et cet *anti-intellectualisme* qu'il a en commun avec les disciples de Rousseau, ne font que l'égarer davantage ; et, substituant aux croyances qu'il avait rayées de son esprit, un système complet de philosophie sentimentale, ils achèvent de le ranger au nombre des romantiques révolutionnaires d'après 1830.

## III

Après ce que nous avons dit du rationalisme lamartinien, après toutes les citations que nous avons faites, si quelque lecteur vient à ouvrir le recueil des *Méditations*, il sera passablement surpris d'y trouver des phrases qui contredisent violemment cette foi robuste en la raison dont nous avons multiplié les exemples. Il trouvera dans l'*Immortalité* des formules telles que celles-ci :

Oui, la raison se tait ; mais l'instinct vous répond.

Etonné, il posera son livre et recourra à la *Chute d'un ange*, cette espèce de catéchisme où le poète a résumé ses idées politiques et religieuses ; mais dès les premières pages, il se heurtera à cette formule :

On sent Dieu sans le voir dans la nuit de ce monde[1].

---

1. *Chute d'un Ange*, récit.

Complètement désorienté, il cherchera dans le *Voyage en Orient* l'attitude exacte de Lamartine à l'égard du sentimentalisme, et il tombera sur les lignes suivantes :

Il y a deux lumières pour l'homme : l'une qui éclaire l'esprit, qui est sujette à la discussion, au doute, et qui souvent ne conduit qu'à l'erreur et à l'égarement ; l'autre, qui éclaire le cœur et qui ne trompe jamais ; car elle est à la fois évidence et conviction, et pour nous autres misérables mortels, la vérité n'est qu'une conviction. Dieu seul possède la vérité autrement et comme vérité ; nous ne la possédons que comme foi [1] !

Lamartine a beau être un poète romantique; il a beau faire fi de la logique et se soucier peu de la contradiction ; un tel agnosticisme n'a pu être uni en lui à un tel rationalisme qu'à la condition de trouver un moyen de les concilier. Voyons donc ce qu'il en faut croire.

Nous avons peu trouvé de rationalisme dans les *Premières méditations* ; nous n'y trouverons guère de sentimentalisme théorique ; et d'ailleurs, ce serait perdre sa peine que d'y chercher un système lié. L'amant d'Elvire s'abandonne au hasard de ses impressions ; et son inclination naturelle et l'influence de Madame de Staël et de Voltaire pourront bien l'amener de temps en temps à chanter « l'hymne de la raison »; mais d'autres fois, au sortir d'une lecture de Rousseau ou de Bernardin, il sera vivement frappé de l'infirmité de la raison humaine, et s'écriera, terrifié devant les contra-

---

1. *Voyage en Orient*, t. I, p. 227.

dictions perpétuelles des écoles philosophiques :

> Insensé le mortel qui pense !
> Toute pensée est une erreur ;
> Vivez, et mourez en silence,
> Car la parole est au Seigneur [1] !

Et pourtant, on aurait peine à trouver une expression plus radicale de l'agnosticisme le plus absolu que dans cette phrase, qui, d'ailleurs, ne s'ajouta qu'un peu plus tard au recueil de 1820. C'est que le chantre d'Elvire a lu les *Études de la nature*, et les preuves de l'existence de Dieu par le sentiment ; il a lu Chateaubriand, et la démonstration de l'immortalité de l'âme par notre soif d'infini. Enfin, s'il n'a pas lu Bonald, il en a subi l'influence par l'intermédiaire de ses amis, les Montmorency ou les Rohan, et cette influence l'amène à juger de toutes choses par leur utilité. Et voilà pourquoi, comme à tous les romantiques, le « besoin de croire » lui prouvera l'objet de sa croyance :

> Le besoin qui pousse l'homme à respirer lui prouve seul que l'air est nécessaire à sa vie ! L'instinct de la prière prouve aussi à l'âme l'efficacité de la prière : prions donc [2] !

> Jéhovah ! Jéhovah ! Ton nom seul me soulage !
> Il est le seul écho qui répond à mon cœur !
> . . . . . . . . . . . . . . . . . . . . . . . . . .
> Et le cri de mon âme est toujours toi, mon Dieu [3] !

---

1. *Méditations* : La Sagesse.
2. *Voyage en Orient*, t. I, p. 36.
3. *Harmonies* : Le cri de l'Ame.

Mais bientôt, quittant les traces de Chateaubriand pour reprendre celles de Rousseau et des poètes germaniques, il se jettera à corps perdu dans le domaine du sentiment. Il le divinisera littéralement, puisqu'il en viendra à dire que tous nos sentiments sont Dieu :

L'âme humaine au contact rend Dieu par chaque fibre,
La joie et la douleur et l'amour n'ont qu'un son,
De notre âme, ô Seigneur ! le timbre, c'est ton nom [1] !

Et lorsqu'il parle de l'amour, on conçoit bien, après ce que nous avons dit de Nodier ou de Musset, qu'il entend par là, non seulement la piété de l'homme envers Dieu, mais l'amour de Jocelyn pour Laurence et de Cédar pour Daïdha. Et cet amour ne sera pas réglé par les obligations du mariage. Pour être divin, il n'a pas besoin d'une consécration officielle ; et le fait seul d'aimer Elvire sanctifiera l'âme du poète. Dès les *Méditations* [2], il confondait assez bizarrement l'image de Dieu avec celle de sa bien-aimée ; il les identifie absolument dans *Raphaël* :

Il y a un Dieu, il y a un éternel amour dont le nôtre n'est qu'une goutte. Nous irons le confondre ensemble dans l'Océan divin où nous l'avons puisé ! Cet océan c'est Dieu ! Je l'ai vu, je l'ai senti, je l'ai compris en ce moment par mon bonheur ! Raphaël, ce n'est plus vous que j'aime ! ce n'est plus moi que vous aimez ! c'est Dieu que nous adorons désormais l'un et l'autre ! vous à travers moi, moi à travers vous ! vous et moi à travers ces

---

1. *Chute d'un Ange*, 8ᵉ vision.
2. *Le Temple*.

larmes de béatitude qui nous révèlent et qui nous cachent à la fois l'immortel foyer de nos cœurs !... Dieu,
c'est toi ! Dieu, c'est moi pour toi ! Dieu, c'est nous !
et désormais le sentiment qui nous oppressait l'un
pour l'autre ne sera plus pour nous de l'amour, mais
une sainte et délicieuse adoration ! Raphaël, me compre-
nez-vous ? Vous ne serez plus Raphaël, vous êtes mon
culte de Dieu [1] !

Et c'est ainsi que Madame Julie Charles se con-
vertit au catholicisme...

Car Lamartine ne se contente pas de voir Dieu
dans la personne qu'il aime. Comme tous les romantiques, il veut faire de l'amour lui-même le
principe de la connaissance, et notamment de la
croyance en Dieu. Amour égale foi, et comme d'autre part, amour égale volupté, il s'en suit que la
foi ne sera qu'une volupté. Sainte-Beuve qualifiait
Chateaubriand, non sans justesse, d' « épicurien à
l'imagination catholique » ; le mot n'est-il pas encore plus vrai de Lamartine ?

Toutes mes passions futures encore en pressentiments,
toutes mes facultés de comprendre, de sentir et d'aimer
encore en germe, toutes les *voluptés* et toutes les douleurs de ma vie encore en songe, s'étaient, pour ainsi
dire, concentrées, recueillies et condensées dans cette
passion de Dieu [2]...

Et il nous dit de sa mère :

... Toutes les *voluptés* de la prière, toutes les larmes
de l'admiration, toutes les affections de son cœur, tou-

---

1. *Raphaël,* p. 258, 259.
2. *Souvenirs et Portraits,* t. I, p. 69.

tes les sollicitudes de sa vie et toutes les espérances de
son immortalité s'étaient tellement identifiées avec sa
foi qu'elles faisaient, pour ainsi dire, partie de sa pensée, et qu'en perdant ou en altérant sa croyance, elle
aurait cru perdre à la fois son innocence, sa vertu, ses
amours et ses bonheurs ici-bas, et ses gages de bonheur
plus haut, sa terre et son ciel enfin ! [1]

Il se sert par deux fois du mot de volupté pour
désigner cet état d'âme ; et, en effet, je ne sache
guère qu'on puisse être plus voluptueusement
déiste.

Et, dans tout cela, que fait la raison, cette raison
dont il affirmait si orgueilleusement la prédominance lorsqu'il ne s'agissait que de détruire, cette
raison qui lui faisait rayer de son Credo presque
tous les dogmes chrétiens ? Il peut en reparler,
maintenant que son agnosticisme l'a mené à la
même indifférence où le conduisait, d'autre part,
un rationalisme exagéré. En effet, soit que toutes
les doctrines manquent également de certitude,
soit qu'une raison sans cesse progressive éclaire
seule notre esprit, on aboutit aux mêmes conclusions tolérantes par agnosticisme. Ainsi, la raison
et le cœur, loin de s'exclure, se complètent. Le second nous laisse pressentir les étapes ultérieures
de la première. D'une part, le raisonnement nous
aide à discerner quelles parties de l'édifice chrétien il faut jeter à terre ; et de l'autre, le cœur
nous indique avec quels matériaux il faut les remplacer. La raison nous enseigne à réduire toute religion à l'idée abstraite de Dieu ; mais c'est le sen-

1. *Confidences*, liv. IV, chap. x.

timent qui nous indiquera quelles merveilles sont
contenues sous ce vocable. Au delà de la raison
raisonnante, principe négatif de la pensée lamartinienne, il y a le sentiment, principe positif, qui ai-
dera à bâtir une nouvelle religion. — Dieu donne
à l'homme, dit-il dans la *Chute d'un ange*,

> La raison pour le voir, et l'âme pour l'aimer.
> ... Pour toucher plus loin que son œil limité,
> Il lui donna le sens de l'immortalité [1] !

Les religions ne se prouvent pas, dira-t-il ailleurs, ne
se démontrent pas, ne s'établissent pas ou ne se ruinent
pas par de la logique... Elles sont d'instinct et non de raisonnement !... Elles soufflent Dieu seul sait d'où, Dieu
seul sait pourquoi, Dieu seul sait pour combien de siècles et sur quelles contrées du globe [2] !

Mais, au fait, pourquoi l'instinct lui-même ne
serait-il pas une forme supérieure de la raison ?
Voilà qui arrangerait bien les choses ! et les dernières contradictions qui pourraient subsister entre
Jean-Jacques et Voltaire se trouveraient résolues
du coup. Aussi Lamartine ne tarde-t-il pas à poser
la question :

On se demande : qu'est ce que l'instinct ? Et l'on reconnaît que c'est la raison suprême ; mais la raison innée, la raison non raisonnée, la raison telle que Dieu l'a
faite et non pas telle que l'homme la trouve [3].

Et voilà ! Rien de plus facile. Grâce à ce tour de
passe-passe, voilà notre fougueux rationaliste de

---

1. *Chute d'un Ange,* 8ᵉ Vision.
2. *Voyage en Orient,* t. II, p. 43.
3. *Ibid.,* t. I, p. 64.

tout à l'heure devenu l'intuitionniste le plus convaincu qui puisse exister l Et qu'on ne croie pas
au moins qu'il plaisante. Pour être anti-dialecti-
cien, il ne se croit pas anti-intellectualiste ; et,
sous le prétexte que l'intuition n'est qu'une raison
non discursive, il rattache également au domaine
de la raison le sentiment et l'imagination :

> L'imagination de l'homme est plus vraie qu'on ne le
> pense ; elle ne bâtit pas toujours avec des rêves, mais
> elle procède par des assimilations instinctives de choses
> et d'images qui lui donnent des résultats plus sûrs et
> plus évidents que la raison et la logique... Avons-nous
> vécu deux fois ou mille fois ? notre mémoire n'est-elle
> qu'une glace ternie que le souffle de Dieu ravive ? [1]...

Arrêtons-nous là... A élucider ce grave problème nous quitterions le terrain critériologique
pour passer dans celui de la psychologie ; et,
avant que de passer à de telles considérations, il
nous paraît bon d'étudier le développement également étrange et inattendu que prend dans l'âme
de Lamartine la preuve de l'existence de Dieu
par les merveilles de la nature. On y trouvera le
plus parfait exemple de ces religions pseudo-ca-
tholiques surgies après 1830.


IV


Madame de Lamartine, dont nous avons déjà vu
que la foi n'était que jouissance, n'avait pas seu-

---

1. *Ibid.*, t. II, p. 134.

lement emprunté à Bernardin son christianisme voluptueux. Elle admirait aussi son providentia-
lisme, et s'efforçait de l'inculquer à ses enfants.
Elle les faisait tous les jours remercier Dieu de
ses bienfaits, et, aux moments où la nature se ma-
nifestait avec le plus de charme, elle s'extasiait
devant la bonté de celui qui avait créé un monde
si beau[1]. Ainsi naquit chez son fils ce providen-
tialisme que ses lectures ultérieures devaient encore développer.

Ni Bernardin, ni Jean-Jacques Rousseau, ni aucun de ceux qui, plus tard, paraphrasèrent leur
œuvre en la christianisant, n'étaient faits pour lui
inspirer quelque défiance au sujet de cette foi
commode au Créateur, protecteur de nos amouret-
tes. L'auteur des *Études de la nature*, et tous ceux
qui, de Chateaubriand à Nodier, faisaient voir la
main de la Providence dans les splendeurs de l'univers, avaient déjà tiré les conséquences extrêmes de
cette mentalité. Substituant une morale prétendû-
ment naturelle aux préceptes de la révélation, ils
avaient atteint, non seulement en pratique mais
en théorie, à un état d'esprit voisin du panthéisme.
Dès le collège de Belley, Lamartine partagea cet
enthousiasme pour la nature commun à ses contemporains. Il unissait dans une même admiration
Dieu et le monde, signe visible de sa toute puissance et de sa bonté :

A défaut d'autres passions que mon cœur ne pressen-
tait pas encore, je concevais une sourde et fervente pas-

---

1. Cf. *Confidences*, liv. V, chap. I.

sion de la nature, et à l'exemple de mon surveillant muet, au fond de la nature j'adorais Dieu[1].

Cette contemplation de la nature jointe à l'adoration divine sera un des traits caractéristiques des *Méditations*, un de ceux même auxquels le livre dut son succès, car c'était à la fois assez nouveau et cela avait été assez préparé par les écrits antérieurs pour produire tout son effet. Et, si d'ailleurs ni Chateaubriand, ni Bernardin de Saint-Pierre, ni même Nodier, n'avaient aussi étroitement associé le monde sensible à la divinité, c'était cependant bien leur influence que l'on reconnaissait dans ces poésies, la « preuve de l'existence de Dieu par les merveilles de la nature, » sentie et chantée pour la première fois en des vers qui n'avaient plus rien d'artificiel ni de didactique :

... Sans avoir besoin d'entendre ta parole,
Je lis au fond des cieux ton glorieux symbole.
. . . . . . . . . . . . . . . . . . . . . . . . . . .
C'est toi que je découvre au fond de la nature,
C'est toi que je bénis dans toute créature[2].

Qu'on remarque le « au fond des cieux. » C'est en effet dans les étoiles que Lamartine s'est toujours plu à chercher la preuve visible de la divinité. Les étoiles rayonnent au travers des *Méditations*, elles luisent dans les *Harmonies*, et Jocelyn, lorsqu'il voudra s'imprégner de la notion de la Providence, contemplera les constellations :

---

1. *Souvenirs et Portraits*, t. I, p. 76.
2. *Méditations : La Prière*.

Et j'assiste à la nuit comme au divin spectacle
Que Dieu donne aux esprits dans le saint tabernacle [1] !

Vers plus suggestifs que précis, semble-t-il ; car ils ne sauraient faire comprendre à eux seuls la doctrine de Jocelyn. D'autres phrases permettent heureusement de suivre la marche de sa pensée.

Le vieil argument de la Bible, *coeli enarrant gloriam Dei*, que Lamartine avait pris tout d'abord, ainsi qu'il le faut prendre, au sens figuré, ne tarde pas à passer au sens propre. — Et c'est d'abord en poésie :

> Une âme mélodieuse
> Anime tout l'univers [2].

Mais c'est aussi en prose ; non seulement en image mais en théorie :

(La nature) respire, elle vit, elle pense, elle souffre et jouit, elle sent, elle adore son divin auteur [3]...
La vie est partout, comme l'intelligence ! Toute la nature est animée, toute la nature sent et pense [4] !

Ainsi, non seulement la nature témoigne de la bonté du Créateur, mais elle lui rend véritablement hommage. Non seulement elle sent, mais elle pense. Il n'est pas d'êtres inanimés, il n'est même pas d'êtres privés d'intelligence. A vrai dire, Lamartine hésite parfois à ce sujet. Il lui arrive d'affirmer que cette prière universelle,

---

1. *Jocelyn*, 2e époque.
2. *Harmonies: Désir.*
3. *Voyage en Orient*, t. I, p. 51.
4. *Ibid.*, p. 42.

Tout l'épèle ici-bas, l'homme seul l'articule [1].

Mais de telles restrictions sont rares ; et, dans ce même poème, influencé par la théosophie indoue et par les doctrines orientales qu'il avait pu étudier sur place, Lamartine affirme bravement que tout être possède la pensée :

Or, en ces jours, mon fils, tous les êtres vivants
. . . . . . . . . . . . . . . . . . . . . . . .
Etaient tous animés par une âme parlante.

L'homme seul avait oublié cette langue,

Et l'insensé déjà croyait, comme aujourd'hui,
Que l'âme commençait et finissait en lui,
Comme si du Très-Haut la largesse infinie
Epargnait la pensée en prodiguant la vie [2] !

Et cela est vrai des animaux [3]. Cela est vrai aussi des plantes :

Leur instinct végétal est une âme divine
Qui sent, juge, prévoit, et raisonne et combine [4].

Et cela est vrai aussi des étoiles, de l'océan, de la nature immense. Toute la nature vit et loue Dieu ; toute la nature aime et adore ; et comme ce qui aime et adore est immortel, la nature est donc immortelle toute entière :

De ce qui s'aima tant la tendre sympathie,
Homme ou plante, jamais ne meurt anéantie :

---

1. *Chute d'un Ange*, 8ᵉ vision.
2. *Ibid.*, 1ʳᵉ vision.
3. Notons les vers émus qui abondent dans l'œuvre de Lamartine, sur les animaux, sur le chien en particulier. Cf. les dernières « époques » de *Jocelyn*.
4. *Chute d'un Ange*, récit. C'est dit des cèdres du Liban. Mais il le pense de toutes les plantes.

Dieu la brise un instant, mais pour la réunir ;
Son sein est assez grand pour nous tous contenir !

. . . . . . . . . . . . . . . . . . . . . . . . . .

Dieu n'éteindra pas plus sa divine étincelle
Dans l'étoile des nuits dont la spendeur ruisselle,
Que dans l'humble regard de ce tendre épagneul
Qui conduisait l'aveugle et meurt sur son cercueil [1] !

Cependant il appért que dans la vie ordinaire la mort frappe indifféremment les hommes et les choses ; et il semble aussi que dans le cas d'une âme immortelle certains criminels ne méritent vraiment pas une béatitude sans fin. Lamartine assez embarrassé, étant donné qu'il nie l'enfer, fait appel à la doctrine bouddhique de la transmigration des âmes que devait illustrer son poème des *Visions*, — doctrine dont nous avons vu comme un pressentiment dans certains passages de Nodier, et qui avait été formulée systématiquement par Ballanche [2]. Lamartine, nous l'avons dit, considère l'instinct comme un ressouvenir d'une existence antérieure. Il a des considérations analogues sur la pensée de l'enfant, qui lui est suggérée par sa mère :

Cette pensée, ainsi de la sienne venue,
Est-ce une âme qui naît ? une qui continue ? [3]

Et il remplace l'enfer dans son nouvel évangile par une longue expiation dans des existences successives. C'est l'histoire de son Cédar.

---

1. *Jocelyn*, 9° époque.
2. **Voir** sur ce bouddhisme qui n'est peut-être que de l'illuminisme, notre note p 300.
3. *Jocelyn*, 7° époque.

Mais nous n'en avons pas fini avec la vie de la nature. En effet, animée et immortelle, la nature se trouve être en même temps l'image de Dieu ; son image, son miroir, et comme sa matérialisation :

Mais où donc est ton Dieu? me demandent les sages.
Mais où donc est mon Dieu ? dans toutes ces images,
    Dans ces ondes, dans ces nuages,
Dans ces sons, ces parfums, ces silences des cieux[1].

L'expression est déjà presque panthéistique, et cela dès les *Harmonies*. Cependant il y fait encore des restrictions. Il reconnaît

L'abime qui sépare et l'homme et la nature
    De toi, mon Dieu, mon seul espoir [2]!

Mais son esprit a déjà de la peine à se représenter cet abîme. Car, puisque la nature possède nombre d'attributs de la divinité, puisqu'elle émane de Dieu, étant créée par lui, et puisqu'elle doit un jour se confondre avec lui :

    ... Où donc allons nous tous ?
A Toi, grand Tout ! dont l'astre est la pâle étincelle
. . . . . . . . . . . . . . . . . . . . . . . . . .
Vaste océan de l'Etre où tout va s'engloutir [3] !

puisqu'elle sort de Dieu et qu'elle y retourne, peut-on admettre qu'elle-même ne soit pas Dieu ?

Et je vois l'infini poindre et se réfléchir
Jusqu'aux mers de soleils que la nuit fait blanchir.

---

1. *Harmonies : Poésie dans le Golfe de Gênes.*
2. *Ibid.*
3. *Harmonies : l'Occident.*

> Il répand ses rayons, et voilà la nature,
>  Les concentre, et c'est Dieu [1]...

La nature n'est donc qu'un aspect de la divinité. Nous voici arrivés au panthéisme. Et désormais Lamartine ne cessera de confondre la nature avec son Créateur. Tantôt la nature sera Dieu :

> O nature, on t'*adore* encor dans ton miroir! [2]

Tantôt Dieu sera la nature :

> Mes ouvrages et moi nous ne sommes pas deux.
> Formes, substance, esprit, qu'est-ce qui n'est pas moi [3]?

Tantôt, et c'est le cas le plus fréquent, la nature ne sera considérée que comme une étincelle de Dieu, émanant de lui, retournant à lui, et faisant toujours partie de lui :

> Dieu, Dieu, Dieu, mer sans bords qui contient tout en elle,
> Foyer dont chaque vie est la pâle étincelle,
> Bloc dont chaque existence est une humble parcelle,
>  Qu'il vive sa vie éternelle,
>  Complète, immense, universelle,
>  Qu'il vive à jamais renaissant,
>  Avant la nature, après elle [4].

Voilà donc le terme auquel aboutit la théologie nouvelle fondée sur le sentiment et s'élevant à la place de l'antique religion chrétienne anéantie par la raison. Le panthéisme, voilà la conclusion dernière à laquelle aboutit cette critériologie compliquée et cette métaphysique intuitive. Avec ce sys-

---

1. *Ibid. Novissima Verba.*
2. *Jocelyn,* 9ᵉ époque.
3. *Chute d'un Ange,* 8ᵉ vision.
4. *Ibid.,* 1ʳᵉ vision.

tème Dieu n'est plus Dieu, l'Eglise n'est plus
l'Eglise, la vérité n'est plus la vérité : et Lamartine
continuait à se croire et à se dire catholique ! C'est
qu'en effet, la descente avait été insensible de l'orthodoxie des premiers romantiques à la religion
de l'amour, et de la religion de l'amour au panthéisme lamartinien. Si les croyances des romantiques ne se développaient pas suivant les règles de
la logique, du moins évoluaient-elles dans une direction constante ; et, retournant à ce « naturalisme » d'où elles étaient issues, elles restaient
conséquentes avec elles-mêmes. — Maintenant
George Sand pourra venir, qui achèvera d'opposer
romantisme et catholicisme, ces deux courants qu'on
pouvait croire alliés ; maintenant Michelet, maintenant Quinet, pourront mettre leur plume sentimentale au service de la révolution ; maintenant
Sainte-Beuve et Baudelaire pourront associer un
mysticisme corrompu avec toutes les fantaisies
d'une imagination dépravée. — Une fois que la crise
morale de 1830 eut rompu le faible réseau tissé par
Chateaubriand pour rattacher sa doctrine littéraire
à ses croyances religieuses, le champ resta ouvert
à toutes les déviations dans la morale et dans le
dogme. Le sentiment put se donner libre carrière,
et nous l'avons vu aboutir à des systèmes dont on
doit rire pour n'être pas obligé d'en pleurer ; et le
comble, c'est que tous ces systèmes prétendront réaliser l'authentique foi chrétienne, corrompue par ses
interprètes officiels : prétention éternelle et toujours
renaissante des hérésies et des protestantismes !

# CHAPITRE HUITIÈME

## George Sand.

# I

La déviation survenue dans le catholicisme romantique par le fait de son principe ne devait pas s'arrêter aux imaginations sorties du cerveau de

Lamartine. Il est de la nature d'un tel mouvement de s'accentuer par son succès même, et bien hardi serait celui qui pourrait prédire le terme d'une pareille dissolution. L'auteur de *Jocelyn*, tout en énonçant·les hérésies les plus extravagantes, persistait à se croire orthodoxe, et, lorsqu'il se fut lancé dans la vie active, on vit que son attitude à l'égard de l'Eglise n'était nullement malveillante. George Sand, elle, se prétendra toujours « chrétienne » ou tout au moins « évangélique », mais elle aura la franchise d'avouer le divorce complet survenu entre elle et la foi romaine, et malgré son attachement théorique aux doctrines du Christ, elle fera toute sa vie une guerre acharnée au clergé, à ses cérémonies, à ses croyances.

Elle n'avait cependant pas laissé de subir.l'influence de Chateaubriand. Non pas sans doute que Mademoiselle Dupin ait jamais été une âme très fervente ; elle semble avoir fait de bonne heure peu de cas aussi bien des articles du dogme que des préceptes de la morale, si tant-est qu'elle les ait jamais adoptés. Seulement l'anticléricalisme qu'elle afficha par la suite n'atteignit qu'avec le temps sa plénitude, et son catholicisme indépendant était d'abord assez riche en éléments traditionnels qui peu à peu devaient ou disparaître, ou prendre une autre signification dans ses synthèses ultérieures.

C'est ainsi que la fameuse « preuve de Dieu par la nature » viendra remplir les pages de ses romans, après avoir défrayé, en prose ou en vers, tous les apologistes du siècle. Comme elle n'est d'ailleurs pas de l'invention de Chateaubriand et qu'on la retrouve déjà dans les ouvrages de Bernardin et de

Jean-Jacques, il eût fallu être bien scrupuleusement
hétérodoxe pour s'abstenir de la reprendre. Aussi
la voit-on figurer dans *Lélia*, empreinte d'un certain mysticisme naturiste qui fait songer aux extases de Rousseau :

O bonté incréée ! je te bénis dans le moindre sillon
que ton regard féconde !... O terre, fille du ciel ! ton père
t'a enseigné la clémence... Ne fallait-il pas remercier
humblement le Dieu qui a fait la beauté de la terre infinie, afin que chaque créature y puisât le bonheur qui
lui est propre [1] ?

Ces expressions ont plus de portée qu'on ne le
pense, et elles enveloppent toute la théorie du droit
au bonheur. Elles enveloppent aussi l'idée de la
bonté foncière de la nature, idée qu'il est aisé de
retrouver dans d'autres passages analogues :

Parle-moi donc, ô Providence ! je t'écoute à genoux,
parle moi par tous tes organes, par tous tes signes, par
toutes tes productions ;... ô nature ! ô ma mère, ô ma
sœur ! aide-moi à vivre [2].

Le vieux thème de Chateaubriand se trouve d'ailleurs souvent dégagé de toute préoccupation philosophique, rien que pour le plaisir d'accumuler des
images gracieuses :

Chaque grain de poussière qui se balance dans le rayon
solaire chante la gloire et la bonté de l'Eternel ; chaque
goutte de rosée qui brille sur chaque brin d'herbe, chante
la gloire et la bonté de l'Eternel ; chaque flot du rivage,

---

1. *Lélia* : *Contemplation.*
2. *Lettres d'un Voyageur,* VI.

chaque roche, chaque brin de mousse, chaque insecte.
chante la gloire et la bonté de l'Eternel [1].

Il ne semble d'ailleurs pas que cette conception
prédomine dans George Sand comme dans Lamartine ou dans Victor Hugo, par exemple ; et aussi
bien en évite-t-elle les excès. Elle dit bien qu'elle
souhaiterait voir Lamennais incliner un peu plus
vers le panthéisme [2] ; elle parle de Dieu comme de
l' « âme du monde, toute d'amour et de bonté »[3] ;
mais dans les passages mêmes où elle développe
cette idée, elle n'identifie jamais complètement le
monde avec Dieu :

La création est le corps ou le vêtement de Dieu ; elle
est infinie comme l'esprit de Dieu. La Création est divine ; l'esprit est Dieu [4].

Au reste George Sand ne se contentait pas, dans
ses premiers ouvrages du moins, de ce platonique
hommage à l'Auteur de la Nature auquel eût pu
souscrire le déiste le plus indépendant. Elle allait
jusqu'à prendre des attitudes admiratives devant
la beauté de certains dogmes chrétiens. Bien plus,
on la voyait prôner même cette religion pratique
qui plus tard lui fit tant d'horreur. Croirait-on que
l'auteur de tant de déclamations sentimentales ait
pu saisir une fois tout au moins la raison historique
que de l'ascétisme chrétien ?

J'aime la fable de Bacchus... mais... le dieu du vin

1. *Les sept cordes de la Lyre*, acte II, sc. I.
2. *Lettre à M. Lerminier.*
3. *L'homme de Neige*, 5ᵉ partie.
4. *Les sept cordes de la Lyre*, acte II, sc. I.

s'est fait le dieu de l'intempérance, et le sombre christianisme est forcé de venir, avec ses macérations et ses jeûnes, ouvrir une route nouvelle à l'humanité ivre et chancelante pour la sauver de ses propres excès [1].

Croirait-on surtout que l'ennemie inflexible des moines ait compris le motif de la fondation des cloîtres ? Elle se hâte, il est vrai, d'insulter à leur prétendue déchéance, mais on ne s'attendrait même pas à cet aveu momentané :

Ce fut l'œuvre d'une grande sagesse que d'instituer les communautés religieuses. Où est le temps où les hommes s'y chérissaient comme des frères [2] ?

Il en va de même de la confession, qui plus tard lui inspirera une phobie ridicule à force d'être exagérée. Elle en a tout d'abord parlé avec une certaine déférence :

Oh ! oui, je comprenais l'importance et le bienfait de cette auguste institution ! J'eusse voulu pouvoir y retremper mes forces affaiblies, et renouveler mon âme dans les eaux salutaires de ce nouveau baptême ! Mais je ne le pouvais pas, car il m'eût fallu un confesseur digne de mon repentir, et je ne l'ai pas trouvé [3].

Encore ultérieurement, il lui arrivera de dire du bien de l'Eucharistie, « cérémonie instituée par un être divin entre tous les hommes pour éterniser le principe de fraternité » [4]. Car il est entendu que tous les mystères chrétiens ne sont que symboles,

---

1. *Lettres d'un Voyageur*, VII.
2. *Spiridion*, 1re partie.
3. *Lelia*, chap. LV.
4. *Consuelo*, chap. LIV.

et elle les admire comme tels. Lorsqu'elle s'abandonne à décrire le charme d'une élévation, elle met
cette description dans la bouche de Sténio, un poète
faible d'esprit comme de cœur :

Comme elle était belle pourtant, cette église imprégnée
d'humides parfums, palpitante d'harmonies sacrées !
Comme la flamme des lampes d'argent s'exhalait blanche !... Comme les lames d'or du tabernacle s'élevaient
légères et rayonnantes sous le reflet des cierges ! Et
quand le prêtre, ce grand et beau prêtre irlandais... nous
dit en nous présentant l'ostensoir étincelant, ce mot si
puissant dans sa bouche : *adoremus !* alors, Lélia, je me
sentis pénétré d'une sainte frayeur, et, me jetant à genoux sur le marbre, je frappai ma poitrine et je baissai
les yeux [1].

Mais en général, elle considère de pareilles admirations comme futiles, et indignes d'un être sérieux,
Elle aime mieux étudier la pensée que traduisent
les symboles du culte : et c'est ainsi qu'elle contemple le crucifix :

Quelle plus grande pensée, quel plus profond emblème
que ce Dieu martyr... ! Mon âme... a souvent
adoré, sous le nom de Christ, la souffrance humaine
relevée par l'espoir divin ; la résignation, c'est-à-dire
l'acceptation de la vie humaine ; la rédemption, c'est-à-
dire le calme dans l'agonie et l'espérance dans la mort [2].

On voit déjà poindre ici cette tendance qui for-
mera le fond de son interprétation du christianisme, et qui consiste à ne voir dans les dogmes

1. *Lélia*, chap. II.
2. *Ibid.*, chap. XXXV.

les plus positifs que des symboles identiques à ceux qu'expriment les rites, et recouvrant des théories philosophiques profondes. Il faut bien dire qu'il n'était pas difficile d'en arriver là, après que tous les successeurs de Chateaubriand eurent insisté sur la valeur esthétique et sur la signification sublime des croyances, tout en se gardant d'indiquer leur caractère de réalité. Ce qu'on étudiait, ce n'était plus le catéchisme, c'était la Bible, « source de toute sagesse et de toute poésie[1] », que l'on admirait à peu près dans les mêmes termes dont on eût pu se servir en parlant de Virgile ou de Lucrèce. George Sand n'innovait pas en interprétant ainsi les mystères de la foi ; seulement, elle laissait clairement entendre qu'à ses yeux, toute autre explication était stérile. Ecoutons-la tirer le sens mystique de l'Incarnation ou de la Trinité :

Ainsi, que Jésus vienne mettre son pied nu et poudreux sur le diadème d'or des pharisiens ; qu'il brise la loi ancienne, et annonce aux siècles futurs cette grande loi de spiritualisme, ne vous mettrez-vous pas à genoux et ne direz-vous pas : Celui-là est le Verbe, qui était avec Dieu au commencement des siècles ?... Dieu qui du ciel a envoyé Jésus, Jésus qui était Dieu sur la terre et l'esprit de Dieu qui était en Jésus et qui remplissait l'espace entre Jésus et Dieu, n'est-ce pas là une trinité simple, indivisible, nécessaire à l'existence du Christ et à son règne ? Tout homme qui croit et qui prie, tout homme que la foi met en communion avec Dieu, n'offre-t-il pas en lui un reflet de cette trinité mystérieuse,

---

1. *Simon*, chap. VIII.

262 LE CATHOLICISME CHEZ LES ROMANTIQUES

plus ou moins affaibli, selon la puissance des révélations
de l'esprit céleste à l'esprit humain ? [1]

Il est évident que, si la raison est appelée à
jouer dans cette conception religieuse le même
rôle de dissolvant qui avait été le sien dans Lamartine, le sentiment reste, encore et toujours, le
véritable guide, celui auquel on se fie et pour in-
terpréter les anciens dogmes, et pour en élaborer
de nouveaux. La coexistence du rationalisme mystique n'a pas eu pour effet d'en amoindrir la valeur,
et même l'amour est, là plus encore qu'ailleurs,
émancipé de ses entraves. « Doute de Dieu, doute
des hommes, doute de toi-même, si tu veux, dit
Sténio..., mais ne doute pas de l'amour, ne doute
pas de ton cœur, Lélia ! [2] » L'amour tient lieu à
lui seul de croyance, car « qu'est-ce que l'amour ?
n'est-ce pas un culte ? et derrière ce culte, l'objet
aimé, n'est-il pas le dieu [3] ? » L'objet aimé,
ou plutôt l'amour lui-même, indépendamment de
tout être accessoire : « L'amour est puissant, l'a-
mour est immense, l'amour est tout ; c'est l'amour
qui est Dieu ; car l'amour est la seule chose qui

---

1. *Lelia*, chap. **xxxv**.
2. *Lelia*, chap. **xxii**. Cf. *Stello*, chap. **iv** : « Je crois en
moi, parce que je sens au fond de mon cœur une puissance secrète, invisible et indéfinissable, toute pareille à
un pressentiment de l'avenir et à une révélation des
causes, mystérieuses du temps présent. Je crois en moi,
parce qu'il n'est dans la nature aucune beauté, aucune
grandeur, aucune harmonie, qui ne me cause un frisson
prophétique... Je crois fermement en une vocation ineffable qui m'est donnée, et j'y crois à cause de la pitié
sans bornes que m'inspirent les hommes ».
3. *Lelia,* chap. **xxxv**.

puisse être infinie dans le cœur de l'homme[1]. »

Posséder l'amour, c'est donc obtenir Dieu, dont la voie ingrate du raisonnement ne saurait que nous écarter : « Ce n'est point avec la logique du raisonnement qu'on peut prouver l'existence de Dieu. On croit en lui parce qu'un céleste instinct le révèle[2]. » Et l'on aboutira à cette déclaration passionnée : « Ah ! vous me demandez, Valmarina, si je crois en Dieu ! il faut bien que j'y croie puisque je l'aime d'un amour insensé ![3] »

George Sand, comme Nodier, comme Musset, développe la préface de *René* et le chapitre sur le « vague des passions. » « Moi, que puis-je aimer après elle ? Rien, s'exclame Aldo le rimeur. Où est le but de mes insatiables désirs ? dans mon cœur, au ciel, nulle part peut-être ![4] » Il doute encore, celui-là ; Hélène, la « fille de la lyre, » ne doute plus, elle connaît le but de ses désirs, et adresse ses soupirs à Dieu : « O Dieu ! ô toi dont la vie n'a ni commencement ni fin, toi dont l'amour n'a pas de bornes, c'est toi seul que je puis aimer[5] ! » Quand elle douterait, d'ailleurs, le mal ne serait pas grand. Le doute lui même est un hommage rendu à la perfection de la Providence, il a la valeur d'un acte de foi :

Le doute et le désespoir sont les grandes maladies que la race humaine doit subir pour accomplir son progrès religieux... Mais, ô mon Dieu ! ce désespoir est

1. *Les sept cordes de la Lyre*, acte V, sc. III.
2. *Lelia*, chap. XXIX.
3. *Ibid.*, chap. XLII.
4. *Aldo le Rimeur*, acte II, sc. IV.
5. *Les sept cordes de la Lyre*, acte V, sc. III.

une grande chose ! Il est le plus ardent appel de l'âme vers vous, il est le plus irrécusable témoin de votre exis- tence en nous et de votre amour pour nous, puisque nous ne pouvons perdre la certitude de cette existence et le sentiment de cet amour sans tomber aussitôt dans une nuit affreuse, pleine de terreurs et d'angoisses mor- telles. Je n'hésite pas à le croire, la Divinité a de pater- nelles sollicitudes pour ceux qui, loin de la nier dans l'enivrement du vice, la pleurent dans l'horreur de la solitude ; et si elle se voile à jamais aux yeux de ceux qui la discutent avec une froide imprudence, elle est bien près de se révéler à ceux qui la cherchent dans les larmes [1].

D'ailleurs, si l'existence de Dieu se révèle par le sentiment, il en va de même des autres vérités de la foi, et en particulier de l'immortalité de l'âme dont Chateaubriand déjà cherchait la preuve dans notre instinct :

Mais quelle sera l'autre vie ? Je n'avais pas encore trouvé une forme sous laquelle je pusse la désirer... D'où vient que je n'ai pas cessé un jour pourtant de la désirer ? Quel est ce désir inconnu et brûlant qui n'a pas d'objet conçu et qui dévore comme une passion [2] ?

Il en va de même de toutes nos convictions. George Sand avoue franchement que ses doctrines sur le mariage « n'étaient encore que des senti- ments au début de sa carrière, et sont maintenant des principes [3]. » Pourquoi non ? Si le sentiment est divin, un tel procédé n'a rien d'arbitraire. « J'ai

---

1. Préface de *Lelia*.
2. *Lelia,* chap. xxx.
3. *Indiana,* préface de 1842.

écrit *Indiana*, et j'ai dû l'écrire, j'ai cédé à un instinct puissant de plainte et de reproche que Dieu avait mis en moi, Dieu qui ne fait rien d'illégétime [1] ». La raison n'est-elle pas péremptoire ? — Non seulement nos convictions, mais notre conduite doit être guidée par le sentiment. Les hommes raisonneurs aboutissent à la tyrannie du colonel Delmare, ou à l'égoïsme vaniteux de Raymon. L'amour n'acquiert sa perfection que lorsqu'il descend « des orages du cerveau dans les saintes régions du cœur [2] ». Mais alors, « l'amour est la suprême sagesse ; la vertu est dans l'amour et le cœur le plus vertueux est celui qui aime le plus [3]. » Aussi ne faudra-t-il pas s'étonner de voir George Sand réclamer, comme Nodier, la suppression des barrières que la religion et la société opposent à l'omnipotence de l'amour. Il ne faudra pas s'étonner non plus qu'une telle doctrine ait vite porté ses fruits ; que George Sand ait subi avec une intensité particulière la crise morale de 1830, et que ses velléités d'admiration pour la religion traditionnelle n'aient pas tardé à disparaître, laissant le champ libre aux sarcasmes et aux utopies révolutionnaires.

## II

« Il n'a manqué qu'une chose à ce grand élan re-

---

1. *Ibid.*
2. *Mauprat*, chap. XI.
3. *Les sept cordes de la Lyre*, acte V, sc. III.

ligieux du siècle : la sincérité[1] ! » Cette phrase date
de 1863, mais George Sand était arrivée de bonne
heure à prononcer ce jugement sévère sur les apologistes de l'école de Chateaubriand. Un si grand
nombre d'entre eux montraient un divorce complet entre leurs principes et leur vie pratique ! Elle
n'eut garde de paraître l'ignorer, et déduisit de
l'irrégularité de leur conduite des arguments contre la valeur de leurs convictions. Elle vit bien que,
chez beaucoup, ce n'était qu'une affaire de mode,
et elle releva l'inconvenance avec laquelle les poètes contemporains associaient leurs idées religieuses à des blasphèmes byroniens :

Toute la génération *écrivante* et *déclamante* se rejette
dans le sein d'une orthodoxie de fraiche date, singulièrement amalgamée à un incurable athéisme, et à de magnifiques dédains pour le christianisme pratique [2].

Et puis, il n'était pas difficile de constater la
fragilité de cette base exclusivement artistique dont
on voulait faire le fondement inébranlable de la
foi. George Sand connaissait fort bien les arguments dont on se servait pour démontrer l'authenticité de la religion chrétienne. Elle en ad-
mettait quelques-uns, mais elle ne trouvait pas
qu'ils impliquassent la légitimité de tout le dogme.
Elle reprochait aux catholiques de faire entièrement fi de la raison :

(Raymon) peignait avec chaleur... son respect pour la
croyance persécutée de ses pères, ses sentiments reli-

1. *Mademoiselle la Quintinie*, chap. x.
2. *Lettres d'un Voyageur*, chap. x.

gieux qu'il ne raisonnait pas, et qu'il conservait par instinct et par besoin, disait-il... bénignes utopies [1]...

Elle leur reprochait aussi leur attitude intransi-
geante, et, de fait, un Bonald, ou tel autre réac-
tionnaire sentimental, eût sans doute souscrit aux
malédictions dont le P. Onorio accable la civilisation moderne :

Il faut que le règne du sentiment revienne, il faut que
la foi purifie tout ; mais c'est à la condition de détruire
ce bel idéal humain qu'on appelle la civilisation [2].

Elle connaît d'ailleurs fort bien les arguments
des esthètes de l'orthodoxie. Elle comprend comment l'on peut être catholique par sentiment.
Mais elle juge qu'il s'agit là d'une mentalité dépas-
sée, et elle y voit le tout du christianisme, que son
Hébronius n'envisage pas autrement. Il est vrai
qu'Hébronius représente Lamennais, ce qui donne
plus d'authenticité à la peinture de son caractère :

Il y retrouva (dans le catholicisme) tout ce qui faisait
pour lui la grandeur et la beauté du protestantisme : le
dogme... Il y retrouva, plus pure peut-être et plus élevée encore, cette morale sublime qui prêche aux hommes l'égalité entre eux, la fraternité, l'amour, le dévouement à autrui, le renoncement à soi-même. Le catholicisme lui paraissait avoir, en outre, l'avantage d'une
formule plus vaste et d'une unité religieuse qui manquait au luthéranisme. Comme l'esprit d'Hébronius se
trouvait en ce moment plus porté vers la foi que vers
la critique, et qu'il avait bien moins besoin de discus-

1. *Indiana*, chap. xv.
2. *Mademoiselle la Quintinie*, chap. xi.

sions que de convictions, il se trouva naturellement porté à préférer la certitude et l'autorité du catholicisme à la liberté et à l'incertitude du protestantisme... Puis la pompe et l'éclat dont s'entourait le culte romain semblaient à cet esprit poétique l'expression harmonieuse et nécessaire d'une religion révélée par le Dieu de la gloire et de la toute-puissance [1].

Grandeur ou beauté du dogme, élévation de la morale, besoin de conviction, éclat du culte, tels étaient bien les points sur lesquels insistait, après l'auteur du *Génie du Christianisme*, celui de *l'Essai sur l'indifférence*. Ils avaient pu paraître convaincants, avant cette reprise de rationalisme qui vint troubler les âmes françaises précisément au moment décisif de la crise morale de 1830. Mais désormais, ils ne tiennent plus debout. Non seulement la raison les attaque, mais le sentiment lui-même s'en lasse et cherche ailleurs d'autres jouissances. Les uns s'en tiennent uniquement à l'amour, à la volupté : c'est le cas de Sténio, c'est à dire de Musset :

Avide de l'idéal, mais n'en connaissant pas les chemins, Sténio avait aspiré la poésie et s'était imaginé avoir une religion, une morale, une philosophie.. Il avait longtemps plié le genoux devant les autels du Christ parce qu'il trouvait du charme dans les rites institués par ses pères, mais quand les boudoirs lui furent ouverts, les parfums voluptueux du luxe lui firent oublier l'encens du lieu saint [2].

Mais ceux qui ne veulent pas courir de déchéance

1. *Spiridion*, 2ᵉ partie.
2. *Lelia*, chap. L.

en déchéance restent avec leurs facultés d'aimer
désormais sans emploi, puisque le culte leur paraît
fade, et que d'ailleurs le raisonnement paralyse
leur admiration. « Quelle croyance, s'écrie Lélia,
m'a trouvée insensible à ce qu'elle avait de poétique ou de grand? Mais la puissance de m'abuser,
qui me la donnera? »[1] Alors ces facultés sans but
s'exaspèrent et deviennent maladives ; alors commence le règne de la mélancolie, par lequel George
Sand passe comme les autres ; alors s'entrecroisent
les idéalismes les plus extravagants, dans un chaos
de rêveries et de passions : époque qui, pour avoir
pris un point d'appui trompeur, s'est trouvée dres-
sée au-dessus du vide, et comme saisie de vertige !

Dans ces âmes chancelantes et désaxées, « tout
se rapporte à une certaine faculté d'illusion, à une
ardente aspiration vers un point qui n'était ni le
souvenir, ni l'attente, ni l'espoir, ni le regret, mais
le désir dans toute son intensité dévorante... n'aimant, ne connaissant, ne caressant qu'une ombre,
ne creusant qu'une chimère »[2]. Quelques-uns s'imaginent trouver dans l'ambition le secret de cette
mélancolie ; ils se lancent dans la politique, comme
d'autres dans l'amour, pour satisfaire leurs aspirations indéterminées :

Il était dévoré d'une inquiétude sans cause et d'une
impatience sans but... partagé entre le mépris de sa
condition présente, le désir de monter au-dessus et la
crainte de descendre au-dessous[3].

---

1. *Ibid.*, chap. xxix.
2. *Indiana*, chap. xxiv.
3. *Simon*, chap. ii.

Mais c'est en vain qu'on essaie à donner le change
à ce désir d'avoir un Dieu. On en vient bientôt à
déplorer « ce dégoût de tout, cet ennui dévorant
qui succède à nos plus vives jouissances et qui de
plus en plus me gagne et m'écrase »[1]. Et l'on
tourne encore une fois les regards vers la religion
traditionnelle. On aperçoit Lamennais ; on se sur-
prend à espérer que tout n'est pas encore fini :

Et ce prêtre qui, tout seul, un matin, croisa les bras
sur sa poitrine et, debout, au milieu de sa prière, le front
et les yeux levés vers le ciel, s'écria d'une voix forte : —
Christ ! chaste amour ! saint orgueil ! patience ! courage !
liberté ! vertu[2] !

Mais bientôt Lamennais se révolte. On lui donne
raison contre Rome, et l'on estime que le catholicisme vient de signer sa propre condamnation :

C'était le temps des dernières lueurs que jeta la foi
catholique. De grandes intelligences, avides d'idéal,
s'étaient dévouées à la faire revivre ; mais elles ne ser-
virent qu'à hâter la chute de l'Eglise ; car l'Eglise les
trahit, les repoussa, et demeura seule avec son aveuglement et l'indifférence des peuples[3].

George Sand en est tellement persuadée qu'elle
considère l'Eglise comme une chose du passé, aussi
bien que le paganisme. Elle s'exprime à cet égard
avec une naïveté et une certitude déconcertantes :

Il était impossible qu'il y eût une foi réelle à l'Eglise

---

1. *Lettres d'un Voyageur*, VIII.
2. *Ibid.*, IV.
3. *Lelia*, chap. LXII.

romaine dans cet homme (le moine d'aujourd'hui) à moins qu'il ne fût absolument dépourvu d'intelligence [1].

Mais, du moins, à défaut d'un dogme solide et coordonné, une croyance quelconque survit-elle dans ces âmes énervées ? Hélas ! On ne peut l'affirmer. Pour être né d'un excès d'idéalisme, le doute n'est pas moins radical que s'il avait à son origine le rationalisme voltairien. Il est aussi complet, il est plus douloureux : « Ce fut là mon plus grand malheur ; j'arrivai au scepticisme par la poésie, au doute par l'enthousiasme [2] ». Parfois il se résout en une recherche anxieuse, en des appels déchirants, en un mysticisme exalté qui se transforme aisément en amour humain :

Mais moi, je ne sais rien, répondit Lémor avec douleur. Je suis l'enfant de mon siècle. J'ai couru vers ces grands éclairs qui nous détrompent de l'erreur sans nous donner la vérité. Je hais le mal, j'ignore le bien. Je souffre, oh ! je souffre, Marcelle, et je ne trouve qu'en toi le beau idéal que je voudrais voir régner sur la terre [3].

Mais ces aspirations sont trop brûlantes pour ne pas s'émousser par leur intensité même. Lasses d'avoir prié sans rien obtenir, les âmes se ferment et se dessèchent. Elles « ne vivent plus que par la sourde douleur qu'elles ressentent sans la comprendre [4] ». Les restes de croyance disparaissent, l'esprit tombe dans une atonie qu'il a encore la

1. *Un hiver à Majorque*, 3e partie, chap. II.
2. *Lelia*, chap. XXXV.
3. *Le Meunier d'Angibault*, chap. XXVII.
4. *Spiridion*, 2e partie.

force de déplorer, mais à laquelle il ne peut s'arracher :

O mon Dieu ! s'il pouvait me tomber de votre sein paternel une conviction, une volonté, un désir seulement ! mais en vain j'interroge cette âme vide. La vertu n'y est plus qu'une habitude..., la foi n'est plus qu'une lueur lointaine, belle encore dans sa pâleur douloureuse, mais silencieuse, indifférente à ma vie et à ma mort, une voix qui se perd dans les espaces du ciel et qui ne me crie point de croire, mais d'espérer seulement. La volonté n'est plus qu'une humble et muette servante de ce reste de vertu et de religion [1].

George Sand parle ici comme si elle avait éprouvé elle-même cet état d'esprit. Il est peu vraisemblable qu'elle soit jamais tombée aussi bas ; les doutes qu'elle ressentait paraissent comporter une exaltation peu conciliable avec tant d'inertie, et elle se forge une religion nouvelle avec une facilité trop grande pour qu'on puisse admettre que jamais sa volonté ait été ainsi terrassée. Mais, en tous cas, cette mentalité existait autour d'elle ; et, comme Vigny, elle déplorait un abattement qu'elle n'éprouvait pas dans sa plénitude :

Vous vous croyez bien éclairés, bien forts, quand vous pouvez dire : « Plus de nobles, plus de prêtres, plus de couvents, plus rien du passé ! » Et vous ne vous apercevez pas que vous n'avez plus la poésie, la foi et l'orgueil qui ranimaient encore le passé [2].

Elle en veut surtout à l'insouciance avec laquelle

1. *Lettres d'un Voyageur*, VIII.
2. *Le Piccinino*, chap. XXII.

le peuple accueille les tentatives de reconstruction
religieuse. Il semble vraiment que le monde se dé-
sintéresse de pareilles questions. L'humanité lasse
d'enthousiasme s'endort dans une indifférence totale :

Malheur à celui qui croit encore à quelque chose !
Consume-toi dans ton cercle de fer, ô flambeau inutile
de l'intelligence. Ardeurs de la foi, rêves de grandeurs
divines, vous rongerez en vain la poitrine et le cerveau
du croyant ; les hommes sourient et passent indifférents [1].

Qu'importe ! Les âmes d'élite ne peuvent rester
dans cette incertitude. Il leur faut une nouvelle foi,
puisque l'ancienne est ensevelie. La raison doit
faire le départ dans l'antique théologie entre ce qui
peut encore rassasier l'âme et ce qui n'est qu'un ra-
massis de légendes ; après quoi, le sentiment,
l'Amour, édifiera sur ce christianisme simplifié de
nouveaux dogmes, une morale nouvelle.

## III

Le terme d' « anticléricalisme » n'est pas trop
fort pour caractériser cette haine de George Sand
contre tout ce qui, dans la religion, lui paraît an-
tirationnel ou contraire à la toute-puissance de
l'amour. Lamartine, guidé par des principes semblables, se contentait de nier ; George Sand insulte.

---

1. *Lettres d'un Voyageur*, III. Cf. *Daphné* : « La foule les
regardait et riait ». Cité p. 188.

Sa réprobation ne s'étend pas seulement à la doctrine ou à la morale chrétienne : elle s'en prend à
toute la société, mettant les préjugés bourgeois sur
le même pied que les préjugés religieux. Dogme,
hiérarchie, morale religieuse ou laïque, elle nie
tout, avec la même impétuosité, le même parti pris.
Au temps d'*Indiana* comme au temps de *Mademoiselle la Quintinie*, elle s'emportait à de véritables
accès de colère en parlant de certaines formes de
la pensée catholique ou bourgeoise.

D'une façon générale, dit-elle, « l'Eglise dort
aujourd'hui sans espoir de réveil [1] ». Pourquoi ?
oh ! pour beaucoup de motifs, dont les uns portent
sur le dogme, tandis que d'autres se rattachent plus
spécialement à la morale et à la politique. En premier lieu, Chateaubriand a eu beau dire ; dans son
ensemble, la religion manque de charme. George
Sand comprend à peine qu'on l'ait pu admirer jadis, elle qui pourtant ne s'était pas fait faute de
réitérer ces admirations. Elle reproche à la « religion romaine » d'avoir « proscrit la beauté de ses
fêtes, et la femme de ses solennités ; au lieu de diriger et d'ennoblir l'amour, elle l'a banni et condamné [2] ». Il eût mieux valu, n'est-ce pas, que le
catholicisme reprît les cérémonies païennes, et que
l'amour devînt le seul objet du culte ? C'est, on n'en
peut douter, la pensée de George Sand, sans quoi
on ne pourrait voir qu'une calomnie stupide dans
ces accusations imméritées. Elle serait disposée à
goûter « cette mythologie chrétienne si poétique et

---

1. *Lelia*, chap. LXVI.
2. *Consuelo*, chap. LI.

si tendre [1] », à condition de ne la considérer que comme une mythologie symbolisant des réalités bien terrestres. Malheureusement l'Eglise ne la prend pas ainsi ; elle se refuse, la fanatique, à ne voir dans l'Eucharistie qu'un symbole de fraternité : « Par des interprétations absurdes, ces prêtres érigèrent l'Eucharistie en un culte idolâtrique, auquel les citoyens n'eurent droit de participer que selon leur bon plaisir. Ils prirent les clefs de la conscience dans le secret de la confession [2] ». Car la confession est une de ces cérémonies souverainement désagréables où George Sand se plaît à dénoncer l'absolutisme du clergé. Elle en éprouve une frayeur puérile, et l'un de ses romans, *Mademoiselle la Quintinie*, n'est que l'histoire d'un monsieur qui ne veut pas que sa femme aille à confesse. « Maudite et trois fois maudite soit l'intervention du prêtre dans les familles ! le prêtre qui, jeune ou vieux, honnête ou dépravé, nous enlève la confiance et le respect de nos femmes [3]... » Et puis, s'il ne s'agissait que d'un précepte ! mais c'est un commandement que l'Eglise sanctionne par la menace de l'enfer. Et, comme il est bien naturel à cette époque de tolérance, George Sand trouve monstrueuse l'éternité des châtiments. En vérité, l'Eglise n'eût-elle que cette croyance à se reprocher, cela suf-

---

1. *Lelia*, chap. XIII.
2. *Consuelo*, chap. LIV. Le comte Albert de Rudolstadt exprime ici la doctrine des Hussites. Mais c'est lui le personnage sympathique de l'ouvrage, et Sand ne manque jamais de parler de la doctrine de Jean Hus avec une grande admiration.
3. *Mademoiselle la Quintinie*, chap. XIV.

firait pour que l'on y vît une tyrannie épouvantable :

Trois mots... résument pour moi la théologie... *croire, espérer, aimer.* Si l'Eglise catholique avait pu conformer tous les points de sa doctrine à cette sublime définition des trois vertus théologales : la foi, l'espérance, la charité, elle serait la vérité sur la terre, elle serait la sagesse, la justice, la perfection. Mais l'Eglise romaine s'est porté le dernier coup, elle a consommé son suicide le jour où elle a fait Dieu implacable et la damnation éternelle [1].

C'est pourquoi George Sand flétrit comme un crime intellectuel « l'affreuse croyance à la damnation éternelle, la plus coupable notion qu'on puisse avoir de la divinité [2] ». Seules des âmes basses et des esprits étroits peuvent se forger des craintes aussi absurdes. Vous voyez bien que M. de Lamartine ne les partage pas : « L'absurde et l'odieux de ces doctrines catholiques n'ont point échappé à la sagacité et à la loyauté de M. de Lamartine [3] ». Et si Mickievicz prête à l'un de ses personnages des invectives contre l'enfer, c'est là un hommage involontaire rendu à la vérité :

O grand poète ! philosophe malgré vous ! vous avez bien raison de maudire ce Dieu que l'Eglise vous a donné !... Nous... en concevons un plus grand et plus juste [4]...

1. *Spiridion*, dernière partie.
2. *Essai sur le Drame Fantastique.*
3. *Ibid.*
4. *Ibid*

Seules des imaginations barbares peuvent attribuer à Dieu des vengeances pareilles. Les esprits
éclairés du xix⁰ siècle substituent au Juge implacable « le Dieu des miséricordes » :

Au temps de l'ignorance et de la cruauté, les hommes
adorèrent sur cet autel le Dieu des vengeances et des
supplices. Au jour de la justice, et au nom de l'humanité,
les hommes ont renversé ces autels sanguinaires abomi-
nables au Dieu des miséricordes [1].

« Au nom de l'humanité » : car — George Sand
croit bien le savoir — les prêtres qui promulguè-
rent ce dogme comptaient asservir ainsi les nations ; et, pénétrée d'un amour de la foule qui est
encore du sentimentalisme, puisqu'il s'agit d'affranchir les instincts de la partie la plus inculte du
peuple, elle proteste contre ce joug et contre le
dogme qui prétend l'imposer :

Tous ces démons, toutes ces créations infernales, dont
parlent tous les jours les ignorants ou les imposteurs,
sont de vains fantômes créés par l'imagination des uns
pour épouvanter celle des autres [2].

« Les rois et les prêtres, les trônes et l'Eglise,
voilà les grandes sources d'iniquité [3] ». Rois et prêtres s'entendent pour tromper et opprimer les peuples. C'est contre eux que la Révolution a été faite,
mais ils sont revenus, et il faudra qu'une nouvelle
révolution plus complète mette le sceau à leur ex-

---

1. *Un hiver à Majorque*, 2⁰ partie, chap. IV.
2. *Spiridion*, 1ʳ⁰ partie.
3. *La Comtesse de Rudolstadt*, chap. XL.

pulsion. Au nom même de l'Evangile, il faudra détruire l'Eglise :

L'Eglise est tombée au dernier rang dans l'esprit des peuples, parce qu'elle a versé le sang... Mais l'Evangile, la doctrine de l'Egalité et de la Fraternité, est toujours et plus que jamais vivante dans l'esprit des peuples [1].

Il faut aussi détruire une hiérarchie incompatible avec l'égalité chrétienne :

(Le marquis) apportait devant la moderne civilisation l'acte d'accusation du patriciat... surtout au nom de l'idée chrétienne évangélique. Il prenait corps-à corps ce compromis de dix-huit siècles qui veut allier l'égalité révélée par les apôtres avec la convention de hiérarchies civiles et théocratiques [2].

Certains échelons de cette hiérarchie sont particulièrement odieux : ainsi le pape, oppresseur des nations, qui mérite toujours plus ou moins l'épithète de « lâche des lâches » qu'elle applique à Pie II [3]. Et puis, surtout, elle déteste les moines, qu'elle juge capable des pires horreurs. Le moine est lâche, spoliateur et méchant :

C'est là le caractère indélébile du clergé catholique, me dit-il. Il ne saurait vivre sans faire la guerre aux familles et sans épier tous les moyens de les spolier... Vous ne pourrez jamais décider un trappiste à se battre ; retranché sous son capuchon, il recevra, courbé et les mains en croix, les plus sanglants outrages, et sachant

---

1. *Procope le Grand.*
2. *Le Marquis de Villemer*, chap. XV
3. *Procope le Grand.*

ort bien que vous ne l'assassinerez pas, il ne vous craindra guère [1]. ·

Le moine est une brute ou un infâme gredin. Il s'empresse d'avilir toute noble intelligence qui se confie à lui :

Je sais pourquoi les moines ont adopté avec toi ce système d'inflexible méchanceté. Ils agissent ainsi avec tous ceux dont ils craignent l'esprit de justice et la droiture naturelle... Ils veulent, en un mot, faire de toi un moine [2]...

Le moine, c'est un partisan de l'Inquisition, et est-il besoin d'ajouter que le seul nom de l'inquisition fait frémir George Sand ?

Voilà ce que c'est que le moine, mon fils, voilà ce que c'est que le cloître. Férocité brutale d'un côté, de l'autre lâche terreur ; intelligence égoïste ou dévotion sans entrailles, voilà ce que c'est que l'Inquisition [3].

Elle retrouve d'ailleurs cet esprit d'inquisition chez tous les dévots, et, loin d'être sensible à la beauté sérieuse de l'ascétisme, elle se demande : « Quelle compassion Dieu peut-il avoir pour cette agonie et pour cette mort anticipée à ses décrets [4] ? » Elle attribue du bigotisme aux plus déplaisants personnages :

Ce qui la révoltait peut-être le plus, et à juste titre. c'était que sa mère, au milieu de son despotisme, de ses

---

1 *Mauprat*, chap. xx.
2. *Spiridion*, 1re partie.
3. *Un hiver à Majorque*, 2e partie, chap. iv.
4. *Spiridion*, dernière partie.

violences et de ses injustices, se piquait d'une austère dévotion et la contraignait aux plus étroites pratiques du bigotisme [1].

Il lui arrive même de soutenir que le caractère d'un chrétien fervent est voisin de celui d'un bandit :

Il est même possible que Jean de Mauprat soit sincèrement dévot. Rien ne sied mieux à un pareil caractère que certaines nuances de l'esprit catholique. L'inquisition est l'âme de l'Eglise, et l'inquisition doit sourire à Jean de Mauprat [2].

Un catholique peut paraître bienfaisant ; il l'est rarement. Comme il fait tout pour son bien personnel, il ne montre aucune ardeur à soulager les autres :

Tout cela était glacé comme l'égoïsme chrétien, qui nous fait tout supporter en vue de la récompense, et désolé comme le renoncement monastique, qui nous défend de trop adoucir la vie à autrui aussi bien qu'à nous-mêmes [3].

En outre, un catholique a cette prétention extraordinaire de tout ramener à sa religion :

Le catholique ne se rattache à rien dans l'histoire du genre humain... C'est pour lui seul que la terre a été créée, c'est pour lui que d'innombrables générations ont passé sur la face du globe comme des ombres vaines, et sont retombées dans l'éternelle nuit, afin que leur dam-

---

1. *Mattea*, 2ᵉ partie.
2. *Mauprat*, chap. xx.
3. *Pauline*, chap. ii.

nation lui servit d'exemple et d'enseignement... Les
siècles où il n'a pas vécu ne comptent pas ; ceux qui ont
lutté contre lui sont maudits ; ceux qui l'anéantiront
verront aussi la fin du monde [1].

Et pourquoi donc ces tares ? Pourquoi le dévot,
pourquoi surtout le prêtre tombe-t-il ainsi, presque
inévitablement, dans la cruauté ou dans l'idiotie ?
La raison en est simple ; on la présume déjà ; c'est
qu'ils s'opposent à la « nature », au sentiment. On
refuse d'affranchir l'amour, voilà la tare indélébile
de cette religion et de cette société ; car l'amour
est Dieu, et si on ne lui accorde pas tout, la vie se
retire de l'âme. Comment le prêtre, à qui le mariage est interdit, peut-il avoir l'audace de prétendre à la direction des familles ?

La nature est sainte, monsieur, ses lois sont la plus
belle manifestation que Dieu nous ait donnée de son
existence, de sa sagesse et de sa bonté. Le prêtre les
méconnait forcément.. Je pose les deux réformes ou tout
au moins une des deux réformes que Dieu commande
depuis longtemps à l'église inerte et sourde : mariage des
prêtres ou abolition de la confession [2].

« L'abolition du célibat pour le clergé [3] ! » Dès
*Lélia*, on voyait un prélat réformateur qui déclarait urgente une telle atténuation de la discipline
de l'Eglise ; et si George Sand la repoussait, c'est
qu'elle jugeait que cette concession tardive était
impuissante à régénérer un catholicisme vieilli.

1. *Spiridion*, 3e partie.
2. *Mademoiselle la Quintinie*, 6e partie, *résumé*.
3. *Lelia*, chap. LV.

Mais cela ne l'empêche pas de proclamer, toujours et partout, que « le vœu de virginité est anti-humain et anti-social [1] ». On dira : Telle n'est pas la conclusion de *Lélia*. On se tromperait en répondant ainsi. Lélia, il est vrai, se refuse à Sténio et se retire dans un monastère, mais si l'on va jusqu'au fond des motifs qui l'engagent à cette décision, on verra qu'ils ne sont autres que le droit de l'individu à chercher son bonheur où il veut. Le même argument qui sert à justifier l'abandon dans lequel Lélia laisse son poète, justifie aussi d'autre part les plus complètes violations du mariage :

Je ne puis me refuser à reconnaitre que les idées adoptées par la jeunesse sur l'exclusive ardeur de l'amour, sur la possession absolue qu'il réclame, sur les droits éternels qu'il revendique, sont fausses ou tout au moins funestes. Toutes les théories devraient êtres admises, et j'accorderais celle de la fidélité conjugale aux âmes d'exception. La majorité a d'autres besoins, d'autres puissances. A ceux-ci la liberté réciproque. A ceux-là, de mystiques ardeurs... A d'autres enfin le calme des anges, la chasteté fraternelle, une éternelle virginité [2].

Car il faut réformer le mariage, lui aussi, puisqu'il réfrène l'amour au lieu de le favoriser. Il faut d'abord qu'on puisse se marier à son gré ; et ni le père [3], ni la mère [4], ni aucun autre membre de la société familiale n'a le droit de s'y opposer. Mais si l'on est las l'un de l'autre, si la révélation divine

---

1. *La Comtesse de Rudolstadt*, chap. XXXI.
2. *Lelia*, chap. XXXIX.
3. *Simon, André.*
4. *Mattea.*

de l'Amour indique au cœur d'autres objets à ché-
rir, le mariage doit pouvoir être rompu, suivant
la loi que la société des Invisibles pratiquait dès le
XVIIIᵉ siècle :

> La loi du mariage indissoluble est-elle donc émanée
> de la bouche du Seigneur? Que le sacrement soit une
> permission religieuse... que ce ne soit jamais un com-
> mandement [1].

Ce point est un de ceux sur lesquels l'influence
de Rousseau est le plus marquée dans George Sand.
Nous n'avons pas insisté sur les nombreux rappro-
chements que le lecteur aura faits de lui-même entre les théories de l'auteur d'*Indiana* et celles de
la *Nouvelle Héloïse*; mais ici, dans cette proclama-
tion des droits de l'amour, couronnement du romantisme, nous signalerons un retour complet à la
doctrine de Jean-Jacques. Une seule différence subsiste entre Rousseau et George Sand : non contente d'invoquer la nature, celle-ci en appelle à
Dieu. Car c'est Dieu l'auteur de l'amour ; et en ré-
sistant à ses volontés, la société se rend coupable.
Tout aussi bien que le suicide [2], l'amour est un
hommage rendu à Dieu. Ceux qui ont raison, ce ne
sont pas les légistes, ni les prêtres : c'est l'homme,
c'est la femme qui aiment. Ils ont le droit de se
déclarer en révolte contre les injonctions de la société ; il n'est aucune loi qui puisse prévaloir contre la force de leur amour :

> Bénédict aimait Valentine et non Louise... Eh bien,

---

1. *La Comtesse de Rudolstadt*, chap. XLI.
2. *Indiana*.

284 LE CATHOLICISME CHEZ LES ROMANTIQUES

cela n'était-il pas selon les desseins de Dieu ? La suprême Providence, qui est partout en dépit des hommes,
n'avait-elle pas présidé à ce rapprochement ?... Mais la
société se trouvait là entre eux, qui rendait ce choix
mutuel absurde, abominable, impie ! La Providence a
fait l'ordre admirable de la nature, les hommes l'ont détruit, à qui la faute [1] ?

Ecoutez encore de quel ton superbe on fait taire
un prêtre, qui proteste contre cette omnipotence
au nom de Dieu :

Si vous aimez cette femme de toutes les puissances de
votre être, que restera-t-il à Dieu ? — Tout ! Ces mêmes
puissances, renouvelées, raffermies et centuplées par l'a-
mour, remonteront vers Dieu comme la flamme de l'autel allumée par lui [2].

On conçoit dès lors que l'ancienne religion pas
plus que la société bourgeoise ne puissent suffire à exprimer le culte nouveau de l'amour. On
comprend la joie avec laquelle George Sand s'efforce de hâter leur ruine, et l'audace avec laquelle
Trenmor proclame la nécessité d'en finir :

Tant qu'il y aura un catholicisme et une Eglise catholique, lui disait-il, il n'y aura ni foi, ni culte, ni progrès chez les hommes. Il faut que cette ruine s'écroule...
Votre grande âme, celle d'Annibal et de plusieurs autres se sont rattachées au dernier lambeau de la foi, sans
songer qu'il valait mieux arracher ce lambeau, puisqu'il
ne servait qu'à voiler encore la vérité. Une philosophie
nouvelle, une foi plus pure et plus éclairée, va se lever
à l'horizon [3].

---

1. *Valentine*, chap. xvii.
2. *Mademoiselle la Quintinie*, chap. xii.
3. *Lelia*, chap. lxvi.

Quelle sera cette philosophie ? De même que Lamartine, de même que Vigny et que tant d'autres, l'anteur de *Spiridion* et de la *Comtesse de Rudolstadt* s'efforce de la caractériser. Mais ce n'est ni le culte de l'esprit pur, ni le panthéisme lamartinien : c'est une forme abâtardie de la religion de l'amour, une sorte de mysticisme révolutionnaire et maçonnique, fondé, d'ailleurs, sur une base chrétienne.

## IV

Car il ne faudrait pas s'imaginer que George Sand ait jamais pu se dégager entièrement de ces notions chrétiennes et sentimentales dont nous avons vu qu'elle était imbue. Elle ne l'a même pas tenté ! et qu'avait-elle besoin, d'ailleurs, de nier la preuve de Dieu par la nature, ou les aspirations de l'âme vers l'infini, qui prennent un sens beaucoup plus vaste dans la religion de l'amour que dans la foi traditionnelle ? Toujours de certaines idées vaguement catholiques flotteront dans son esprit, — idées extrêmement imprécises, plus déistes encore que chrétiennes, et telles qu'on les trouve dans Rousseau. George Sand prétend découvrir le véritable esprit du christianisme dans la *Profession de foi du Vicaire savoyard* :

(Le curé) lui avait fait, à son propre insu, la profession de foi du Vicaire Savoyard. Patience mordit beaucoup

plus volontiers à cette religion poétique qu'à l'ancienne
orthodoxie [1].

Aussi ne nous étonnerons-nous pas de ses contradictions : nous en connaissons maintenant l'origine. Comme Rousseau, elle vénère le Christ, sans
jamais se rendre bien compte de la nature de cette
vénération. Tantôt il lui paraîtra un symbole, une
création poétique, que l'on doit admirer sans qu'il
y ait nulle raison d'y croire :

> Je pensai à Jésus marchant sur les flots, et je me re-
> présentai cet homme divin, grand comme les montagnes,
> resplendissant comme le soleil. Allégorie de la métaphy-
> sique, ou rêve d'une confiance exaltée, m'écriai-je, tu
> es plus grand et plus poétique que toutes nos certitudes
> mesurées au compas et tous nos raisonnements alignés
> au cordeau [2] !

Tantôt elle verra en lui « le fils du charpentier [3] », et le culte qu'elle lui rendra sera une manière de prôner l'égalité, de glorifier le peuple :

> O société inique et absurde ! où est donc ta force,
> puisque toi-même tu courbes le front et plies le genou
> devant l'image du représentant et du révélateur de cette
> Doctrine que tu condamnes ! O Révélation de l'Egalité !
> quelle n'est donc pas ta puissance, puisque tu es tou-
> jours parmi nous sous la figure d'une croix rayonnante,
> pour proclamer au monde que ton règne, après deux
> mille ans, ne fait encore que de commencer [4] !

---

1. *Mauprat*, chap. III.
2. *Spiridion*, 4ᵉ partie.
3. *Compagnon du Tour de France*, chap. XII.
4. *Procope le Grand*.

Mais le plus souvent, il lui apparaîtra comme le fondateur de cette religion de l'égalité, comme le grand philosophe qui démasqua les pharisiens et les docteurs de la loi ; et peu importe désormais la part de surnaturel ou de miracle qu'il peut y avoir dans son œuvre :

La critique sérieuse ne s'occupe plus aujourd'hui de contester ou de rallier le côté légendaire de la mission du Christ. Qu'elle accepte ou rejette les miracles, le respect s'attache au merveilleux, comme l'enthousiasme au réel, en tout ce qui concerne la vie et la mort, la pensée et l'action de Jésus [1].

Peu importe, en effet, s'il n'en est pas moins grand, et s'il n'en est pas moins le reflet le plus sublime de la Divinité dans la nature humaine. C'est pourquoi on peut adorer le Christ, tout en niant l'Incarnation au sens consacré par les prêtres. On lui apportera un hommage d'autant plus fervent et d'autant plus légitime qu'on le considérera comme le plus noble des philosophes, comme un homme véritablement inspiré de Dieu, puisque les intuitions de notre esprit sont des révélations divines :

Nous pouvons adorer chez l'homme investi d'une haute science et d'une haute vertu un reflet splendide de la Divinité. O Christ! un temps viendra où l'on t'élèvera de nouveaux autels, plus dignes de toi, en te restituant ta véritable grandeur, celle d'avoir été vraiment le fils de la femme et le sauveur, c'est à dire l'ami de l'homme, le prophète de l'idéal [2].

---

1. *Mademoiselle la Quintinie*, chap. III.
2. *Spiridion*, dernière partie.

Dès lors — et si nul homme sans doute n'a possédé une doctrine plus universelle que le « philosophe de Nazareth » — il n'est cependant pas proprement un homme unique, et l'on peut accorder à tous les grands philosophes un culte peut-être moins étendu, mais analogue. « Socrate ne me paraissait pas moins digne de régénérer le genre humain que Jésus de Nazareth », dit le P. Alexis[1] ; et l'un des personnages des *Sept cordes de la lyre* s'exclame : « La Divinité que je sers est celle de Pythagore et de Platon, aussi bien que celle de Jésus[2] ! » Ajoutons-y Leibnitz, à l'exemple du héros de *Mademoiselle la Quintinie* : « C'est un croyant qui vous parle... avec Platon, avec Jésus, avec Leibnitz... [3] » Ajoutons-y tous ceux que nous voudrons, car il est impossible désormais de limiter le nombre des Messies :

Nous sommes tous des hommes divins, quand nous aimons et quand nous concevons la perfection. Nous sommes tous des messies, quand nous travaillons à assurer son règne sur la terre ; nous sommes tous des Christs quand nous souffrons pour elle[4].

Dès lors, la doctrine du Christ ne saurait être définitive. S'il n'est qu'un grand homme entre beaucoup d'autres, on conçoit qu'il ait pu se tromper, et dans tous les cas on ne doit pas s'immobiliser dans les formules qu'il a fixées. La doctrine chrétienne est essentiellement progressiste : et, de

1. *Ibid.*, 3ᵉ partie.
2. *Les sept cordes de la Lyre*, acte I, sc. II.
3. *Mademoiselle la Quintinie*, 6ᵉ partie, *résumé*.
4. *Spiridion*, dernière partie.

même que Lamartine, voilà George Sand qui prêche l'évolution et la transformation du dogme :

Le Christ est un homme divin que nous révérons comme le plus grand philosophe et le plus grand saint des temps antiques... Mais nous adorons Dieu en lui et nous ne commettons pas le crime d'idolâtrie. Nous distinguons la divinité de la révélation de celle du révélateur .. Mais je ne crois pas que le dernier mot de la révélation ait été compris et proclamé par les hommes au temps de Jésus, car il ne l'a pas encore été officiellement sur la terre... J'attends le développement de l'Evangile, j'attends quelque chose de plus que l'égalité devant Dieu, je l'attends, je l'invoque parmi les hommes [1].

Sans doute l'esprit de l'Evangile ne cessera-t-il pas d'animer les âmes religieuses ; mais la lettre peut et doit se modifier. Le catholicisme a pu correspondre jadis à une juste interprétation de cet esprit ; mais aujourd'hui, il faut qu'on le dépasse :

Qu'est-ce que le Christ ?
— C'est la pensée divine, révélée à l'humanité.
— Cette pensée est-elle tout entière dans la lettre de l'Evangile ?
— Je ne le crois pas ; mais je crois qu'elle est tout entière dans son esprit [2].

C'est pour s'être attachée trop scrupuleusement à la lettre que l'Eglise se meurt aujourd'hui. Il eût fallu recourir à l'esprit, et s'apercevoir que le vé-

---

1. *La Comtesse de Rudolstadt*, chap. xxxviii.
2. *Ibid.*, chap. xxxi.

ritable enseignement de l'Évangile était un enseignement de tolérance et de fraternité :

> Préoccupé du soin frivole et dangereux de garder
> dans leur intégrité la lettre des derniers conciles, on a
> oublié l'esprit du christianisme, qui était d'enseigner l'i-
> déal aux hommes et d'ouvrir le temple à deux battants
> à toutes les âmes, en ayant soin de placer l'élite dans le
> chœur [1].

La religion de l'amour, la religion de l'humanité, tel est le véritable christianisme. Si l'Eglise
refuse de l'adopter, nous, les authentiques servi-
teurs de Jésus, nous nous dresserons contre
l'Eglise :

> La foi est devenue ce que Jésus a voulu qu'elle fût :
> un espoir offert aux âmes libres, et non un joug im-
> posé par les puissants et les riches de la terre. Restez
> en paix, mes frères ; Dieu n'épouse pas les querelles du
> pape [2].

Nous marcherons au nom de Jésus contre cette
hiérarchie oppressive qui s'est faite la servante
des tyrans :

> O Christ !... Tu sais que c'est l'étendard de Rome,
> l'insigne de l'imposture et de la cupidité, que l'on ren-
> verse et que l'on déchire au nom de cette liberté que tu
> eusses proclamée aujourd'hui le premier, si la volonté
> céleste t'eût rappelé sur la terre [3].

Nous apprendrons à séparer l'essence de cette

---

1. *Lelia,* chap. LVI.
2. *Lettres d'un Voyageur,* III.
3. *Spiridion,* dernière partie.

divine doctrine d'avec les prescriptions grotes-
ques, d'avec les dogmes ridicules qui s'y sont gref-
fés au cours des âges :

Tout en aimant la vertu, tout en adorant le Christ,
et en dévorant à ses pieds chaque jour bien des larmes
amères, la pauvre enfant avait osé, chose inouïe et toute
exceptionnelle en ce temps et en ce pays, se séparer
intérieurement du dogme à l'égard de beaucoup de
points arbitraires. Elle s'était fait... une religion person-
nelle, pure, sincère, instinctive, sans ligne de démarca-
tion, sans catéchisme systématique [1].

Si nous le voulons, nous pourrons bien d'ailleurs conserver les mortifications les plus cruelles
de l'ascétisme tout en refusant d'obéir au Pape,
persécuteur de la vraie foi :

(Albert) haïssait les papes, les apôtres de Jésus-Christ
qui se liguent avec les rois contre le repos et la dignité
des peuples... Et cependant Albert passait des heures
entières prosterné sur le pavé des chapelles, plongé dans
des méditations et des extases dignes d'un saint. Il ob-
servait les jeûnes et les abstinences bien au-delà des
prescriptions de l'Eglise ; on dit même qu'il portait un
cilice... [2]

Mais il ne faudra pas condamner pour autant
ceux qui mènent une conduite contraire. A chacun ses goûts, aussi légitimes les uns que les autres ! et Rousseau doit être vénéré au même titre
que les plus illustres des Pères de l'Eglise :

Le temps n'est pas loin où l'opinion ne fera pas plus

---

1. *Mattea*, 2e partie.
2. *Consuelo*, chap. XXVI.

le procès à Rousseau qu'elle ne le fait à saint Augustin. Elle le verra d'autant plus grand qu'il est parti de plus bas et revenu de plus loin, car Rousseau est un chrétien tout aussi orthodoxe pour l'église de l'avenir que le centenier Mathieu et le persécuteur Paul pour l'Eglise du passé [1].

S'il nous plaît de solenniser le nouveau christianisme par un suicide, c'est là un sacrement tout aussi valable dans son symbolisme que l'Eucharistie ou l'extrême onction. Il s'agira seulement de choisir la forme de mort la plus propre à rendre hommage au Créateur :

L'action que nous allons commettre n'étant pas le résultat d'une crise d'égarement momentané, mais le but raisonné d'une détermination prise dans un sentiment de piété calme et réfléchie, il importe que nous y apportions le recueillement d'un catholique devant les sacrements de son Eglise. Pour nous, l'univers est le temple où nous adorons Dieu. C'est au sein d'une nature grande et vierge qu'on retrouve le sentiment de sa puissance, pur de toute profanation humaine... Je vais donc vous dire le lieu où le suicide m'est apparu sous son aspect le plus noble et le plus solennel. C'est au bord d'un précipice, à l'île Bourbon [2].

En un mot, tout, dans ce christianisme indépendant, doit nous être dicté par notre cœur. Nous trouverons en nous les dogmes aussi bien que les sacrements. Après Vigny, qui se proposait dans *Daphné* de « diviniser la conscience, » après Jean-Jacques surtout, qui solennisait la conscience dans

---

1. *Réflexions sur Jean-Jacques Rousseau*.
2. *Indiana*, chap XXIX

un passage resté célèbre, George Sand fait de notre instinct moral une source inépuisable de certitude et de vertu :

Ralph avait une croyance, une seule qui était plus forte que les mille croyances de Raymon. Ce n'était ni l'église, ni la monarchie, ni la société, ni la réputation, ni les lois qui lui dictaient ses sacrifices et son courage, c'était la conscience [1].

La conscience... Mais est-ce bien sûr ! George Sand ne peut manquer de l'affirmer ; elle se le doit pour rester fidèle à son subjectivisme religieux. Mais s'en est-elle toujours tenue à un individualisme aussi absolu ? A défaut de l'Eglise officielle, n'a-t-elle pas quelquefois emprunté ses convictions à des Eglises secrètes ? Certaines parties de ces croyances paraissent d'origine occulte, et elle nous avoue à demi ses relations avec la franc-maçonnerie.

## V

Je dis « à demi » ; car enfin, elle n'a sans doute pas été affiliée aux Devoirs dont elle nous dépeint les coutumes dans le *Compagnon du tour de France*, et, si la *Comtesse de Rudolstadt* paraît décrire avec précision l'organisme de la franc-maçonnerie, n'oublions pas qu'il s'agit là d'un roman historique, et qu'il faut être prudent avant d'attri-

---

[1] *Ibid*, chap. **xv**.

buer à George Sand elle-même les doctrines des
Invisibles. Dans quelle mesure celles-ci coïncident-
elles d'ailleurs avec celles des francs-maçons modernes, c'est ce qu'il est malaisé d'affirmer ; mais
George Sand en parle avec un tel enthousiasme
qu'elle semble les adopter intégralement ; et dans
ses romans même les plus connus, par exemple dans
*Lélia*, elle fait intervenir des sociétés secrètes auxquelles elle attribue précisément le même langage.
La religion nouvelle dont elle annonce à grands
cris l'avènement prochain et inévitable, cette religion qu'elle veut bien appeler chrétienne, mais
qui, en tous cas, est aux antipodes du catholicisme
organisé, cette « nouvelle unité sociale ou religieuse dont les éléments flottent épars dans un grand
conflit d'efforts et de vœux »[1], la substance en
parait empruntée à ces Eglises souterraines, et
aussi bien la fait-elle prêcher par un fervent car-
bonaro :

Trenmor croit à l'avènement d'une religion nouvelle,
sortant des ruines de celle-ci, conservant ce qu'elle a
d'immortel, et s'ouvrant sur des horizons nouveaux. Il
croit que cette religion investira tous ses membres de
l'autorité pontificale, c'est-à-dire, du droit d'examen et
de prédication [2].

Il ne s'agit nullement ici de ce christianisme indépendant dont nous venons d'analyser l'essence.
Il s'agit d'une foi nouvelle, d'une doctrine qu'elle
prétend rattacher à Jésus, mais qui se propose

---

1. Préface de *Lelia.*
2. *Lelia,* chap. LVI.

avant tout de renverser les entraves opposées à la
. liberté :

> Le culte de la délivrance est une foi nouvelle ; le li-
> béralisme est une religion qui doit anoblir ses adeptes
> et faire, comme autrefois le jeune christianisme, de l'es-
> clave un saint ou un martyr [1].

Des expressions absolument analogues servaient
à l'initiateur des Invisibles pour désigner la religion dont ils poursuivaient l'avènement. Cette religion, déclarait-il, est l'œuvre partielle de Rousseau, dont une main secrète coordonne les résultats
avec ceux qu'atteignit Voltaire :

> C'est une religion que nous voulons reconstituer...
> Aussi avons-nous deux modes d'action. Un tout maté-
> riel pour faire miner et crouler l'ancien monde par la
> critique, par l'examen, par la raillerie même, par le vol-
> tairianisme et tout ce qui s'y rattache... Notre autre
> mode d'action est tout spirituel : il s'agit d'édifier la re-
> ligion de l'avenir [2].

« Nous avons nos croyants, nos saints, nos prophètes [3] », ajoutait le haut dignitaire maçonnique.
La solennité de ces expressions n'indique-t-elle
pas qu'il s'agit ici d'une religion bien autrement
précise que ce déisme vaporeux auquel était réduite la foi chrétienne par les négations de George
Sand ? — Religion qui possède un certain nombre
d'articles positifs, disposés comme un trompe-l'œil
pour en cacher la négation foncière ; religion dont
l'essence est révolte et qui mène à nier toute auto-

---

1. *La dernière Aldini.*
2. *La Comtesse de Rudolstadt,* chap. XXXI.
3. *Ibid.*

rité dans la famille, dans l'Eglise ; religion qui
pouvait bien s'accorder avec la religion de l'a-
mour, puisque l'une et l'autre aboutissaient à diviniser les passions humaines, car c'est diviniser un
être que l'exempter de toute contrainte !

On ne voudra plus désormais que la femme obéisse
à son mari, et le seul énoncé de cette prétention
justifiera toutes les infidélités :

Elle n'aima pas son mari, par la seule raison, peut-
être, qu'on lui faisait un devoir de l'aimer, et que résister mentalement à toute espèce de contrainte morale
était devenu chez elle une seconde nature, un principe
de conduite, une loi de conscience [1].

On n'admettra plus que le peuple se soumette à
l'autorité, et le bonhomme Patience appellera de
tous ses vœux une révolution égalitaire :

Le pauvre a assez souffert, il se tournera contre le riche, et les châteaux tomberont, et les terres seront dé-
pecées... Voyez le ciel. Les étoiles vivent en paix et
rien ne dérange leur ordre éternel. Les grosses ne man-
gent pas les petites, et nulle ne se précipitera sur ses
voisines. Or, un temps viendra où le même ordre régnera
parmi les hommes [2].

Révolution dont on justifie le terrorisme comme
une «nécessité inévitable»[3] ; révolution, qui dès le
milieu du xviiie siècle, était préparée par les sociétés secrètes réunies sous la direction des Invisibles :

L'Europe (l'Allemagne et la France principalement)

---

1. *Indiana*, chap. vi.
2. *Mauprat*, ch. x.
3. *Ibid.*, chap. xxx.

est remplie de sociétés secrètes, laboratoire souterrain où se prépare une grande révolution dont le cratère sera l'Allemagne ou la France. Nous avons la clef et nous tentons d'avoir la direction de toutes ces associations, à l'insu de la plus grande partie de leurs membres, et à l'insu les unes des autres [1].

Mais le grand ennemi, c'est l'Eglise. Contre elle tous les moyens sont bons. C'est contre elle encore plus que contre la bourgeoisie qu'il faut souhaiter la fusion de toutes les sociétés secrètes :

Espérons pourtant que des tentatives philosophiques de quelques-uns de ces compagnons, esprits éclairés et généreux qui ont entrepris récemment le grand œuvre d'une fusion entre tous les Devoirs rivaux, vaincront les préjugés qu'ils combattent et feront triompher le principe de fraternité [2].

Contre elle vaut cette loi de l'obéissance aveugle signifiée à la Comtesse de Rudolstadt par l'initiateur des Invisibles ; loi qui sans cela serait étrange dans la bouche d'hommes dont la révolte est le premier principe :

Tu devras croire en nous comme à des saints, sans savoir si nous ne sommes pas des hypocrites. Tu devras même peut-être voir émaner de nos décisions des injustices, des perfidies, des cruautés apparentes. Tu ne pourras pas plus contrôler nos démarches que nos intentions [3].

Aussi, gloire à ceux qui dans le cours des âges secouèrent le joug de Rome ! Gloire à Luther dont

---

1. *La Comtesse de Rudolstadt*, chap. XXXI.
2. *Le Compagnon du Tour de France*, chap. IX.
3. *La Comtesse de Rudolstadt*, chap. XXXI.

la réforme était un premier pas vers la révolution, comme celle-ci ne marque qu'une première étape vers le futur régime égalitaire :

Notre génération qui s'est montrée forte et fière un matin pour chasser les jésuites dans la personne de Charles X, a bien mauvaise grâce, il me semble, à conspuer les courageuses tentatives de la réforme et à insulter dans sa postérité religieuse le grand nom de Luther [1].

Gloire à Jean Huss ! gloire à Wicleff, ces premiers martyrs de la liberté de conscience, ces premiers franc-maçons, car les Invisibles se font gloire de tirer d'eux leur origine :

Nous sommes les héritiers des Johannistes d'autrefois, les continuateurs ignorés, mystérieux et persévérants de Wicleff, de Jean Huss et de Luther [2]...

Gloire aux hérétiques du moyen-âge, ancêtres des réformateurs, précurseurs également de la franc-maçonnerie, car « sous divers noms et sous diverses formes, elle s'est perpétuée depuis l'origine des sociétés jusqu'à nos jours » [3], et dès les temps du paganisme [4] :

Les saintes hérésies du moyen âge malgré tout le sang qu'elles ont fait couler, comme notre glorieuse Révolution malgré tout le sang qu'elle a versé, sont les hautes révélations de l'Esprit de Dieu, répandues sur tout un peuple [5].

---

1. *Lettres d'un Voyageur*, X.
2. *La Comtesse de Rudolstadt,* chap. XXXI.
3. *Ibid.,* chap. XII.
4. *Ibid.,* chap. XXXI.
5. *Procope le Grand.*

En réalité, toutes les hérésies n'en font qu'une ;
ce ne sont que des formes diverses de la religion
de la révolte. Les sociétés secrètes les accueillent
toutes, car toutes communient dans une même
haine de toute contrainte physique ou morale :

Au fond tous les hérétiques (c'est avec respect que
j'emploie ce nom) sont d'accord sur le point principal,
celui de détruire la tyrannie intellectuelle et matérielle,
ou tout au moins de protester contre... En permettant
à chaque communion de garder ses maitres, ses institutions et ses rites, on peut constituer, sinon une société,
du moins une armée ; et, je te l'ai dit, nous ne sommes
encore qu'une armée [1]...

Et c'est aussi pour solenniser cette haine, que
les Invisibles et à leur suite George Sand, imaginent de vénérer l'esprit du mal, considéré non
comme une réalité, — nous avons vu qu'elle nie
l'existence de l'enfer — mais comme le symbole
des opprimés, le symbole de la révolte :

Je ne suis pas le démon, je suis l'archange de la révolte légitime et le patron des grandes luttes. Comme
le Christ, je suis le Dieu du pauvre, du faible et de l'op-
primé [2].

---

1. *La Comtesse de Rudolstadt*, chap. XXXI.
2. *Consuelo*, chap. LV. Il y a tout un aspect satanique et
caïnite qui constitue le terme extrême du romantisme.
Les uns se bornent à affirmer la conversion et la réhabilitation future de l'Ange du Mal ; et c'est Vigny dans son
*Satan Sauvé*, Hugo, dans la *Fin de Satan* ou dans *Ce que
dit la Bouche d'Ombre*. D'autres l'adoreront, soit réellement soit symboliquement: après Byron et George Sand,
ce sera Baudelaire par exemple. De même en ce qui concerne Caïn, Baudelaire ou Leconte de Lisle ne feront que
reprendre des idées qui se trouvent déjà dans Byron,

Lélia déjà disait que « l'esprit du mal et l'esprit
du bien, c'est un seul esprit : c'est Dieu » [1]. Mais
le comte Albert de Rudolstadt va plus loin : à
l'exemple des Lollards du moyen-âge, il adore véritablement Satan. On ne peut guère aller plus
loin ; et peu importent désormais les croyances
subsidiaires de George Sand à la « seconde vue » [2]
ou à la métempsychose, ce qui d'ailleurs est assez
logique, puisqu'il faut bien trouver un moyen de
châtier les criminels, l'enfer étant fermé et Satan
étant Dieu. Encore une fois, il serait téméraire
d'attribuer sans preuve ces doctrines à la franc-
maçonnerie, mais il est certain que George Sand
les a reçues du dehors, et il est non moins vrai
qu'elle épouse leur cause avec chaleur, tant en son
nom qu'en celui des « Invisibles » [3]. Mais que

---

mais que Vigny avait également exprimées dans son
*Journal d'un Poète* : « Dans l'affaire de Caïn et d'Abel, il
est évident que Dieu eut les premiers torts... » (*Journal
d'un Poète*, 1842). Voir plus bas ce qui concerne Baudelaire.

1. *Lelia*, chap. III.

2. *Mouny-Robin, Consuelo*. — Il faut y insister pourtant
car ces superstitions constituent un des traits persis-
tants des doctrines occultes de l'époque. Seconde vue, métempsychose, paraissent trouver leur origine dans le néo-
platonisme, renouvelé par la théosophie maçonnique du
XVIIIe siècle. Ils passent dans Nodier, dans Ballanche, dans
les *Etudes Philosophiques* de Balzac ; ils se retrouvent dans
Lamartine, légèrement teintés d'orientalisme. Après
George Sand on les verra paraître dans les romans de Gérard de Nerval, et personne n'ignore quel parti Hugo en
a tiré dans ses *Contemplations*. Enfin elles renaissent de
nos jours sous leur ancien nom de théosophie, et comme
toujours, elles se trouvent mêlées à des doctrines ma-
çonniques.

3. Qu'on lise d'ailleurs n'importe lequel des porte-pa-
roles de la franc-maçonnerie. On sera frappé de la simi-

dirons-nous de la valeur de ce catholicisme sentimental, qui, de dégénérescence en dégénérescence,
finit par devenir compatible avec des doctrines
aussi subversives ? Qu'en dirons-nous, lorsque nous
l'aurons vu tomber encore plus bas, et entraîner
une perversité morale aussi prononcée que la dépravation du dogme ? Et c'est ce que nous verrons :
on ne se contentera pas d'affranchir les plus nobles
de nos passions, mais on se plaira dans les turpitudes des instincts les plus dépravés ; on mettra
dans le monde moral, Satan à la place de Dieu ; et
lorsqu'on essayera de réagir contre une déchéance
désormais indéniable, il sera trop tard pour sauver
des croyances pulvérisées, et pour faire bénéficier
la foi de ce renouveau de bon sens.

---

litude entre leurs déclarations et celles de George Sand.
Bornons-nous à citer un passage du « mage » Eliphas
Lévi : « Les maçons ont les Templiers pour modèles, les
Roses-Croix pour pères, et les Johannistes pour ancêtres.
Leur dogme est celui de Joroscestre et d'Hermès, leur
règle est l'initiation progressive, leur principe, *l'égalité*,
réglée par la hiérarchie, et la fraternité universelle. Ce
sont les continuateurs de l'école d'Alexandrie, héritière
de toutes les initiations antiques. Ils tolèrent toutes les
croyances et ne professent qu'une seule philosophie. Ils
n'enseignent que *la réalité*, et veulent amener progres-
sivement toutes les intelligences à la raison ». (Eliphas
Lévi, *Histoire de la Magie*, p. 399, 400 ; cité par Gougenot
des Mousseaux. *Les Juifs*, p. 526-527). Les études ultérieures que nous poursuivons sur ces questions confirment
d'ailleurs entièrement ce point de vue, tout en le précisant. Nous espérons pouvoir quelque jour en publier le
résultat.

# CHAPITRE NEUVIÈME

# Sainte-Beuve et Baudelaire

Un symptôme curieux et peut-être inquiétant de l'évolution des idées contemporaines est la faveur avec laquelle certains catholiques accueillent les noms jadis maudits de Sainte-Beuve et de Baudelaire. Après les avoir considérés, de leur vivant,

comme des ennemis, on s'en est peu à peu rappro-
ché à mesure que les documents en permettaient
une étude plus complète, et toute une école les revendique maintenant — le dernier du moins —.
comme des représentants authentiques de la grande
poésie chrétienne. Quoique d'ailleurs l'attitude
incrédule du critique des *Causeries du lundi* ait fait
oublier ce qu'il y avait de mystiquement morbide
dans ses œuvres d'imagination, il bénéficie aussi
quelque peu de la vogue dont jouit l'auteur des
*Fleurs du Mal*. Sans que peut-être on ait remarqué
la ressemblance qui existe entre ces deux esprits,
on revient à la fois à tous deux ; et, dans le même
temps que M. Gonzague de Reynold, renchérissant
encore sur les baudelairiens, propose qu'on réserve
à son poète de prédilection une place à côté de
Dante, M. l'abbé Bremond s'efforce de rattacher le
romancier de *Volupté* à la pure tradition catholique.
En effet, Sainte-Beuve et Baudelaire, par le fait
même qu'ils représentent l'ultime décomposition
du romantisme, conservent quelques traces de
cette religiosité mise à la mode par Chateaubriand ;
et d'autre part, chez le second tout au moins, on
voit poindre, du milieu de cette décomposition, les
premières lueurs d'une nouvelle manière de considérer la vie, manière désormais dégagée de Rousseau et plus conforme, il faut bien le dire, à la
véritable orthodoxie. Mais qu'on ne s'y trompe
pas: malgré toutes ses déclarations en faveur de
l'art pour l'art, malgré ses efforts pour se dégager
de la poésie subjective et béatement optimiste,
Baudelaire reste un romantique. Avec plus d'objec-
tivité et de réalisme, il reprend en vers le thème

de *Volupté* ; et Sainte-Beuve s'en apercevait si bien qu'au lendemain des *Fleurs du Mal*, il écrivait à leur auteur une assez longue lettre, où, dosant le blâme et l'éloge, il prétendait voir dans la nouvelle œuvre « le dernier symptôme d'une génération malade, dont les aînés nous sont très connus » ; et, faisant un retour sur lui-même et se remémorant les poésies malsaines qu'il avait écrites autrefois [1], il déconseillait au nouveau poète une imitation trop précise des *Poésies de Joseph Delorme*, et finissait par lui recommander d'introduire dans son œuvre un rayon de soleil. C'était bien voir le défaut des *Fleurs du Mal*, et Sainte-Beuve a été bien servi par son désir de ne pas se compromettre ; mais, tout compte fait, ne vaut-il pas mieux vivre dans les ténèbres plutôt que d'être éclairé par les lumières factices et fiévreuses dont abusaient les romantiques ? C'est ce que se disait Baudelaire ; c'est ce que pensaient ses admirateurs ; et l'on voit par là-même que le baudelairisme n'est que l'ultime phase de la dissolution commencée en 1830, phase dans laquelle on en vient à rejeter l'amour lui-même, dernier principe encore vivant, et à s'enliser dans un morne ennui qui n'a plus, comme celui de Manfred ou de René, la ressource de la poésie.

---

1. Cette épithète de « malsaine » que Brunetière décernait à Sainte-Beuve, il l'empruntait précisément à un article de M. Paul Bourget sur Baudelaire. S'est-il rendu compte de la ressemblance de ces deux âmes ?

# I

Une des plus grandes différences, en effet, que l'on puisse noter entre ce recueil de vers maladifs et les productions de la jeunesse de Sainte-Beuve, c'est l'absence de lumière ; c'est la ferme volonté du poète de boucher toutes les issues donnant vers la clarté, et de se cloîtrer, pour ainsi dire, en compagnie des péchés des hommes. On ne retrouve plus chez lui les admirations esthétiques que les rites et les dogmes chrétiens arrachaient aux plus révoltés de ses prédécesseurs. Lorsqu'il adresse ses vers « à une Madone », il ne s'agit que d'une divinité de chair, et ce titre semble une parodie sacrilège des termes sacrés : extrémité à laquelle il était facile d'en venir après que tant de fois l'amour divin eut été confondu avec une passion humaine. Tout au plus pourra-t-on signaler, dans le début des *Fleurs du Mal*, un lointain souvenir de la preuve de Dieu par la nature, à cet endroit où, définissant d'une façon toute romantique le rôle et la mission du poète, Baudelaire s'écrie :

Pourtant, sous la tutelle invisible d'un Ange,
L'enfant deshérité s'enivre de soleil,
Et dans tout ce qu'il boit et dans tout ce qu'il mange
Retrouve l'ambroisie et son parfum vermeil [1].

D'autres fois, il est vrai, l'inconséquent auteur

---

1. *Bénédiction.*

maudit l' « enchanteresse sans pitié », la « rivale toujours victorieuse »[1] qu'est la nature. Mais en tous cas, bienveillant et farouche, ce que Baudelaire ne nie pas, c'est que l'univers ne soit un voile, une « forêt de symboles » dont la diversité apparente recouvre une profonde unité. On connaît la pièce célèbre :

> La nature est un temple où de vivants piliers
> Laissent parfois sortir de confuses paroles ;
> L'homme y passe à travers des forêts de symboles
> Qui l'observent avec des regards familiers[2].

Et, au-dessus de ce monde *un*, dont tous les aspects se correspondent, il lui arrive de placer le « trône splendide » de Dieu[3]. C'est d'ailleurs à ces très rares vestiges que se réduit le catholicisme esthétique des *Fleurs du Mal* ; et, quelques traces de sentimentalisme ou quelques indices de renouveau que nous puissions trouver dans Baudelaire, on voit que l'aspect artistique de la religion en est presque entièrement absent.

Il n'en va pas ainsi chez Sainte-Beuve. Malgré la complaisance avec laquelle il fouille les abîmes de la « volupté », c'est une nature foncièrement optimiste, ou du moins une nature chez laquelle la contemplation du mal a besoin d'être relevée par un retour d'espoir vers le ciel : « J'ai rarement pris les choses, mon ami, par le côté lugubre, déclare Amaury, par l'aspect de l'enfer et de Satan... C'est plutôt le bien, l'amour... que j'aime me

---

1. *Petits Poèmes en prose* : *Le Confiteor du Poète.*
2. *Correspondance.*
3. *Bénédiction.*

proposer comme image »[1] ; et Sainte-Beuve se
qualifie lui-même de « profane, et autrefois poète,
qui cherche de la poésie en toute chose, et même
(faut-il le dire ?) dans la religion »[2]. En d'autres
termes, ce dilettante, cet « amateur »[3], a bien pu
prendre goût aux beautés de la foi, à la magnificence du culte; il s'est même efforcé de croire
sans y parvenir, et il en a gardé non seulement
une mélancolie qui n'est pas dépourvue de charme,
mais encore un certain penchant à s'occuper de
choses religieuses et une assez grande sympathie
à l'égard des authentiques croyants :

Rien n'est plus voisin d'un chrétien à certains égards
qu'un sceptique, mais un sceptique mélancolique et qui
n'est pas sûr de son doute. J'aurais encore atteint mon
but quand mon travail sur *Port-Royal* ne serait que
l'histoire d'une génération de chrétiens, écrite en toute
droiture par ce sceptique-là, respectueux et contristé [4].

Un tel homme ne pouvait manquer de faire appel aux ressources artistiques du catholicisme, et
il se devait de traiter tous les thèmes religieux
illustrés par ses prédécesseurs. On retrouvera
donc chez lui la preuve de Dieu par la nature,
beaucoup plus nette que dans les *Fleurs du Mal* :

... Enfants, il est toujours un Maître
Quand on voit de beaux lieux [5]...

---

1. *Volupté*, chap. xx.
2. *Port-Royal*, liv. V, ch. III.
3. *Ibid.*, liv. I, chap. IV.
4. *Ibid.*, liv. III, chap. II.
5. *Pensées d'Août*; *Monsieur Jean*.

« Preuve » intuitive et non raisonnement ; amour de la nature qui se traduit surtout par une effusion irrésistible de prière :

Des brebis, tout au loin, bondissaient, blonde écume,
Et moi dont l'œil se mouille et dont le front s'allume,
Tête nue, adorant, je récitais l'*Ave* [1].

On y retrouvera aussi des descriptions du culte et de ses accessoires. Sainte-Beuve a pénétré dans les églises, et, de même que Chateaubriand observant le coup de soleil sur l'hostie dans *Atala*, de même que Victor Hugo s'amusant à voir flamboyer les vitraux lors du sacre de Charles X, Joseph Delorme poursuivra de ses regards des jeux inédits de lumière :

Oh ! qui dans une église, à genoux sur la pierre,
N'a bien souvent, le soir, déposé sa prière,
    Comme un grain pur de sel ?
Qui n'a du crucifix baisé le *jaune* ivoire ?
Qui n'a de l'Homme-Dieu lu la sublime histoire
    Dans un *jaune* missel ? [2]

On remarquera d'ailleurs qu'au milieu de cette fantaisie, le ton du poète reste respectueux et presque dévot. De même Amaury décrit avec beaucoup d'onction la réception des derniers sacrements par madame de Couaën [3]. Même lorsqu'il ne s'agit que de paraphraser un passage de la Bible, on

---

1. *Ibid : Sonnet à Madame P...*
2. *Poésies de Joseph Delorme : Les Rayons Jaunes.*
3. *Volupté*, chap. XXIV.

ne pourrait trouver dans ses vers aucune marque
d'incrédulité :

> J'attendrai comme un de ces anges
> Aux filles des hommes liés
> Jadis par des amours étranges [1]...

Mais, en psychologue qu'il est, il s'attache plus
particulièrement à la description des âmes de prêtres. Le héros de *Volupté*, Amaury, se fait prêtre ;
les solitaires de Port-Royal se trouvent sur les
confins du sacerdoce, et nombre d'entre eux ont
reçu les Ordres ; et si « monsieur Jean » n'est pas
prêtre, il s'en faut de peu, puisque toute la vie de
cet instituteur janséniste n'est consacrée qu'à servir Dieu et à venir en aide aux hommes. Sainte-
Beuve trouve « beau » le spectacle des religieuses
groupées autour de la Mère Angélique :

> Voyons-les toutes un peu dans notre idée, rangées
> devant nous, agenouillées... et demandez-vous après
> s'il fut, depuis les jours anciens, un plus beau spectacle
> sur terre ! [2]

Il se plaît à reconstituer des scènes de la vie
monacale :

> Ou, vierge du Seigneur, dans l'étroite cellule,
> Sous la lampe de nuit dont la lueur ondule,
> Adorant saintement et la Mère et le Fils,
> Et pour remède aux maux, baisant le crucifix [3]...

En parfait romantique, il s'en sert comme d'un

---

1. *Poésie de Joseph Delorme* : *A. M. A. de L.*
2. *Port-Royal*, liv. I, chap. VI.
3. *Les Consolations* : *A Ernest Fouinet*.

terme de comparaison lorsqu'il est en présence de la personne aimée :

Moi, en entrant et la voyant ainsi, je supposais volontiers quelque religieuse du Midi... Je me figurais encore la plus sainte des amantes et la plus amante des saintes, Thérèse d'Avila, au moment où son cœur, chastement embrasé, s'écrie : « Soyons fidèle à Celui qui ne peut nous être infidèle » [1].

Il envie d'ailleurs ces existences de prêtres qui lui paraissent ignorer non seulement le mal, mais le malheur :

Il sait le mal, il sait maint funeste récit,
Mais de loin il les sait, la distance adoucit ;
Ailleurs ce qui foudroie, au rivage l'éclaire ;
Chaque ombre à l'horizon rend gloire au sanctuaire ;
Et tout cela lui fait, dès ici-bas meilleur,
Un monde où, par delà, son œil voit l'autre en fleur ! [2]

Il ne les en admire pas moins ; et comme Chateaubriand, comme Nodier, il rend hommage à l'œuvre civilisatrice des moines ; il admire leur héroïsme, il met leur gloire au-dessus des gloires profanes :

Les héros à qui je m'attachais surtout, en qui je m'identifiais avec une foi passionnée et libre de crainte, c'étaient les missionnaires des Indes, les Jésuites des Réductions, les humbles et hardis confesseurs des *Lettres édifiantes*. Ils étaient pour moi ce qu'à vous, mon ami, et aux enfants du siècle étaient les noms les plus glorieux et les plus décevants, ceux que votre bouche m'a

1. *Volupté*, chap. IX.
2. *Pensées d'Août* : *à l'Abbé Eustache B...*

si souvent cités, les Barnave, les Hoche, madame
Roland et Vergniaud. Dites aujourd'hui vous-même :
croyez-vous mes personnages moins grands que les plus
grands des vôtres ? Ne les croyez-vous pas plus purs que
les plus purs ? [1]

Mais il n'admire pas seulement l'action extérieure des prêtres ; il est encore plus frappé par le
côté divin de leur existence. Lui aussi est persuadé
que nos aspirations infinies ne peuvent être com-
blées que par le bien infini ; lui aussi se réfugie dans
la prière, lorsque les souffrances l'accablent ; lui
aussi partage avec tous les romantiques cette conviction que « Dieu donc et toutes ses conséquences ; Dieu, l'immortalité, la rémunération et la
peine ; dès ici bas le devoir, et l'interprétation du
visible par l'invisible, ce sont les consolations les
plus réelles après le malheur » [2]. Ce n'est donc
pas seulement un artiste, c'est aussi un sentimental. Mais ce sentimentalisme contemporain de la
crise de 1830, ne tarde pas à se vicier, et à tomber dans une corruption si grande qu'il suffira
d'oublier les échappées d'idéal qui s'y retrouvent
encore, pour que l'on arrive à l'ennui, à ce sombre
et morne spleen des *Fleurs du Mal.*

---

1. *Volupté,* chap. I.
2. Préface des *Consolations*

## II

Si Sainte-Beuve est devenu plus tard sceptique ;
s'il a borné son rôle de critique à goûter la beauté
partout où elle se trouve, dans Saint-François
de Sales comme dans Chaulieu, dans Anacréon
comme dans la Bible, sans se préoccuper d'une
vérité qu'il jugeait inaccessible, c'est qu'en fait il
n'a jamais eu aucune confiance dans la raison. Dès
ses débuts, il déclarait hautement son mépris pour
les « savants », et sa prédilection pour les poètes :

Vivre, sachez le bien, ce n'est voir ni savoir ;
C'est sentir, c'est aimer ; aimer, c'est là tout vivre.
. . . . . . . . . . . . . . . . . . . . . . . .
Oh! n'enviez jamais ces inquiets rêveurs,
Dont la vie ennuyée avec orgueil s'étale,
Ou s'agite sans but, turbulente et fatale.
Seuls, ils croient tout sentir : délires et douleurs ;
. . . . . . . . . . . . . . . . . . . . . . . .
O vous plus humbles qu'eux, vous en savez autant!
L'Amour vous a tout dit dans sa langue sublime [1].

Là encore il se rencontrait avec Baudelaire, et
une pièce tout au moins des *Fleurs du Mal*, intitulée *Châtiment de l'Orgueil*, révèle chez ce poète
une méfiance toute romantique des « grands docteurs » et de la dialectique, et une préférence pour
« l'humilité », semblable à celle de Sainte-Beuve.

---

1. *Les Consolations : A Ernest Fouinet.*

Comme chez Sainte-Beuve encore, la raison, ex-
clue, est remplacée par le sentiment, ou plutôt par
la Volupté, qui ne tarde pas à concrétiser les aspirations nébuleuses du romantisme commençant.
Nous le verrons déjà chez Joseph Delorme : mais
nous n'en sommes pas encore là. En effet, à côté
et au-dessus de cette sensualité qui commence à
s'y faire jour, on y retrouve encore les déclamations contemporaines sur l'Amour noble, l'Amour
idéal, l'Amour divin. On y retrouve aussi les confusions que nous avons déjà signalées. Sans doute
dirait-on parfois que le poète ne s'adresse qu'à
Dieu, et que cet amour de Dieu se résout en prière :

L'intelligence des choses de l'au-delà ne la remplit
qu'imparfaitement (l'âme humaine) ; elle en revient à
l'amour ; c'est l'amour surtout qui l'élève et l'initie. Une
telle âme n'a de complet soulagement que lorsqu'elle a
éclaté en prières [1].

Le poète insiste même particulièrement sur cette
prière et sur les consolations qu'elle apporte ; il y
voit la seule manière respectueuse de se présenter
devant le Très-Haut, et il saisit l'occasion de pros-
crire une fois de plus le raisonnement :

Car qui peut le louer, lui, l'Incompréhensible,
Autrement qu'à genoux, abimé dans la foi,
Noyé dans la prière ? [2]

Il y voit aussi un réconfort au milieu de l'amer-

---

1. Préface des *Consolations*.
2. *Les Consolations : A mon ami Victor Pavie.*

tume de l'existence. En implorant Dieu, il espère
arriver à oublier son isolement :

> Alors, ô saints élans, ô prière, arrivez
>
> . . . . . . . . . . . . . . . . . . . . . . . . . . . .
>
> Que je voie à genoux les anges sans paroles
>
> . . . . . . . . . . . . . . . . . . . . . . . . . . . .
>
> Peut être j'oublierai qu'ici-bas je suis seul. [1]

Mais prenons garde : l'amour humain n'est pas
loin. Déjà Sainte-Beuve reporte ses regards du
ciel sur la terre; il ne tardera pas à rencontrer un
amour de la terre qu'il prendra pour celui du
ciel :

> Est-il donc absolument interdit d'aimer en idée une
> créature de choix, quand plus on l'aime plus on se sent
> disposé à croire, à souffrir et à prier; quand plus on prie
> et plus on s'élève, plus on se sent un goût de l'aimer? [2]

Jusqu'ici rien de mal; cela pourrait très bien
s'accorder encore avec la conception chrétienne
du mariage. Mais voici qui est plus grave. Le
poète tendant de plus en plus à identifier l'une à
l'autre les diverses espèces de sentiment, en vient
à mélanger les pratiques de la dévotion avec ses
extases amoureuses :

> Je ne suis pas de ceux, vous le savez, qui retranche-
> raient toute Béatrix de devant les pas du pèlerin mortel.
> Mais souvenez-vous... de ne faire de ce culte d'une
> créature choisie qu'une forme translucide et plus saisis-
> sable du divin Amour... Fixez le rendez-vous habituel
> en la pensée de Dieu, c'est le lieu naturel des âmes.

---

1. *Poésies de J. Delorme : Stances imitées de Kirke White.*
2. *Volupté*, chap. IV.

Communiquez sans fin dans un même esprit de grâce,
chacun sous une aile du même Ange. [1]

Un pas de plus, et l'assimilation sera complète;
on en viendra à ces profanations involontaires que
Vigny saluait dans *Daphné*. L' « élégie » éveille
des accents de prière; l'amour évoque l'idée de
la Divinité :

Pleurez tout bas pour nous, idéale élégie!
Souvent à cette voix trop tendre en commençant,
La prière éveillée ajoute ses accents. [2]

Il ne lui manque plus que de dire qu'aimer est
rendre hommage à Dieu; et il le dit. La foi, chez
lui comme chez les autres, vient du cœur, et s'i-
dentifie à tout mouvement du cœur. L'amour lui
fait comprendre Dieu. L'amour lui donne la certitude :

... Mon Dieu, fais que je puisse aimer!
Aimer, c'est croire en toi...

. . . . . . . . . . . . . . . . . . . . . . . .

C'est trouver en toi seul ces mystiques fontaines,
Ces torrents de bonheur qu'a chantés un saint Roi;
C'est passer du désert aux régions certaines,
Tout entiers l'un à l'autre et tous les deux en toi. [3]

A Baudelaire aussi, l'amour apparaîtra comme
une régénération de l'homme au sortir des orgies,
et comme une expiation de ses fautes :

L'homme a, pour payer sa rançon,
Deux champs...

1. *Ibid.*, chap. XIX.
2. *Pensées d'août: Précy, octobre.*
3. *Les Consolations: A mon ami Ulric Guttinguer*

. . . . . . . . . . . . . . . . . . . . .
L'un est l'Art, et l'autre est l'Amour. [1]

\*
\*\*

... Chère Déesse, Etre lucide et pur,
Sur les débris fumeux des stupides orgies,
Ton souvenir plus clair, plus rose, plus charmant,
A mes yeux agrandis voltige incessamment. [2]

De là à perdre de vue l'idée de Dieu pour ne plus
chercher que l'amour, la distance n'est pas grande.
Sainte-Beuve et encore plus Baudelaire, la franchi-
ront facilement. A eux plus qu'à tout autre romantique s'applique l'aveu d'Amaury : « La religion,
hélas! je l'aurais accommodée sans doute aussi au
gré de mon cœur et de mes sens; j'en aurais emprunté de quoi nourrir et bercer mes fades re-
mords; j'en aurais fait un couronnement profane à
ma tendresse » [3]. Impossible de descendre plus
bas; et c'est maintenant que l'on peut voir les
conséquences de cet exclusivisme sentimental.
Observons d'ailleurs que le héros de *Volupté* parle
au conditionnel; il présume ce qui lui serait arrivé
s'il avait conservé la foi; mais il l'a perdue, et cet
échafaudage de rêveries et de chimères qu'il dé-
corait du nom de catholicisme s'est effondré au
premier choc. Sainte-Beuve comprend à merveille
que c'est au dénigrement systématique de la raison qu'il faut reporter l'origine de cette crise de
scepticisme : « La raison avait irrévocablement

1. *Fleurs du Mal: La Rançon.*
2. *Fleurs du Mal: L'Aube spirituelle.*
3. *Volupté*, chap. XII.

perdu tout empire sur l'âme du malheureux Joseph... Nul précepte de vie, nul principe de mo-
ralé, ne restait debout dans cette âme » [1]. Un peu
auparavant, il est vrai, il avait attribué cet effon-
drement à une crise de rationalisme; alors qu'il
semble bien qu'en réalité les choses se soient pas-
sécs en sens inverse. — Quoi qu'il en soit, nous
voici en pleine crise de doute : aussi ne sera-t-on
pas étonné d'en retrouver les mêmes symptômes
que chez les auteurs précédents. C'est tout d'abord
un certain désarroi devant la multitude des sectes
naissantes :

Un des traits les plus caractéristiques de l'état social
en France, depuis la chute de la restauration, c'est assurément la quantité de systèmes généraux et de plans de
réforme universelle qui apparaissent de toutes parts et
qui promettent chacun leur remède aux souffrances évi-
dentes de l'humanité. [2]

C'est aussi un très grand intérêt pris à la destinée de Lamennais, à qui Sainte Beuve applaudit
tout d'abord, qu'il cherche à réconcilier avec l'E-
glise même après les *Paroles d'un Croyant*, et à
qui il adresse ce cri douloureux, lorsqu'il doit
enfin l'abandonner au lendemain des *Affaires de
Rome* :

Rien n'est pire, sachez-le bien, que de provoquer à la
Foi les âmes et de les laisser là à l'improviste en délo-
geant. Rien ne les jette autant dans ce scepticisme qui
vous est encore si en horreur, quoique vous n'ayez plus

---

1. *Vie de Joseph Delorme.*
2. *Critiques et Portraits littéraires,* t. II. Pensées diverses.

que du vague à y opposer. Combien j'ai su d'âmes espé-
rantes que vous teniez et portiez avec vous dans votre
besace de pèlerin, et qui, le sac jeté à terre, sont de-
meurées gisantes le long des fossés ! L'opinion et le
bruit flatteur, et de nouvelles âmes plus fraîches comme
il s'en prend toujours au génie, font beaucoup oublier
sans doute et consolent : mais je vous dénonce cet oubli, dût mon cri paraître une plainte ! [1]

C'est aussi — mais pour peu de temps — un certain pragmatisme; et Sainte Beuve paraît avoir
tout d'abord conçu son *Port-Royal* non seulement
comme une étude intéressante de psychologie religieuse, mais comme un exemple capable de réagir contre les corruptions modernes :

Que la vérité du fond soit où l'on voudra! (il s'agit
de la doctrine de Pascal comparée à celle de Voltaire).
Que suis-je pour trancher ici de la vérité absolue? Mais,
à ne voir que le résultat moral, je sens, et chacun avec
moi sentira, d'un côté une opinion qui, sous prétexte
d'être naturelle, rabaisse l'homme comme à plaisir et
s'amuse à son néant; et de l'autre une doctrine qui,
humble à la fois et généreuse, exige beaucoup de la nature humaine, et qui met tout son effort, tout son tour-
ment à l'élever. [2]

Mais bientôt se rompt ce dernier fil ténu qui
rattache Sainte Beuve à l'orthodoxie; car il est
bien entendu, n'est-ce pas, que nombre de dogmes
traditionnels n'ont aucun rapport avec la morale
et qu'on peut aisément s'en passer. On s'en tiendra donc, faute de mieux, à la religion de *Jocelyn*,

1. *Ibid.*, t. IV. *Affaires de Rome.*
2. *Port-Royal*, liv. IV, chap. xx.

à « ces sentiments de christianisme moral, sans prétention dogmatique, du christianisme qui n'a plus la prière du soir en commun, mais qui (en attendant ce que réserve l'avenir) peut se nourrir encore par de touchants exemples et des effusions affectueuses [1] ». On simplifiera la doctrine autant que possible, on se débarrassera des subtilités ecclésiastiques, on élargira le dogme pour sauver du naufrage le plus d'êtres que l'on pourra :

Que faire? — Au moins sauver le projet dans son sein,
En garder le désir et l'idéal dessein ;

. . . . . . . . . . . . . . . . . . . . . . . .
Quelque chose de bon, de confiant au Ciel,
De tolérant...

. . . . . . . . . . . . . . . . . . . . . . . .
Religion clémente à tout ce qui soupire,
Christianisme universel! [2]

Il ne semble pas ailleurs que Sainte-Beuve se soit résigné sans peine à rester désormais hors de l'Eglise. Sans doute, avec ces romantiques du second rang, il n'est pas aisé de discerner ce qui est sincère de ce qui n'est qu'une imitation des grands premiers rôles. On pourrait remarquer que nombre des textes dont nous nous servons ici sont tirés des *Poésies de Joseph Delorme*, et par conséquent antérieurs à bien des poésies chrétiennes que nous citions précédemment. Mais son appel à Lamennais paraît sincère, et il n'est pas impossible d'admettre chez lui des alternatives de doute

1. *Critiques et Portraits littéraires*, t. IV : *Jocelyn*.
2. *Pensées d'août* : *Précy, octobre*.

et de croyance qui peut-être fusionnèrent très tôt
dans une sorte de dilettantisme. — En tous cas, à
ne considérer que les textes, on le voit pleurer la
foi disparue,

> Mais où la retrouver, quand elle s'est perdue,
> Cette humble foi du cœur?... [1]

On ne peut la chercher à Rome, car Sainte
Beuve « n'espère rien actuellement de Rome et de
ce qui y règne » : [2]

> Si le Christ m'attendrit, Rome au moins m'embarrasse.
> . . . . . . . . . . . . . . . . . . . . . . .
> Je me dis de ne pas, tout d'abord, me heurter,
> De croire et de m'asseoir, de me laisser porter,
> . . . . . . . . . . . . . . . . . . . . . . .
> Je dis, et malgré tout, cœur libre et populaire,
> Chaque fois que j'aspire à l'antique rocher,
> Maint aspect tortueux m'interdit d'approcher! [3]

L'épithète de « cœur libre et populaire » nous
indique la nature des obstacles qui séparent Sainte-
Beuve de l'Eglise. Ils sont analogues à ceux auxquels s'était buté Lamennais. Il n'en aspire pas
moins à la certitude ; il affirme aux « prêtres » que
tout son siècle y aspire comme lui :

> Le Siècle est, dites-vous, impie ; — il ne l'est pas ;
> Il est malade, hélas! il soupire, il espère ;
> . . . . . . . . . . . . . . . . . . . . . . .

---

1. *Poésies de Joseph Delorme : Les Rayons jaunes.*
2. *Critiques et Portraits littéraires*, t. II. *Paroles d'un Croyant.*
3. *Pensées d'août : Précy, octobre.*

Il garde du passé la mémoire fidèle
Et l'emporte au désert; — dès qu'on lui montrera
Un temple où poser l'arche, une enceinte nouvelle,
Tombant la face en terre, il se prosternera! [1]

Mais ces aspirations, mais ces velléités ne sont
pas suivies de résolutions; mais ces appels laissent
Dieu sourd; cette Providence tant et si mal implo-
rée ne retire pas ces âmes de l'abîme où elles ont
tout fait pour parvenir. Comme les anciens, dit
Sainte-Beuve, dans cette époquë de malaise qui
précéda l'avènement du christianisme,

Comme eux j'erre incertain, en proie aux sens fougueux,
Cherchant la vérité, mais plus coupable qu'eux;
Car je l'avais, Seigneur, cette vérité sainte...
. . . . . . . . . . . . . . . . . . . . . . . .
Qu'ai-je fait de tes dons? —J'ai blasphémé, j'ai fui. [2]

Et il ajoute ces deux vers qui donnent bien la
mesure de ces demi-volontés incapables de passer
à l'action :

Pour arriver à toi, c'est assez de vouloir.
Je voudrais bien, Seigneur; je veux; pourquoi ne puis-
je ? [3]

Ah! que le poète se connaissait bien, lorsqu'il
définissait ainsi son état d'esprit et celui du public
dont il était l'interprète :

... J'étais déjà ce que je suis,
Etre faible, inconstant, qui veux et qui ne puis;

---

1. *Les consolations* : *A mon ami P. Mérimée.*
2. *Ibid.*, *A M. Viguier.*
3. *Ibid.*

Comprenant par accès la Beauté sans modèle,
Mais tiède, et la servant d'une âme peu fidèle. [1]

Nous trouverons dans Baudelaire des accents
tout semblables. Incapable de s'élever à la foi, il
n'arrive même pas à la vertu :

Mieux que tous, je connais certain voluptueux
Qui bâille nuit et jour, et se lamente et pleure,
Répétant, l'impuissant et le fat : « Oui, je veux
    Etre vertueux, dans une heure! » [2]

Et en effet, arrivé à ce degré de dissolution, le
romantisme devient du baudelairisme. — On finit
par en prendre son parti; on se dit, comme Musset, que peut-être notre douleur, notre tristesse
inguérissable compenseront devant le Créateur les
fautes que nous avons commises :

Soyez béni, mon Dieu, qui donnez la souffrance
Comme un divin remède à nos impuretés
Et comme la meilleure et la plus pure essence
Qui prépare les forts aux saintes voluptés! [3]

Et là-dessus, s'emparant avidement du dernier
principe encore vivant, c'est-à-dire de l'Amour,
on y recherche une consolation et un remède contre le doute : « Aimer, être aimé, déclare Amaury,
unir le plaisir à l'amour, me sentir libre en res-
tant fidèle, garder ma secrète chaîne jusqu'en de
passagères infidélités;... telle était la guérison
malade qui m'aurait suffi. » [4] Mais on sent que

1. *Ibid.*, *A mon ami Antonin Deschamps.*
2. *Fleurs du Mal*: *L'Imprévu.*
3. *Ibid.*, *Bénédiction.*
4. *Volupté*, chap. XII.

l'amour ainsi compris dégénère facilement en débauche; et comme cette débauche elle-même est
insatiable, force est de l'assaisonner par des con-
diments toujours plus âcres. Un moment viendra
où, incapables d'aller plus loin, on sentira s'éva-
nouir le sentiment et même la sensualité; et plus
rien ne subsistera des principes idéalistes du romantisme commençant.

## III

Il n'est pas étonnant qu'après avoir perdu de
vue la religion traditionnelle, Sainte-Beuve et Baudelaire et ceux qui leur ressemblent se soient
adressés à l'amour: d'abord, comme nous l'avons
déjà vu, parce que, de tous les principes qui
avaient fait triompher le romantisme, celui-là seul
paraissait rester intangible et vivifiant; ensuite
parce qu'une fois l'idée de Dieu écartée, c'était là
sans doute l'expression la plus éloquente de l'i-
déal; enfin, parce que, s'étant habitués à faire du
sentiment la base de toute croyance et de toute
morale, il était naturel de s'y réfugier contre les
bassesses de la vie. D'ailleurs la sensualité de Joseph Delorme étouffe son spiritualisme, et Baudelaire surtout ne voit dans l'amour qu'une jouissance physique. Aussi furent-ils tôt désillusion-
nés: ils n'en ont pas moins cru un instant que la
« volupté » pouvait leur tenir lieu de religion, et
qu'elle leur permettrait d'éviter ces défaillances
dont on ne se relève pas:

Ils marchent devant moi, ces yeux pleins de lumière

. . . . . . . . . . . . . . . . . . . . .

Me sauvant de tout piège et de tout péché grave,
Ils conduisent mes pas dans la route du Beau. [1]

Par là disparaît un des deux éléments qui tenaient lieu de vérité aux romantiques. Le Bien
s'efface devant le Beau, qui devient le seul but de
la vie. Hugo déjà avait lancé un manifeste de l'Art
pour l'Art dans la préface de ses *Orientales*. Mais
ce recueil même ne constituait nullement une application de cette théorie ; le chantre de la révolution grecque prenait ardemment parti dans les
luttes politiques, loin de se renfermer dans le culte
de la Beauté. Baudelaire, lui, exigera du poète
qu'il se voue exclusivement à la forme. Dans la
vie pratique comme dans la littérature, il applau-
dira à toute action qui sera pour l'humanité une
source de beautés nouvelles : « Que le mangeur
d'opium, écrivait-il à propos de Quincey, n'ait jamais rendu à l'humanité de services positifs, que
nous importe ? Si son livre est *beau*, nous lui devons de la gratitude ». [2] — A plus forte raison
lorsqu'il s'agit de l'amour, qui, dans un moment
de lucidité, pourra bien lui sembler « une contre-
religion, une religion satanique » [3], mais qui, d'ordinaire, se confondant avec la recherche passionnée de la beauté, paraît le plus sûr moyen de
relever la condition humaine. « Volupté, sois toujours ma reine », s'exclame Baudelaire [4] ; et, sans

---

1. *Fleurs du Mal* : *Le Flambeau vivant.*
2. *Paradis artificiels. Un mangeur d'opium,* chap. v.
3. *L'Art romantique. Richard Wagner.* III.
4. *Fleurs du Mal* : *La Prière d'un Païen.*

plus se préoccuper de l'origine divine ou satanique de la passion, il en fait une fin en soi :

> Que tu viennes du ciel ou de l'enfer, qu'importe,
> O Beauté! monstre énorme, effrayant, ingénu,
> Si ton œil, ton souris, ton pied m'ouvre la porte
> D'un infini que j'aime et n'ai jamais connu!
> De Satan ou de Dieu, qu'importe? [1]

C'est en effet toujours l'infini que l'on recherche. Le mal de René, loin de s'apaiser, ainsi que Chateaubriand l'avait promis, dans la paix de la foi chrétienne, est devenu toujours plus aigu, toujours plus obsédant, à mesure que le siècle croissait en âge; et, finissant par renoncer à poursuivre le bonheur du ciel, on se rejette sur les délices de la terre. « J'ai lu *René* et j'ai frémi, dit Amaury, je m'y suis reconnu tout entier... Et pourtant mon mal était bien à moi, moins vague, moins altier et idéal que celui que j'admirais ». [2] — En effet, les aspirations flottantes du confident de Chactas se sont précisées; la Sylphide a pris corps; ce n'est plus dans les bois de Combourg, c'est sur le pavé des grandes villes que les poètes cherchent à assouvir leur soif de bonheur; et l'on justifie ainsi les écarts de conduite les plus répréhensibles. [3] « Qu'est toute la science auprès d'un sein pâmé? [4] » dira-t-on; et les victimes de l'amour apparaîtront comme des holocaustes infiniment agréables à Dieu :

> Ces célestes amours ne tombent que pour remonter

---

1. *Ibid., Hymne à la beauté.*
2. *Volupté,* chap. XII.
3. Cf. *Poésies de Joseph Delorme. Le Rendez-vous.*
4. *Ibid., Sonnet.*

bientôt, au risque sans cela de se perdre et de s'altérer, ils se naissent qu'à condition de mourir vite et de tuer leurs victimes. Rémission soit faite par vous, Dieu du ciel, à vos créatures consumées [1]!

De même Baudelaire saluera dévotement les « femmes damnées, chercheuses d'infini » :

Vous que dans votre enfer votre âme a poursuivies,
Pauvres sœurs, je vous aime autant que je vous plains
Pour vos mornes douleurs, vos soifs inassouvies,
Et les urnes d'amour dont vos grands cœurs sont pleins [2].

On remarquera la différence de ton. Beaucoup plus que Sainte-Beuve, Baudelaire a saisi le néant de la volupté. Passionné à froid, le critique dilettante finit d'ailleurs par ramener son héros à la foi, tandis que plus on avance dans les *Fleurs du mal*, plus s'accumulent les ténèbres de l'angoisse et de l'incertitude.

C'est en vain que le poète s'efforce d'en prendre son parti, et déclare adorer la beauté réelle ou imaginaire :

Mais ne suffit-il pas que tu sois l'apparence
Pour réjouir un cœur qui fuit la vérité ?
Q'importe ta bêtise ou ton indifférence?
Masque ou décor, salut, j'adore ta beauté [3].

Toujours il se heurte à la même Vénus, froide et implacable, qui « regarde au loin je ne sais quoi avec ses yeux de marbre [4] ». — Le poète cherche à se dégager ; il insulte l'objet de sa passion :

1. *Volupté*, chap. xviii.
2. *Fleurs du Mal* : *Femmes damnées.*
3. *Fleurs du Mal* : *L'Amour du mensonge.*
4. *Petits poèmes en prose. Le Fou et la Vénus.*

> Infâme à qui je suis lié
> Comme le forçat à sa chaine
> . . . . . . . . . . . . . .
> Maudite, maudite sois-tu ! [1]

Ces voluptés qui tout à l'heure lui apparaissaient si captivantes ne lui inspirent plus que du dégoût; et Sainte-Beuve aussi bien que Baudelaire témoigne de cet état d'esprit :

Chaque fois que, du sein de ces ondes mobiles et contradictoires où nous errons, le bras du Puissant nous replonge dans le courant secret et glacé, dans cette espèce de Jourdain qui se dirige, d'une onde rigoureuse, au-dessus des tiédeurs et des corruptions de notre Océan, à chaque fois nous éprouvons ce même frisson de dégoût soulevé par l'idée de la Sirène, et nous vomissons les joies de la chair [2].

On en vient à nier l'amour. Non seulement la sensation a pris la place du sentiment, mais elle-même finit par disparaître. Ces vices auxquels on ne peut s'arracher n'inspirent plus que du dégoût :

> Dans ton île, ô Vénus! je n'ai trouvé debout
> Qu'un gibet symbolique où pendait mon image...
> Ah! Seigneur, donnez moi la force et le courage
> De contempler mon cœur et mon corps sans dégoût [3]!

Que faire désormais ? Revenir à la religion traditionnelle? D'aucuns le tenteront, et c'est là proprement en quoi consiste la crise morale de 1830;

---

1. *Fleurs du Mal. Le Vampire.*
2. *Volupté*, chap. VIII.
3. *Fleurs du Mal. Un Voyage à Cythère.*

Amaury, le héros de *Volupté*, y parviendra. Mais
bien peu seront assez persévérants pour suivre son
exemple jusqu'au bout ; la plupart ne pourront atteindre au delà de ce stade intermédiaire où « la
volonté ne veut pas, et la grâce d'en haut glisse
comme une lueur [1] ». Déçus une fois de plus, il ne
leur reste plus d'autre alternative que de se remet-
tre à la poursuite de jouissances toujours plus
âcres, et qui bientôt ne suffisent plus à des êtres
toujours plus blasés. « Telle est la loi de la vie,
écrit Baudelaire, que, qui refuse les jouissances pures de l'activité honnête, ne peut sentir que les jouissances terribles du vice. Le péché contient son enfer, et la nature dit de temps en temps à la douleur
et à la misère : Allez vaincre ces rebelles [2] ». Et
Amaury constate avec effroi « que la volupté est la
transition, l'initiation, dans les caractères sincères
et tendres, à des vices et à d'autres passions basses... Elle m'a fait concevoir l'ivrognerie, la gour-
mandise... [3] » — Encore ne serait-ce rien si l'on
s'en tenait au vin : le vin reste « profondément
humain, et j'oserais presque dire homme d'action[4] » ; il l'est du moins en comparaison de ces
drogues infernales, le haschisch et l'opium, auxquelles finit par recourir l'homme en quête de « paradis artificiels ». — Parallèlement à ces déprava-
tions se développe l'ambition, chez ceux dont l'âme
est restée assez forte pour affronter la cohue de la
foule [5] ; parallèllement se développe la méchanceté,

---

1. *Volupté*, chap. vii.
2. *L'Art romantique* : *L'Art païen*.
3. *Volupté*, chap. x.
4. *Les Paradis artificiels. Du vin et du haschisch*, chap. ii.
5. *Volupté*, chap. xii.

que l'on porte jusque dans l'amour, afin de rendre par un dernier excitant un peu de vie à l'âme usée :

> Que m'importe que tu sois sage !
> Sois belle, et sois triste ! Les pleurs
> Ajoutent un charme au visage [1],

dira Baudelaire, et Sainte-Beuve, tout aussi explicite :

> Qui dira les fuites, les instincts sauvages, la crainte des hommes, où tombe l'esclave des délices ? Qui dira... l'expression sinistre de son front et la dureté de ses regards [2] ?

Après quoi, il ne reste plus guère qu'une chose à faire : après s'être livré au mal sous toutes ses formes, l'adorer sous le nom de Satan. Sainte-Beuve recule devant ce dernier pas ; Baudelaire — ou l'être que Baudelaire met en scène — n'hésite pas à le franchir. Dès le début, il avait des bravades d'impiété :

> Aujourd'hui, date fatidique,
> Vendredi, treize, nous avons,
> Malgré tout ce que nous savons,
> Mené le train d'un hérétique.
> Nous avons blasphémé Jésus ...[3]

Il finit par se prosterner pour tout de bon devant « l'Enfer où son cœur se plaît [4] » et devant son

---

1. *Fleurs du Mal. Madrigal triste.*
2. *Volupté,* chap. **xx.**
3. *Fleurs du Mal. L'Examen de minuit.*
4. *Ibid., Horreur sympathique.*

monarque diabolique. Il lui adresse des litanies où
il n'est pas indifférent de signaler, outre une expression empruntée à George Sand, une dernière
trace de la conception romantique de l'amour et de
la pensée libre :

> O Prince de l'exil, *à qui l'on a fait tort* [1],
> Et qui, vaincu, toujours te redresses plus fort...
> . . . . . . . . . . . . . . . . . . . . . . . .
> Toi qui, même aux lépreux, aux parias maudits,
> Enseignes par l'amour le goût du Paradis...
> . . . . . . . . . . . . . . . . . . . . . . . .
> Bâton des exilés, lampe des inventeurs,
> Confesseur des pendus et des conspirateurs,
> O Satan, prends pitié de ma longue misère [2] !

Mais il vient une heure où le satanisme lui-
même ne suffit plus, où plus rien n'arrive à galvaniser la morne somnolence du poète. Après avoir
invoqué en vain l'amour, les orgies, la cruauté,
Satan lui-même, il se retrouve face à face avec
son inguérissable ennui. « Lasciate ogni speranza,
voi ch'entrate » .. Ces âmes qui se sont engagées
dans les labyrinthes du vice ont perdu définitivement tout espoir. Les regards qu'elles jettent vers
le ciel le trouvent fermé, et rien ne peut les distraire de leurs souffrances :

> . . . . . . L'Espoir,
> Vaincu, pleure, et l'angoisse atroce, despotique,
> Sur mon crâne incliné plante son drapeau noir [3].

---

1. Cf. George Sand, *Consuelo.*
2. *Litanies de Satan.* Cf. sur le mouvement sataniste,
notre note, p. 296.
3. *Spleen.*

La vie n'apparaît plus désormais que comme une longue promenade souterraine :

Rien n'égale en longueur les boiteuses journées,
Quand sous les lourds flocons des neigeuses années,
L'ennui, fruit de la morne incuriosité,
Prend les proportions de l'immortalité [1].

« Vivre est un mal [2] ». Ne vaut-il pas mieux dès lors s'affranchir de la vie ? Les héros de George Sand recouraient au suicide lorsqu'ils ne pouvaient assouvir leur passion ; il semble logique d'imiter leur exemple lorsqu'on désespère de fixer sur un objet quelconque ses aspirations toujours déçues. Et c'est bien au suicide qu'avait songé Joseph Delorme. Il se plaisait même à combiner les manières les plus raffinées de se donner la mort [3]. Baudelaire aussi, ou l'homme qu'il représente, songe à ce dernier procédé qui lui permettrait d'éprouver des émotions inédites :

Nous voulons, tant ce feu nous brûle le cerveau,
Plonger au fond du gouffre, Enfer ou Ciel, qu'importe ?
Au fond de l'inconnu pour trouver du *nouveau* [4] !

Mais il craint d'être encore déçu, et d'être dupé par la tombe. Il voudrait y trouver le néant, il redoute d'y revoir la vie :

. . . . . Dans la fosse même,
Le sommeil promis n'est pas sûr ;

---

1. *Spleen.*
2. *Fleurs du Mal : Semper eadem.*
3. *Le Suicide. Le Creux de la Vallée.*
4. *Fleurs du Mal : Le Voyage.*

. . . . . . . . . . . . . . .

Envers nous le néant est traitre,

. . . . . . . . . . . . . .

. . . . Tout, même la mort, nous ment [1].

Et cette vie future, il tremble de la trouver pareille à la nôtre, aussi monotone, aussi fastidieuse :

J'étais mort sans surprise, et la terrible aurore
M'enveloppait. — Eh ! quoi ! n'est-ce donc que cela ?
La toile était levée et j'attendais encore [2].

Il est bien condamné sans retour ; il est bien en proie à Satan : nul ne pourra le dégager « des plaines de l'Ennui, profondes et désertes », où l'entraîne son désir [3]. Le sentiment est depuis longtemps éteint ; la sensation, la volupté, suprême essor d'une âme brisée, finit par disparaître aussi, faisant place à la satiété. Et rien ne reste plus des trois aspects de la religion qui sont aussi les trois aspects de toute vie complète : vérité, beauté et bonté. Tout est vide, tout est désert ; le romantisme a consommé son œuvre ; il ne peut plus exister de pensée qu'à la condition de s'en dégager. Aussi ne nous étonnerons-nous pas de voir une réaction s'affirmer de toutes parts vers l'année 1850 ; et nous ne nous étonnerons pas non plus que celui qui a pénétré le plus profondément dans l'abîme du mal du siècle, Charles Baudelaire, soit aussi un de ceux chez lesquels com-

1. *Ibid.*, *Le squelette laboureur.*
2. *Ibid.*, *Le Rêve d'un Curieux.*
3. *Ibid.*, *La Destruction.*

mencent à s'entrevoir nettement [les symptômes d'un retour au bon sens et d'une répudiation complète du romantisme.

## IV

Sainte-Beuve, lui non plus, n'avait pas pu s'adonner longtemps à la poésie malsaine de *Joseph Delorme* et au roman dans le genre de *Volupté*. Il en conserva toute sa vie une pointe de libertinage ; mais, ayant trouvé de bonne heure sa vocation dans la critique, il ne tarda pas à y borner son activité littéraire. Et il faut bien dire qu'il y manifeste ordinairement un grand bon sens et une grande netteté de vues. De plus en plus hostile au romantisme, il finit par le ranger avec l'humanitarisme au nombre de ces « maladies, que les jeunes talents doivent presque nécessairement traverser ; ils deviennent, ajoutait-il, d'autant plus mûrs qu'ils s'en dégagent plus complètement[1] ». Malheureusement, comme les plus illustres représentants de cette génération de 1850 qu'il contribua à former et avec laquelle sa mentalité finit par se confondre, — d'accord avec Taine, avec Renan, avec ce Flaubert qu'il n'aimait pas — il reste d'autant plus hostile à la religion catholique qu'il lui impute la responsabilité du romantisme. Il substitue au mysticisme de 1830 un matérialisme bourgeois, et,

1. *Critiques et Portraits littéraires*, t. V. Pensées et fragments.

tout en contribuant à ramener la littérature à la morale et au bon goût, il montrera, à l'égard de la religion, une indifférence dédaigneuse. Dans cette seconde partie de sa vie, il est encore beaucoup plus éloigné de la foi que dans la première ; la réaction contre le romantisme l'écarte encore de l'Eglise. Il n'en va pas ainsi de Baudelaire.

D'abord, on ne peut pas l'identifier à la légère avec le personnage qu'il met en scène dans son livre. Lui-même nous a mis en garde contre une pareille assimilation. « Fidèle à son douloureux programme, disait-il dans une note de la première édition des *Fleurs du mal*, l'auteur des *Fleurs du mal* a dû, en parfait comédien, façonner son esprit à tous les sophismes, comme à toutes les corruptions ». Peut-être est-ce prudence à l'égard de ces tribunaux qui ne pouvaient manquer de le poursuivre ; peut-être aussi son satanisme est-il une forme de son dandysme, ainsi que l'insinue M. Jacques Boulenger [1]. On ne saurait nier en tous cas que ses œuvres en prose nous révèlent un esprit singulièrement plus sain qu'on ne le croirait à la lecture de son poème, un esprit même qui, sur beaucoup de points, voit plus juste que ses devanciers. Sans doute se dit-il romantique, puisqu'il intitule même un de ses recueils : l'*Art romantique* ; mais il détourne le mot de sa signification. Loin

---

1. « L'esprit de Baudelaire, son âme est profondément romantique : comment s'étonner que le personnage dont il a voulu jouer le rôle le soit aussi ? Il aurait pu choisir de jouer l'amant foudroyé, par exemple ; il a préféré un rôle plus amusant : il a voulu personnifier le dandy satanique ». (*L'Opinion* du 9 avril 1921.)

d'attribuer au sentiment la prédominance exclusive que lui accordaient les disciples de Rousseau, il tance les artistes pour qui la fantaisie est la seule règle. « Voilà, dit-il en morigénant le peintre Boulanger, voilà les dernières ruines de l'ancien romantisme ; — voilà ce que c'est que de venir dans un temps où il est reçu de croire que l'inspiration suffit et remplace le reste ; — voilà l'abîme où mène la course désordonnée de Mazeppa [1] ».

Pas plus dans la littérature que dans les beaux-arts, il n'admettra « la poésie du cœur » : « Pendant l'époque désordonnée du romantisme, l'époque d'ardente effusion, on faisait souvent usage de cette formule : *la poésie du cœur !* On donnait ainsi plein droit à la passion ; on lui attribuait une sorte d'infaillibilité. Combien de contre-sens et de sophismes peut imposer à la langue française une erreur d'esthétique ! Le cœur contient la passion, le cœur contient le dévouement, le crime ; l'imagination seule contient la poésie [2] ». Et voilà des accents tout semblables à ceux de l'auteur des *Causeries du Lundi* lorsqu'il rendait compte des derniers ouvrages de Chateaubriand ou de Lamartine.

Contrairement encore aux romantiques, Baudelaire maudit la Nature. Il la juge froide et hostile sous sa fallacieuse beauté. « Nature, enchanteresse sans pitié, rivale toujours victorieuse, laisse-moi ! » s'écrie-t-il [3]. Vigny, seul jusqu'à lui, avait osé s'émanciper à ce point des sophismes de Jean-Jac-

---

1. *Curiosités esthétiques : Salon de 1845.*
2. *L'Art romantique. Théophile Gautier*, III.
3. *Petits poèmes en prose. Le confiteor de l'Artiste.*

ques Rousseau. Mais Vigny restait humanitaire, tandis que Baudelaire, de même que Sainte-Beuve ou que Leconte de Lisle, nie la bonté de l'homme naturel : « Passez en revue, analysez tout ce qui est naturel, toutes les actions et tous les désirs du pur homme naturel, vous ne trouverez rien que d'affreux. Tout ce qui est beau et noble est le résultat de la raison et du calcul [1] ». Ainsi rentre dans la littérature cette notion du péché que tout le développement du romantisme avait contribué à en exclure. Désormais, un acte ne sera plus légitime parce que naturel ; ce serait plutôt une raison de s'en défier, puisque notre nature est corrompue par la chute du premier homme : « Hélas ! du Péché Originel, même après tant de progrès depuis si longtemps promis, il restera toujours bien assez de traces pour en constater l'immémorable réalité [2] ». Par ricochet, il jette ainsi à terre l'idée de progrès, qui « se dresse avec une absurdité gigantesque, une grotesquerie qui monte jusqu'à l'épouvantable [3] », et qui n'en constituait pas moins un des articles fondamentaux du Credo de George Sand. Ici encore, et bien qu'aucun texte n'établisse que Sainte-Beuve partage ces idées, Baudelaire se trouve en complet accord avec un système de critique qui aboutissait à préférer aux plus grands noms des temps présents les plus petites gloires du passé.

Une autre version qu'il restaure, — une croyance

---

1. *L'Art romantique. Le Peintre de la Vie moderne*, XI.
2. *Ibid., Critique littéraire. Les Misérables*, IV.
3. *Curiosités esthétiques. Exposition universelle de 1855*, I.

sur laquelle se taisaient prudemment les premiers
romantiques, une doctrine que niaient par « tolérance » Charles Nodier ou Lamartine et que transformait George Sand pour en faire l'apothéose de
la révolte — c'est l'existence du démon. Nous n'en-
tendons pas parler ici des blasphèmes contenus
dans *Révolte,* bien qu'ils aient aussi leur sens, bien
que ce ne soit pas en vain que Baudelaire les a pla-
cés non loin de la fin de son livre, et qu'ils indiquent nettement comment la pratique des vices se
résume en l'adoration de Satan. Mais nous voulons
dire que le poète croit fermement en l'existence
du Séducteur ; il en est hanté, il le voit partout, il
lui attribue l'origine de nos fautes et de nos péchés,
— loin de les excuser ou d'en tirer gloire à la façon
des romantiques. Il attribue au Démon cette soif
de voluptés qui se résout, par une ironie diabolique, en un désespérant ennui :

> Sans cesse à mes côtés s'agite le Démon
> . . . . . . . . . . . . . . . . . .
> Et m'emplit d'un désir éternel et coupable.
> . . . . . . . . . . . . . . . . . .
> Il me conduit ainsi, loin du regard de Dieu.
> Haletant et brisé de fatigue, au milieu
> Des plaines de l'Ennui, profondes et désertes [1].

Il exagère même, et rapporte à une origine satanique des actions bien innocentes... Passe encore
quand il voit une incarnation de Satan dans le haschisch ou dans l'opium :

> Les poisons excitants me semblent non seulement un

---

1. *Fleurs du Mal: La Destruction.*

des plus terribles et des plus sûrs moyens dont dispose
l'Esprit des Ténèbres pour enrôler et asservir la déplorable humanité, mais même une de ses incorporations les
plus parfaites [1].

Mais nous ne pouvons nous empêcher de hausser
les épaules quand il proclame que « l'art moderne
a une tendance essentiellement démoniaque [2] », ou
que « le comique est un des plus clairs signes sata-
niques de l'homme et un des nombreux pépins
contenus dans la pomme symbolique », car « le
rire vient de l'idée de sa propre supériorité, idée
satanique s'il en fut jamais [3] »! Parle-t-il sérieusement? nous mystifie-t-il? Mais il attribue à la
mystification même une origine diabolique :

L'esprit de mystification,... résultat... d'une inspiration fortuite,... participe... de cette humeur hystérique
selon les médecins, satanique selon ceux qui pensent un
peu mieux que les médecins, qui nous pousse sans résistance vers une foule d'actions dangereuses ou inconve-
nantes [4].

D'ailleurs, une simple mystification ne donnerait
guère la raison suffisante d'une œuvre de si longue
haleine. Et puisque d'autre part on ne peut la prendre à la lettre, et que beaucoup de textes nous obligent à séparer l'auteur de son héros, on voit que
la thèse de Baudelaire poète chrétien, soutenue
par M. Gonzague de Reynold, ne manque pas de

---

1. *Paradis artificiels. Le poème du haschisch*, chap. IV.
2. *L'art Romantique. Réflexions sur mes Contemporains*,
VII.
3. *Curiosités esthétiques. De l'Essence du Rire*, III.
4. *Petits poèmes en prose. Le Mauvais Vitrier.*

vraisemblance. Elle ne paraît pas exacte cependant ; certaines déclarations du poète semblent
l'infirmer ; et, si l'on cherche par ses œuvres en
prose à se rendre compte des croyances de Baudelaire, on constate que, de même que celles de
Sainte-Beuve à l'époque de *Volupté*, elles sont assez faloles, assez vacillantes, et se ressentent de
l'indécision provoquée par le romantisme.

Sans doute parle-t-il avec respect de la religion
catholique : il l'appelle « notre religion », et s'il
lui arrive d'en parler comme d'une « fiction », il
s'empresse d'expliquer sa pensée de manière à
nous enlever tout prétexte de douter de sa foi :

> Je parle exprès comme parlerait un athée professeur
> de beaux-arts, et rien n'en doit être conclu contre ma
> foi [1]...

Il nous dit ailleurs que « par le simple bon sens,
Eugène Delacroix faisait un retour vers l'idée catholique [2] » ; il professe que, pour la littérature
moderne, « renier les efforts de la société précédente, chrétienne et philosophique, c'est se suici-
der [3] » ; et l'on remarquera une fois de plus que
ce catholicisme est de bon aloi, qu'il n'est pas basé
sur le sentiment comme la religion des romantiques et que la foi s'y trouve intimement liée au
« bon sens » et à la « philosophie ». — Mais il est
assez difficile de concilier ces déclarations avec

---

1. *Curiosités esthétiques. Salon de 1859*, V.
2. *L'Art romantique. L'OEuvre et la Vie d'Eugène Delacroix*, VII.
3. *Ibid., l'Art païen*

d'autres phrases où il parle du séminaire comme
d'une « odieuse tyrannie » :

Il est bon que chacun de nous, une fois dans sa vie,
ait éprouvé la pression d'une odieuse tyrannie. Il apprend
à la haïr. Combien de philosophes a engendré le séminaire [1] !

Comment les concilier surtout avec ce passage,
qui, il est vrai, date de 1846, et n'exprime peut-
être qu'une opinion de jeunesse :

D'autres, croyant à une société catholique, ont cherché à refléter le catholicisme dans leurs œuvres. — S'appeler romantique et regarder systématiquement vers le
passé, c'est se contredire [2].

Tout cela porte la trace de variations ou tout au
moins d'incertitudes, qui, dans l'hypothèse d'une
conception catholique des *Fleurs du mal*, auraient
dû avoir quelque influence sur la composition du
livre. Il est vrai, un passage de Baudelaire, relatif
au peintre Constantin Guys, semble donner raison
à ceux qui veulent y voir une œuvre à intention
morale, et, sous prétexte de définir le talent de cet
artiste, donner une véritable explication de sa doctrine :

Si par hasard, quelqu'un malavisé cherchait dans ces
conceptions de M. G., disséminées un peu partout, l'occasion de satisfaire une malsaine curiosité, je le préviens
charitablement qu'il n'y rencontrera rien de ce qui peut
exciter une imagination malade. Il ne rencontrera rien

---

1. *Ibid.*, *Pierre Dupont.*
2. *Curiosités esthétiques. Salon de 1846.*

que le vice inévitable, c'est-à-dire le regard du démon
embusqué dans les ténèbres, ou l'épaule de Messaline
miroitant sous le gaz, rien que l'art pur, c'est-à-dire, la
beauté particulière du mal, le beau dans l'horrible. Et
même pour le redire en passant, la sensation générale
qui émane de tout ce capharnaüm contient plus de tristesse que de drôlerie. Ce qui fait la beauté particulière
de ces images, c'est leur fécondité morale. Elles sont
grosses de suggestions, mais de suggestions âpres, cruelles, que ma plume, bien qu'accoutumée à lutter contre
les représentations plastiques, n'a peut-être traduites
qu'imparfaitement [1].

Mais cette citation n'est pas aussi convaincante
qu'elle le paraît de prime abord ; et ces mots « d'art
pur », de « beau dans l'horrible », indiquent chez
Baudelaire moins d'admiration pour le sens que
pour la forme d'un tel ouvrage. On pourrait d'ailleurs opposer à ce texte des passages même fort
étendus, qui, pour peu qu'on les prenne à la lettre,
feraient voir en Baudelaire un dilettante du vice
et un amateur de scandale. C'est ainsi qu'il con-
fiait à un de ses amis, au lendemain des *Fleurs du
Mal* :

Faut-il vous dire, à vous qui ne l'avez pas plus deviné
que les autres, que dans ce livre atroce, j'ai mis tout
mon cœur, toute ma tendresse, toute ma religion, toute
ma haine ? Il est vrai que j'écrirai le contraire, que je
jurerai mes grands dieux que c'est un livre d'art pur, de
singerie, de jonglerie, et je mentirai comme un arracheur
de dents.

---

1. *L'Art romantique. Le Peintre de la Vie moderne*, XII.

Et pourtant — en admettant qu'il ne s'agisse pas ici d'une fanfaronnade et, encore une fois, d'une mystification, — une pareille citation ne peut infirmer les textes que nous avons cités précédemment, et qui souvent datent d'une époque où aucun souci de prudence ne pouvait obliger Baudelaire à déguiser ses sentiments. Mais on voit que si catholicisme il y a, il a été singulièrement flottant et irrésolu, et peut-être même entrecoupé par des accès d'anticléricalisme. Ce n'est pas une doctrine religieuse qui nous donnera la raison suffisante d'une œuvre aussi une que les *Fleurs du Mal* ; c'est — en dépit du subjectivisme involontaire qui en a pu modifier parfois l'application — la doctrine de l'Art pour l'Art.

Et d'ailleurs, cette doctrine même, quoi qu'elle semble purement esthétique, a plus de rapports avec la religion qu'on ne le croit généralement. Sans doute ne s'agit-il que d'une théorie littéraire, lorsqu'elle s'exprime en des phrases dans le genre de celle-ci : « La poésie ne peut pas, sous peine de mort ou de déchéance, s'assimiler à la science ou à la morale ; elle n'a pas la vérité pour but, elle n'a qu'elle-même [1] ». « Si vous voulez, dira-t-il ailleurs, vous poète, vous imposer à l'avance un but moral, vous diminuerez considérablement votre puissance poétique [2] » ; assertions qui d'ailleurs suffiraient à détruire l'échafaudage qu'on s'efforce d'établir pour attribuer un dessein moral à Baudelaire. Mais l'Art pour l'Art revêt une signification religieuse

---

1. *L'Art romantique. Théophile Gautier*, III.
2. *Ibid. Réflexions sur mes Contemporains*, III.

ou du moins morale, lorsqu'on déclare que la seule
vue de la réalité détourne du vice toute âme saine :
« Une véritable œuvre d'Art n'a pas besoin de
réquisitoire. La logique de l'œuvre suffit à toutes
les postulations de la morale, et c'est au lecteur à
tirer les conclusions de la conclusion[1]. ». En ce sens,
et en ce sens seulement, on peut ne pas exclure le
catholicisme de l'œuvre de Baudelaire, puisque,
en dépit de ses hésitations sur le dogme ou de la
délectation qu'il a trouvée dans l'immoralité de
certains tableaux, il a toujours été persuadé que la
représentation du vice constitue le plus sûr moyen
d'en détourner ses lecteurs :

Le vice est séduisant, il faut le peindre séduisant ; mais
il traîne avec lui des maladies et des douleurs morales
singulières ; il faut les décrire... Si votre roman, si votre
drame est bien fait, il ne prendra envie à personne de
violer les lois de la nature[2].

Et cette théorie de l'Art pour l'Art, à la prendre en ce qu'elle a d'absolu, ne présente-t-elle pas
une grande similitude avec le dilettantisme de
Sainte-Beuve ? Art pour Art ou dilettantisme, c'est
tout un ; ces deux expressions signifient également
la recherche du Beau pour le beau. Baudelaire se
doutait qu'il serait condamné comme un monstre
de dépravation ; mais il ne croyait pas faire une
œuvre immorale, du moment que son livre corres-
pondait aux exigences de l'Art ; il proclamait sur-

---

1. *L'Art romantique. Critique littéraire. Madame Bovary*,
III.
2. *L'Art romantique. Drames et Romans honnêtes.*

tout que le poète ne doit prêter aucune attention
au fond de ses sujets, et se préoccuper uniquement
de la forme. C'était bien là un peu ce que pensait
Sainte-Beuve, surtout vers la fin de sa vie. C'est le
motif pour lequel ce juge si sévère tant qu'il s'a-
gissait de fautes littéraires, montrait une telle indulgence pour les corruptions morales ; c'est le
motif pour lequel il s'efforça de pénétrer dans les
mentalités les plus différentes afin d'en extraire
le suc nourricier ; et, disons-le également, c'est
un des motifs pour lesquels il avait été catholique
dans sa jeunesse, cherchant à savourer tout ce
que contenait de délices le mysticisme des dévots.
On voit d'ailleurs la ressemblance de cette ligne
de conduite avec celle de Chateaubriand. L'un se
rattachait au catholicisme à cause des jouissances
esthétiques et sentimentales qu'il y trouvait ; l'autre jugera bon, tout en cultivant cette croyance à
cause des voluptés qu'elle procure, de ne pas négliger pourtant les plaisirs qui peuvent se rencontrer
ailleurs ; un troisième enfin ne se rattachera plus
qu'à l'Art, et fera fi de tout ce qui ne vise pas à
réaliser la Beauté. — Au cours de sa route, le
romantisme s'est transformé ; mais son principe
est resté identique, et l'entraîne à bannir des œuvres d'art la foi chrétienne comme inutile. Contre
ce romantisme qui d'autre part aboutissait chez
Baudelaire aux turpitudes que l'on sait, il était
temps que l'on vît se manifester cette réaction
dont l'auteur même des *Fleurs du Mal* nous présente les premiers symptômes, et qui tend à s'affranchir de l'optimisme conventionnel de Rousseau
et de son exclusivisme sentimental. D'ailleurs

tout le monde était fatigué d'un énervement dont
la continuation eût entraîné les pires catastrophes ;
et le livre de Baudelaire n'est qu'un témoin du
mouvement beaucoup plus vaste qui devait clore le
romantisme.

# CHAPITRE DIXIÈME

## La Réaction de 1840.

I

En effet, les *Fleurs du Mal,* après avoir été éla-
borées pendant de nombreuses années, ne parurent
qu'en 1857, dans cette période du second Empire
où le romantisme perdait pied de toutes parts et
où s'affirmait contre lui une réaction universelle.
Plus de dix ans auparavant, l'échec des *Burgraves*
et le succès de cette insignifiante *Lucrèce* avaient
prouvé combien le public était las des éternelles
déclamations régnantes ; et les chefs de l'ancienne
école, sentant la faveur leur échapper, s'étaient
cantonnés soit dans la retraite, soit dans des tra-

vaux de longue haleine. Lamartine et Hugo faisaient de la politique ; Vigny se cloîtrait dans sa tour d'ivoire ; Musset, usé prématurément, laissait en lui le bel esprit prendre le pas sur le poète. Augustin Thierry était mort ; Thiers et Michelet, applaudis pour des raisons politiques beaucoup plus que pour des motifs littéraires, s'étaient absorbés l'un dans la rédaction de son *Histoire de France*, l'autre dans celle du *Consulat et de l'Empire* ; Sainte-Beuve publiait les derniers tomes de *Port-Royal*, et se plaisait dans ses *Lundis* à rabaisser les auteurs les plus vantés de la littérature contemporaine et à exalter à leurs dépens les petits poètes des temps classiques. Toutes, ou presque toutes ces figures qui brillaient aux environs de 1830, avaient modifié leur manière ou tombaient dans l'oubli ; et si, après le coup d'Etat, les *Châtiments* et les *Contemplations* étaient comme une suprême floraison du génie lyrique de Hugo, leur succès restait isolé. La distance permettait d'admirer le mage de Guernesey sans se croire obligé d'imiter sa manière ; et lui-même la modifiait, écrivant sa *Légende des Siècles* pour lutter avec Leconte de Lisle, et tentant dans ses *Misérables* de faire du roman de mœurs. George Sand l'avait précédé dans cette voie. S'efforçant de modérer sa fougue, elle abandonnait le mode lyrique pour faire résonner la corde champêtre. Et, dans cette même génération de 1830, à côté de ces chefs dont l'éclat décroissait, l'œil surpris du lecteur découvrait d'autres noms dans lesquels il reconnaissait ses nouvelles tendances. — C'était Stendhal, c'était Balzac, c'était Auguste Comte ; on tirait de leurs

œuvres une nouvelle vue de la vie ; au subjectivisme de Lamartine ou de Musset, les *Poèmes Barbares*, les *Émaux et Camées*, substituaient le culte
de l'art pour l'art ; Taine et Renan, dès leurs premiers essais, mettaient à la place du sentimentalisme l'adoration de la raison et comme une idéologie nouvelle [1]. Ces tendances poétiques, ces
doctrines philosophiques, se reflétaient dans la littérature d'imagination. Emile Augier cinglait de
sa raillerie les enthousiasmes de l'époque précédente ; Dumas fils faisait représenter ses premiers
drames, de la *Dame aux Camélias* à la *Question d'Argent*, remplaçant par des bourgeois contemporains
les silhouettes médiévales du théâtre de Hugo, et
transformant le drame en une œuvre d'observation. Enfin, dans cette même année 1857, *Madame Bovary* achevait la déroute du romantisme,
en bafouant et en dénonçant les ravages opérés
dans les mœurs par la prépondérance du sentiment.

Il eût été bien étonnant qu'un tel mouvement ne
se répercutât pas sur le domaine religieux, d'autant
plus que le romantisme s'était entièrement détaché du catholicisme ; après les excès d'une
George Sand, d'un Michelet ou d'un Quinet, il eût
été difficile de ne pas apercevoir à quels abîmes
entraînait une conception purement poétique de la
vie. L'exemple de Lamennais était encore plus frappant, peut-être, puisque cet homme avait com-

---

1. Renan, *l'Avenir de la Science*, écrit en 1848 ; Taine,
*Essai sur les Fables de La Fontaine*, 1853 ; *Philosophes Français du XIXᵉ siècle*, 1857.

mencé par se faire l'apôtre de l'ultramontanisme
le plus absolu ; et sa chute, en même temps qu'elle
achevait de détacher du dogme un trop grand nombre d'âmes vacillantes, induisait les chrétiens plus
fermes à faire un retour sur eux-mêmes, et à lutter
contre le courant. Au surplus, beaucoup d'entre
les jeunes penseurs se montrèrent hostiles aux
doctrines religieuses qui jusqu'alors prédomi-
naient. Trop souvent, le mépris dans lequel ils tenaient les utopies du romantisme s'était étendu
aux croyances que ce romantisme prétendait établir. Considérant la religion comme une affaire de
sentiment, on décidait de la laisser aux femmes,
et l'on adoptait comme une unique doctrine un em-
pirisme scientiste. Tel semble avoir été, à la fin de
sa vie, le point de vue de Vigny, le poète de l'*Esprit pur*; tel fut, indubitablement, le point de vue
de Renan et de Taine, dans cette première partie
de leur carrière. — Mais d'autres pensaient différemment ; et déjà parmi les ancêtres du réalisme,
il se trouvait un certain nombre d'esprits, qui, indifférents eux-mêmes à toute croyance, estimaient
néanmoins une religion nécessaire à la conserva-
tion des sociétés. Ce pragmatisme constituait déjà
l'idée fondamentale de *Daphné*, et l'on se souvient
avec quelle ingéniosité Vigny le développait dans la
parabole de la momie ; c'était aussi l'idée d'Auguste Comte, et l'on sait qu'il couronnait son positivisme par un système religieux inédit. — Cependant il devait sembler à beaucoup d'esprits que,
du moment que l'on proclamait la nécessité d'une
croyance, mieux valait rester en harmonie avec la
tradition en conservant la doctrine catholique. Le

fondateur même du positivisme semble avoir reconnu cette vérité, lorsqu'il proposait son alliance
à la Compagnie de Jésus ; et Balzac formulait nettement des conclusions analogues :

Le dogme de la vie à venir n'est pas seulement une
consolation, mais encore un instrument propre à gouverner. La religion n'est-elle pas la seule puissance qui
sanctionne les lois sociales ? Nous avons récemment jus-
tifié Dieu. En l'absence de la religion, le gouvernement
fut forcé d'inventer la *Terreur* pour rendre ses lois exé-
cutoires ; mais c'était une terreur humaine, elle a passé...
Avec les peuples, il faut toujours être infaillible [1].

Le principe d'autorité est donc rétabli ; et, du
moment que l'on admet la souveraineté de l'Eglise,
il va sans dire que ce catholicisme pragmatiste
sera scrupuleusement orthodoxe. Et pourtant tout
cela constitue une doctrine politique bien plus
qu'une croyance réelle [2]. De telles phrases ne représentent que les opinions d'un bourgeois amoureux de ses aises, et qui redoute par dessus tout
l'insécurité des troubles civils. D'ailleurs, nous le
répétons, peu de penseurs parmi ces réalistes par-
tageront les vues de Balzac ; beaucoup suivront
une voie diamétralement opposée, et parmi ceux-
là même qui proclameront la nécessité d'un dogme,

---

1. *Le Médecin de campagne*, chap. I.
2. Cela est si vrai que malgré son respect envers
l'Eglise, Balzac a été un enthousiaste de Svedenborg
(Cf. *Louis Lambert, Seraphita*). On pourrait dire d'ailleurs,
que ce svedenborgisme constitue l'aspect romantique de
ses croyances, celui par lequel il est de son temps ; alors
que son catholicisme pragmatiste fait la liaison entre
Bonald et la génération de 1850.

combien se borneront à se prosterner devant un
idéal de leur crû, une religion positive ou bien
un culte de l'esprit pur ! — Ce n'est pas avec ces
motifs intéressés qu'on pouvait réveiller la foi ; ce
catholicisme était trop extérieur pour comporter
un zèle véritable ; il fallait, pour obtenir un résultat, des convictions plus sincères, une ferveur plus
grande, et ces convictions et cette ferveur, nous
les trouverons au sein de l'école sociale formée des
disciples de Lamennais, et à qui, plus qu'à toute
autre, doit revenir le mérite de la renaissance religieuse.


## II


Mieux que tous leurs contemporains, les disciples de « M. Féli », les Lacordaire et les Montalembert, étaient capables d'engager cette lutte pour le
renouveau catholique qui devait modifier sensiblement l'esprit public durant les dix-huit années du
règne de Louis-Philippe. Car, s'étant soumis sans
réserve aux bulles qui frappaient le philosophe de
la Chesnaie, ils y avaient trouvé la condamnation
non seulement de l'attitude récente de l'*Avenir*,
mais encore du fidéisme et de l'intuitionnisme de
l'*Essai sur l'Indifférence*. Il leur fallut dès lors comprendre que, pas plus que la suprématie de la raison, l'omnipotence du sentiment n'était compatible
avec l'esprit de l'Eglise ; il leur fallut unir dans
leur enseignement intelligence, amour et foi. Ils
étaient armés dès lors pour le combat qu'ils allaient

soutenir ; d'autant plus qu'ils connaissaient à fond
cette atmosphère de doute dont ils étaient sortis.
Ils sentaient que ce qui manquait à ces instincts dé-
sordonnés des foules, c'était une règle capable, en
en éliminant toutes les exagérations, de les ordon-
ner sur un plan rationnel et véritablement humain.
Aussi — et tout en accordant sa place légitime à
l'aspect sentimental et artistique de la religion —
les représentants de la nouvelle école comprend-
dront que c'était avant tout sur la raison qu'ils devaient baser leur apologétique. Ils se donneront
pour tâche, à la fois, de réhabiliter l'intelligence
aux yeux des disciples de Rousseau, et de prouver
aux lecteurs de Voltaire que la foi règle la raison
sans nullement la contredire. « La persuasion repose d'abord sur la raison. L'Église doit donc posséder la plus haute raison qui soit sous le ciel » [1] :
c'est par de semblables considérations que Lacordaire inaugurait, dès 1835, son enseignement à Notre-Dame ; et Montalembert, lui aussi, tiendra toute
sa vie « la raison pour l'alliée reconnaissante de la
foi, non pour sa victime asservie et humiliée » [2] ;
il y mettra même, semble-t il, trop d'insistance.
Ni l'un ni l'autre d'ailleurs, ne fait fi des preuves
de sentiment. Tout comme Chateaubriand — mais
en évitant cette fois les confusions dans lesquelles
était tombé plus ou moins volontairement l'auteur
de *René* — Lacordaire fait du besoin de croire une
preuve du catholicisme : « La religion est-elle un
besoin, une passion de l'humanité ? Oui, donc elle

---

1. *Conférences de Notre-Dame*, 2ᵉ conférence.
2. *Moines d'Occident*, Introduction, chap. x.

est vraie. La religion catholique seule est-elle douée
d'une efficacité digne de Dieu et digne de l'homme?
Oui, donc elle est la seule vraie »[1]. Louis Veuillot,
qui à partir de 1840 mettra au service de l'Eglise
son intransigeance passionnée et sa redoutable
verve de polémiste, Louis Veuillot qui proclame
l'amour « un faux dieu » dont les autels ont été
renversés il y a dix-huit siècles[2], regarde néanmoins la beauté de la nature comme une des preuves de l'existence de Dieu[3], et insiste à plusieurs
reprises sur « la foi, la candeur, la sécurité »[4]
que l'on éprouve dans la doctrine du Christ. Il
écrira des récits de voyages, il composera même
des romans, et contribuera ainsi, pour sa part, au
mouvement artistique chrétien ; mouvement dont
Montalembert avait été l'un des pionniers, lui, le
biographe de Sainte Elisabeth, l'historien des
*Moines d'Occident*, qui, pour estimer la raison, n'en
voyait pas moins toute la force que peuvent avoir
les preuves de sentiment :

Voici la gloire et la force non pareille de la religion :
c'est que tout en donnant le mot de tous les problèmes
sociaux et l'intelligence de toutes les révolutions historiques, elle tient surtout et partout « la clef de nos
cœurs »... C'est dans les monastères que cette science
du vrai bonheur et du véritable amour a été le plus
longtemps enseignée et pratiquée. On a vu qu'elle n'in-
terdisait aux âmes unies en Dieu, ni les élans de la passion, ni les accents de la plus pénétrante sympathie[5].

1. *Conférences de Notre-Dame,* 28e conférence (1844).
2. *Pierre Saintive,* chap. XII.
3. *Pélerinages de Suisse : le lac de Brienz.*
4. *Pierre Saintive,* chap. II.
5. *Moines d'Occident, Introduction,* chap. V.

Mais, vivant au milieu d'une génération qui subit de plus en plus l'empreinte du réalisme pragmatiste et qui se passionne tous les jours davantage pour les questions politiques et sociales, c'est à fonder la religion sur une base sociale que s'appliqueront le plus ces anciens collaborateurs de Lamennais. Lorsqu'ils rédigeaient l'*Avenir*, Lacordaire et Montalembert avaient acquis, sur le rôle civilisateur de l'Eglise, des notions qui ne demandèrent qu'à être légèrement rectifiées et surtout dégagées de tout exclusivisme pour devenir parfaitement justes. Le prédicateur de Notre-Dame consacrera ses conférences de 1845 à démontrer que, le catholicisme sauvegarde la propriété, la famille, la liberté et en même temps l'autorité ; il s'efforcera, l'année suivante, de faire retomber sur les doctrines incrédules la responsabilité de l'esclavage auquel est réduit le peuple des villes. Avec beaucoup plus de fougue et aussi plus d'irréflexion, Charles de Montalembert donnera la formule du libéralisme chrétien ; il achèvera de « scinder le catholicisme et le légitimisme », il tentera de « nationaliser le clergé tout en catholicisant la nation »[1], dans la persuasion où il est que « le christianisme se prête à toutes les formes du gouvernement humain, mais ne s'identifie avec aucune »[2]. Et, lors même que son libéralisme frisera l'hétérodoxie, cette persuasion nous donnera l'assurance de le voir toujours rester soumis ; car, pas plus

---

1. *Rapports de l'Eglise catholique avec le Gouvernement de Juillet*, 1838.
2. *Quelques conseils aux Catholiques*, 1848.

qu'il n'acceptera de rendre l'Eglise solidaire du régime absolu de Napoléon III, il n'avait consenti, en
1848, à prêter son appui au zèle mal compris de
certains catholiques, qui prétendaient identifier
christianisme et démocratie :

> Pour moi, je ne puis me défendre de sourire quand
> j'entends déclarer que *le Christianisme c'est la Démocra-*
> *tie.* J'ai passé ma jeunesse à entendre dire que le chris-
> tianisme était la monarchie, et qu'on ne pouvait être
> bon chrétien sans croire à la royauté légitime. J'ai lutté
> vingt ans et non sans quelque succès contre cette vieille
> erreur aujourd'hui dissipée. Je lutterais vingt ans encore,
> si Dieu me les donnait, contre cette nouvelle prétention ;
> car je suis convaincu que ce sont deux aberrations du
> même ordre, deux formes de la même idolâtrie, la triste
> idolâtrie de la victoire, de la force et de la fortune [1].

Telle était aussi l'attitude d'Ozanam, qui cherchait à prouver que « les plus chères libertés des
peuples sont écloses sous la féconde influence du
catholicisme [2] » ; telle était surtout l'attitude de
Veuillot. Plus encore que Montalembert il n'admit
jamais aucune séparation entre la cause de Dieu
et celle de la liberté, Veuillot fut exclusivement
catholique par delà toutes les querelles de parti.
S'appuyant sur la Charte pendant le règne de Louis-
Philippe, acceptant la république en 1848, plus tard
encore, consentant au régime impérial, ou bien,
avec la majorité légitimiste d'après 1870, souhai-
tant le retour du comte de Chambord, il refusa
toujours de lier la cause de l'Eglise à celle d'un

---

1. *Quelques conseils aux Catholiques,* 1848.
2. *Le Protestantisme et la Liberté,* 1838.

pouvoir quelconque, et se donna pour unique tâche
de répandre la foi du Christ. Lui aussi, surtout dans
cette période qui s'étend de 1840 à 1850, il insiste
sur le fait que la religion chrétienne est le meilleur remède à toutes les révoltes comme à toutes
les oppressions. Il reproche à la bourgeoisie incrédule la servitude qui pèse sur le peuple, et son
langage ne le cède pas en énergie à celui des so-
cialistes les plus convaincus :

Oui, ce fut là! (à la mort de son père). Je commençai
de connaitre, de juger cette civilisation, ces prétendus
sages, qui ont renié le pauvre, et n'ont plus pris soin
ni de son corps ni de son âme. Je me dis : Cet édifice
social est inique ; il croulera, il sera détruit.

J'étais chrétien déjà ; si je ne l'avais pas été, dès ce
jour, j'aurais appartenu aux sociétés secrètes [1].

Manquant d'ailleurs quelque peu d'idées générá-
les, on voit que le ton véhément qu'il affecte, si
peut-être il suffit à mettre en garde les croyants
contre toute apparence d'hérésie, n'est pas de nature à ramener au catholicisme ses adversaires de
bonne foi. Sans doute, comme son maître Joseph
de Maistre, on l'a dépeint plus intransigeant qu'il
n'est. Il reconnait expressément l'existence d'honnêtes gens dans les rangs de ses adversaires :

Si, quand nous parlons des actes de la réforme, la
violence des faits entraîne la violence des expressions,
que les hommes de bien, égarés dans les voies de l'erreur, ne s'appliquent pas ces expressions ; qu'ils soient
persuadés que nous éprouverions une joie immense à

---

1. *Libres Penseurs*, Avant-propos.

les voir s'agenouiller au pied de nos saints autels, à les appeler nos frères, et que dès à présent, nous ne nous croyons
pas meilleurs qu'eux, mais plus heureux et mieux sou-
tenus [1].

Mais, en pratique, on ne s'en aperçoit guère, et
il se montre presque toujours incapable d'entrer
dans la mentalité d'autrui. Il ne suffit pas, si l'on
veut esquiver sa colère, de s'exprimer avec sincérité, et un drame tel que *Chatterton* lui paraîtra
immédiatement « révoltant, odieux et absurde [2] ».
— La philosophie de Molière, par exemple, est imprégnée de naturalisme, et il a le mérite de s'en
apercevoir ; mais pourquoi faut-il qu'il s'emporte
et qu'il s'exclame : « Je hais Molière et le funeste
talent qui, condensant dans un seul vers cent ob-
jections stupides, en fait une arme facile et brillante [3] ». C'est avec la même violence outrancière
qu'il luttera plus tard contre Montalembert, Du-
panloup ou le P. Gratry, et que, pour des questions de pure tactique, il risquera de compromettre
l'unité du parti catholique. — Ce rude jouteur
débutera néanmoins par être un auxiliaire précieux pour les fondateurs du catholicisme social,
et, cependant que Lacordaire ou Montalembert or-
ganiseront ce nouveau parti, il fera voir mieux
que personne la niaiserie de ses adversaires.

En effet, renonçant une fois pour toutes aux bou-
deries de ceux qui s'imaginaient qu'avec le trône
l'autel avait croulé, prenant le parti du nouveau
Régime et comprenant que c'était avec des armes

---

1. *Pelerinages de Suisse, Introduction.*
2. *Libres Penseurs,* chap. XII.
3. *Pierre Saintive,* chap. XXXI.

modernes qu'il fallait lutter, ces jeunes écrivains
ne se bornèrent pas, comme l'auteur des *Etudes
Historiques*, à montrer dans le passé les services
rendus par la religion. Ils ne crurent pas que leur
tâche serait remplie une fois qu'ils auraient fait voir
tout ce que doit au christianisme la civilisation eu-
ropéenne. Sans doute ne négligèrent-ils pas cette
partie de leur besogne, et *Sainte Elisabeth*, et plus
tard les *Moines d'Occident*, et *l'Histoire de la civilisation au V⁰ siècle* d'Ozanam, et toute l'œuvre de
Lacordaire et une grande partie de celle de Veuillot, témoignent éloquemment des efforts qu'ils entreprirent sur ce terrain. Mais il leur fallait avant
tout démontrer que l'Eglise n'avait rien perdu de
sa vigueur civilisatrice ; il le fallait prouver par
des faits, et non par des théories abstraites. C'était
le moment où George Sand, où Quinet, où Lamennais lui-même, proclamaient la ruine prochaine
d'une Eglise oublieuse des principes du Christ ;
c'était l'heure où les partis révolutionnaires pré-
sentaient chacun leur système de réorganisation
sociale ; c'était l'époque où le socialisme naissant
rendait évidente l'iniquité de l'industrialisme, et
où tous les penseurs se rendaient compte que la
ploutocratie entraînait la société à l'esclavage ou
à l'anarchie. Montalembert et ses collaborateurs
entreprirent de prouver par des actes qu'encore
de nos jours, la valeur pacificatrice et ordonnatrice
du catholicisme l'emportait sur celle des doctrines
adverses. Ils résolurent de ne revendiquer qu'une
chose : les droits de l'Eglise, persuadés que ceux-
ci concordent toujours avec les intérêts bien compris du peuple. Et, grâce à cette campagne menée

avec persévérance pendant dix ans, la révolution de 1848 revêtit un caractère religieux bien différent du rationalisme de 1830, puisqu'elle finit par aboutir à la conquête de la liberté d'enseignement et au gouvernement catholique des débuts de Napoléon III.

Mais, pour remporter une victoire qui ne fût pas seulement un succès éphémère, il aurait fallu qu'à cette renaissance du catholicisme dans la politique correspondît une renaissance analogue dans la littérature et dans la pensée de l'élite. Or, nous avons vu qu'il n'en fut rien. A peine quelques isolés faisaient-ils l'éloge des croyances passées, par utilitarisme, comme Balzac, où par simple goût du paradoxe comme Barbey d'Aurevilly ; et la grande majorité des écrivains se désintéressait des problèmes religieux pour se vouer au culte de l'art pour l'art, ou, lorsqu'ils s'en occupaient, les étudiaient d'un point de vue déterministe et positiviste. Montalembert et son école firent sans doute quelques efforts pour édifier un art vraiment chrétien sur les ruines du romantisme ; certains auteurs, comme Brizeux ou Laprade, donnaient une idée de ce que pouvait être une pareille poésie ; mais c'était là des auteurs de second rang, et qui retardaient par leur idéalisme — le second du moins — sur la génération dans laquelle ils vivaient. Il aurait fallu qu'un grand écrivain sût adapter le catholicisme aux tendances de 1850. Cet homme-là ne vint pas, car Veuillot, le seul dont l'esprit positif concordât avec la mentalité du second Empire, s'était attiré trop d'ennemis pour jouir d'une véritable influence, et d'ailleurs cantonnait son activité dans les bor-

nes de la polémique ; et voilà pourquoi la réaction
anti-romantique, loin de tourner au profit de la
religion, donna lieu à un matérialisme aussi exagéré que l'idéalisme de 1830.

## III

Ce sont encore des romantiques, en effet, que
les Brizeux et les Laprade, et d'ailleurs leurs premières œuvres en font les contemporains de
George Sand ou de Musset. Lacordaire d'autre part,
qui ne peut être négligé même au point de vue
purement littéraire, puisqu'un de ses buts fut la ré-
surrection de l'éloquence sacrée, se montre tout lyrique et tout sentimental, dans ses expressions
sinon dans sa pensée. Montalembert, ou ses collaborateurs moins connus, tels que Rio et Ozanam,
mettent en valeur, surtout, la poésie et l'humanitarisme, pour ainsi dire, de la religion chrétienne,
et ne sortent pas du cercle d'idées tracé jadis par
Chateaubriand. C'est toujours l'apologétique du
*Génie du Chritianisme* ou des *Etudes Historiques*.
Les jeunes auteurs eux-mêmes ne cachent pas ce
qu'ils doivent aux théories plus esthétiques que
positives de Ballanche ou du Chateaubriand d'a-
près 1830 :

On ne connait pas toute la lumière que portait la *Vision d'Hébal*, en même temps que la célèbre préface des
*Etudes Historiques*, à tant de jeunes gens troublés par
le spectacle des ruines politiques, tentés par l'éloquence
des prédications nouvelles, jetés dans cette angoisse du

doute, qui mouilla si souvent de larmes le chevet de leurs
lits ; et relevés, raffermis tout à coup par ce bon exemple d'un grand esprit, qui ne trouvait le catholicisme ni
trop étroit pour lui, ni trop vieux [1].

Aussi ne trouverons-nous rien de bien neuf dans
leurs ouvrages proprement littéraires, — rien, si
ce n'est l'orthodoxie, ce qui sans doute les diffé-
rencie totalement de leurs prédécesseurs, mais ce
qui ne pouvait convaincre cette nouvelle génération déjà trop portée à considérer le catholicisme
comme une rêverie dépourvue de fondement positif. Il leur arrivera de confondre volontairement
l'histoire et la légende. Sans doute Montalembert
comprendra-t-il plus tard les inconvénients de cette
méthode : « Animé d'une foi vive et simple dans le
surnaturel, dira-t-il, je n'y ai recours que quand
l'Eglise me l'ordonne ou quand toute explication
naturelle à des faits incontestables fait défaut [2] ».
Mais cette déclaration est de 1860 ; ce n'était pas
ainsi qu'il avait étudié Sainte Elisabeth. Il se plaisait à voir dans cette vie « une légende des siècles
de foi [3] » et il accueillait dans son récit certaines
anecdotes très gracieuses, mais qui contribuent à
donner une fausse idée de la sainteté, à la faire
considérer comme un don de Dieu plus que comme
une conquête de la volonté humaine : tels sont les
chapitres où il nous montre la future bienheu-
reuse occupée, dès l'âge de quatre ans, uniquement
de la gloire de Dieu. — Il est vrai, l'ouvrage pa-

1. Ozanam. *Mélanges : M. Ballanche* (1848).
2. *Moines d'Occident, Introduction,* chap. x.
3. *Sainte Elisabeth, Introduction.*

raissait en plein romantisme, et il eût été malaisé
de se dégager, dès cette époque, des conceptions
erronées qu'on se faisait de l'art chrétien. De même,
on ne saurait faire à Brizeux un. grand reproche
d'avoir mêlé, dans son christianisme, l'histoire à
la légende, et d'avoir même évoqué, dans ses vers,
des êtres se rattachant à la fantasmagorie païenne,
tels que « les noirs Corrigands dansant sur le pa-
lus [1] » car, s'il est bon catholique, il est encore
plus Breton, et nous veut faire connaître sa Bretagne toute entière, avec ses naïvetés et ses superstitions. Mais Lacordaire n'a pas les mêmes excuses,
et pourtant il accueille, dans sa *Marie-Madeleine*,
des traditions respectables sans doute, mais qu'il
a le tort de donner comme prouvées alors qu'elles
contiennent certainement une grande part de légende. Le sujet même du livre est significatif, car,
avec la femme adultère, un des motifs que les romantiques ont emprunté le plus volontiers à la
Bible, et dont ils ont le plus abusé, est l'histoire de
celle de laquelle il fut dit : « Il lui sera beaucoup
pardonné parce qu'elle a beaucoup aimé ». Laprade
encore débutera en 1839 par une pièce intitulée
les *Parfums de Madeleine*, et où il expliquera les
fautes de la pécheresse repentante par les égare-
ments d'une âme en quête d'idéal. Sans doute l'a-
mour n'est-il plus considéré comme l'unique principe de l'art chrétien ; à côté de cette pièce sur
Madeleine et d'une autre sur la Samaritaine, on y
trouve un portrait du Précurseur, la *Tentation du
Christ*, la *Colère de Jésus*, le *Calvaire*... On trouve

---

1. *Marie* : *l'Elégie de le Braz.*

dans Ozanam des études très sérieuses sur Dante,
ou sur les poètes franciscains en Italie ; on trouve
dans Montalembert les échos de cette campagne
contre le Vandalisme, dans laquelle, abandonnant
le côté artistique de la question à Hugo et à Mérimée, il se charge surtout d'évoquer les souvenirs
religieux du peuple ; on trouve dans ce Rio, bien
oublié aujourd'hui, une étude approfondie de la
peinture chrétienne au moyen âge, mais où Raphaël
et ses successeurs sont impitoyablement immmolés
devant les Cimabuë et les Giotto, et cela encore
est une forme de romantisme, celle qui consiste à
croire que la réalité et son imitation précise sont
incompatibles avec une religion spiritualiste, et
que le mysticisme a seul droit de cité dans la religion catholique.

Et d'ailleurs, bien qu'ils en soient sortis vainqueurs, bien que la foi ait fini par l'emporter sur
le sentiment ou l'humanitarisme, bien qu'aucune
comparaison ne puisse être faite à cet égard entre
eux et les Alfred de Musset ou les George Sand,
ils ont tous traversé plus ou moins la crise morale
de 1830. Nous avons vu Lacordaire en faire le tableau, et nous savons au prix de quels déchirements
Montalembert et lui rompirent avec Lamennais.
Brizeux, lui aussi, fut ébranlé à cette époque. Certaines de ses pièces semblent avoir été écrites
dans des moments d'indifférence et de regret :

Aujourd'hui que mes pas négligent le saint lieu,
Sans culte et cependant plein de désir vers Dieu,

De ces jours de ferveur, oh! vous pouvez m'en croire,
L'éclat lointain réchauffe encore ma mémoire [1].

Il semble même parfois vénérer Jésus-Christ,
non comme un Dieu, mais comme le prophète de
l'amour et de la liberté ; et nous avons eu tort de
dire qu'on ne peut le rapprocher de George Sand ;
car vraiment, on dirait à de certains moments
qu'ils parlent le même langage :

Si la sagesse est Dieu, nul n'aura reflété
Une plus grande part de la divinité

. . . . . . . . . . . . . . . . . . .
Laisse tomber tes croix, ô Jésus! à l'insulte,
S'il le faut, abandonne et ton nom et ton culte!
Comme un chef de famille, à l'heure de sa mort,
Voyant ses fils pourvus, avec calme s'endort,
Dans ton éternité tu peux t'asseoir tranquille,
Car pour l'éternité ta parole est fertile ;
O toi qui de l'amour fis la première loi,
O Jésus ! l'univers est à jamais à toi [2].

Laprade aussi, qui subira très fortement l'influence de Lamartine, eut ses heures de découragement, ainsi qu'il l'avoue dans la dédicace de ses
*Poèmes Évangéliques* ; et ici encore, Louis Veuillot
seul se dégagea entièrement du scepticisme sentimental, puisque la seule crise qu'il subit fut cette
conversion qui l'arma de convictions solides et
d'une orthodoxie à toute épreuve. Sans doute les
autres se dégagèrent-ils rapidement de leurs hésitations momentanées ; mais il leur en resta tou-

1. *Marie.*
2. *Marie: Jésus.*

jours quelque chose. Lacordaire, Montalembert, Ozanam, en conservèrent, nous l'avons dit, un libéralisme fâcheux, ce libéralisme qui déterminera, à la fin de sa vie, l'auteur des *Moines d'Occident* à se livrer à des démonstrations affligeantes contre l'infaillibilité du Pape. — Même libéralisme chez Brizeux, mais à vrai dire plus excusable, puisqu'on le retrouve surtout dans ce recueil intitulé *Marie*, qui parut au lendemain des journées de juillet, et qui contient, comme un signe des temps, des phrases dans ce genre :

> Aimons la liberté ! c'est le souffle de Dieu [1] !

Ceci fait encore partie de la première manière de Brizeux, et l'on doit dire qu'on ne retrouvera plus d'enthousiasmes pareils dans ses poèmes ultérieurs. — Quant à Laprade, son libéralisme revêt une forme moins politique, bien que parfois, comme dans la pièce intitulée le *Précurseur*, il se plaise à faire la leçon aux puissants ; mais — ce qui d'ailleurs est plus grave encore — il appliquera au dogme ses idées tolérantes. Il terminera son poème allégorique de *Psyché* non par le triomphe du bien sur le mal, mais par la disparition totale de celui-ci :

> Expire donc, ô Mal ! il n'est plus que des dieux [2] !

Et il indiquera dans sa préface des *Poésies inédites* de Lamartine, que ce qui, à ses yeux, fait de l'auteur des *Méditations* le plus religieux des poètes, plus religieux que Dante ou que Milton, c'est

---

1. *Hymne.*
2. *Psyché, Epilogue.*

l'absence de terreur en son œuvre, c'est-à dire
la négation de l'enfer. — C'est qu'aux yeux du
chantre de Marie-Madeleine, le péché n'est jamais
qu'une erreur excusable :

> Tu ne fus rien, ô Mal ! que l'idéal absent [1]...

C'est que, si son œuvre ne conserve aucun poème
qui date de sa période d'irréligion, il en a gardé
pendant un certain temps un sentimentalisme qui se
traduit par une affectation de mépris à l'égard de
cette raison orgueilleuse qui ne mène qu'au doute :

> Tu crieras vers l'époux, mais l'époux sera sourd.
> La nuit entre vous deux épaissira ses ombres,
> Et tes rêves s'iront heurter à des murs sombres,
> Sans trouver hors du doute une issue à tes pas,
> Car ton flambeau d'orgueil brûle et n'éclaire pas [2],

mais qui se montre plein de mansuétude et même
d'admiration à l'égard de l'orgueil considéré comme
sentiment, de même qu'à l'égard de la volupté :

> Orgueil, ô Volupté ! soif des biens infinis,
> Vous, blasphémés jadis, enfin, soyez bénis !
> . . . . . . . . . . . . . . . . . . . . . . . .
> Désirs, vous êtes saints ; car saint est votre but [3].

Chez l'auteur de *Marie* aussi, nous trouverons
des expressions fâcheuses, et une religion amou-
reuse par trop semblable à celle de Lamartine ou
de George Sand :

> Souvent je me demande et je cherche en tout lieu
> Ce qu'est Dieu sans l'amour, ou bien l'amour sans Dieu.

---

1. *Psyché. Epilogue.*
2. *Psyché*, chant I, II.
3. *Ibid.*, chant III.

Aimer Dieu, n'est-ce pas trouver la pure flamme
Qu'on crut voir dans les yeux de quelque jeune femme?
Dans cette femme aussi, n'est-ce point, ici-bas,
Chercher comme un rayon du Dieu qu'on ne voit pas?
Ainsi, ces deux amours, le céleste et le nôtre,
Pareils à deux flambeaux, s'allument l'un pour l'autre;
L'idéal purifie en nous l'amour charnel,
Et le terrestre amour nous fait voir l'éternel [1].

Citons encore cet autre passage, qui rappelle de
loin le « rien n'est vrai que le beau » de Musset; il
signifie d'ailleurs plutôt : « Rien n'est *bien* que le
beau », et, chose caractéristique, il est adressé à
Ingres, peintre dont l'inspiration n'est certes pas
religieuse :

L'artiste, enfant du ciel, après Dieu créateur,
Qui jeta dans le monde une œuvre harmonieuse,
Peut se dire : J'ai fait une œuvre vertueuse!
Le Beau, c'est vers le Bien un sentier radieux,
C'est le vêtement d'or qui le pare à nos yeux [2].

Il est vrai, ces remarques s'appliquent au poète
de *Marie* et à celui de *Psyché* beaucoup plus qu'à
celui de la *Fleur d'or* ou à celui des *Poèmes évangéliques*. Ce sont là des erreurs de jeunesse dont
ils sont revenus assez tôt. Laprade en a peut-être
conservé plus de traces que Brizeux, si, dans les
*Odes et Poèmes* encore, il a des déclarations absolument identiques à celles de Lamartine au sujet
du sentiment, et même des expressions panthéisti-
ques. Le soleil, dit-il,

---

1. *Marie.*
2. *Ibid.*

Ce n'est pas dans l'azur un globe en feu qui passe ;
Sa lumière qui luit et qui crée en tout lieu,
C'est ton regard lui-même et ton verbe, ô mon Dieu[1] !

Lui-même se défendra d'être panthéiste ; il adhère
cependant sans réserves aux doctrines de Lamartine, et ses dénégations ressemblent singulièrement à celles de la préface de *Jocelyn*. En somme,
il n'y a guère que ses *Poèmes évangéliques* où se
retrouve cette orthodoxie pure et simple dont on a
coutume de lui faire honneur. Là, du moins, il se
montre vraiment croyant ; il n'ajoute rien aux
récits de la Bible, du moins au point de vue doctri-
nal ; et ses pièces n'ont qu'un tort. c'est, étant assez faiblement écrites et peignant une Palestine
conventionnelle qu'il ne parvient même pas à rendre pittoresque, de paraître presque en même
temps que les *Poèmes antiques* de Leconte de Lisle.
On peut dire à peu près la même chose des œuvres
de Brizeux postérieures à *Marie*. Il est enfin arrivé
à associer harmonieusement l'intelligence, l'amour,
et l'imagination :

Il l'a voulu le barde, et, par un libre effort,
Son cœur et son esprit, ses sens, tout est d'accord [2] :

Il comprend que la foi, loin de nuire à l'épanouissement de l'âme, est un guide en même temps
qu'un appui, pour la raison comme pour le sentiment :

Vous fûtes mon soutien à travers cette vie,
Sœur de la Piété, noble Philosophie...

1. *Hermia.*
2. *La Fleur d'or*: *les Trois Poètes.*

. . . . . . . . . . . . . . . . . . .

Et pourtant. . . . . . . . . . . . .

. . . . . . . . . . . . . . . . . . .

Mon cœur faible a besoin du lait des paraboles [1].

Il a repris la piété de son enfance, la dévotion
candide de cette Bretagne dont il veut être le poète ;
il décrit, avec une émotion vraie, les « pardons »,
les vœux, les « églises blanches » d'Armorique ; il
nous fait entendre la voix grave des prêtres con-
solant les malades, disant la messe, prêchant ou
catéchisant ; il s'essaie à chanter des épisodes de la
Bible, comme le Calvaire [2] ; il en arrive même à
une espèce de poésie théologique, dans *l'Hymne au
Père*, *l'Hymne au fils*, ou *l'Hymne à l'Esprit*, où il
s'efforce de traduire le mystère de la Trinité,
« beau triangle mystique aux trois côtés égaux ».
Seul de tous les poètes romantiques, il est revenu
entièrement à la foi, sans s'être jamais beaucoup
écarté, dans ses écrits, de l'idéal du catholicisme. —
Mais c'est un poète romantique, dans son style du
moins. Comme il n'est pas de première valeur, le
public, bien qu'il en apprécie la couleur locale,
adopte plutôt les doctrines religieuses des grands
chefs de file, tels que Lamartine ou Victor Hugo ;
et plus tard, lorsque le romantisme perdra du terrain, l'influence de Brizeux décroîtra d'autant, et
sera incapable d'agir sur le réalisme grandissant.
Le même sort frappera les œuvres littéraires de
Montalembert et de son école ; et ne pourrait-on pas
dire de même de leur action politique ? Utile en

---

1. *Ibid.*, *Aspiration*
2. *Vendredi*.

tant que preuve de la vitalité sociale du catholicisme, son libéralisme le rendra inadéquat à l'esprit positif de 1850. — Nous l'avons déjà dit, et nous le répétons : seul parmi les promoteurs de cette réaction religieuse, Louis Veuillot possédait un esprit assez réaliste et un talent assez considérable pour pouvoir sérieusement agir sur la nouvelle génération. Mais il s'était attiré trop d'ennemis dans les rangs même des catholiques, et il exigeait avec trop d'intransigeance une capitulation immédiate de l'erreur, pour qu'il pût devenir autre chose qu'un isolé, aux prises à la fois avec l'incrédulité des empiristes et avec le romantisme attardé des chefs du parti catholique. — Voilà pourquoi la réaction inaugurée par Lacordaire et Montalembert n'aboutit pas : elle se heurta à une autre réaction, celle du positivisme, et, personne ne s'étant présenté pour tirer parti de ce que ces deux mouvements pouvaient avoir de commun, le catholicisme se trouva enveloppé dans la condamnation que Taine, après Auguste Comte, proférait contre les idéalismes à la mode de 1830. Du moins, quoique les sophismes idéalistes n'eussent fait place qu'à un naturalisme irréligieux, un noyau de catholiques s'était reconstitué, qui ne devait plus se disjoindre ; et, se développant peu à peu, il finit par devenir, au bout d'une cinquantaine d'années, le point central où convergèrent, l'un après l'autre, les chefs de notre élite intellectuelle.

# CHAPITRE ONZIÈME

## Conclusions.

Récapitulation.

I. Confusions aggravées par le fait qu'on a tout réduit au sentiment. — Preuves de cette dernière assertion tirées d'autres domaines que du domaine religieux. — Ravages opérés par cet exclusivisme sentimental.

II. Que les romantiques ont eu raison de réhabiliter le sentiment, mais qu'ils ont eu tort d'y avoir tout ramené, et d'avoir renié, eux aussi, cette synthèse qui composait l'esprit classique français.

III. Le romantisme se ramène donc au protestantisme, non seulement par son origine mais de fait. — L'esprit classique français, au contraire, est synthétique, et, par là même, catholique.

Il est temps de conclure. Nous avons assisté à ce spectacle paradoxal d'un mouvement qui, à ses débuts, se proclamait hautement catholique et dont l'unique but semblait de combattre l'impiété, qui réagissait de toutes ses forces contre les doctrines de l'Encyclopédie, et substituait à la littérature païenne et athée du temps de Louis XV, une littérature religieuse et idéaliste ; et ce même mouvement nous l'avons vu aboutir, en moins de trente ans, à une négation radicale de ce catholicisme qu'il se vantait de réhabiliter ; nous l'avons vu sombrer dans l'anarchie, s'allier à la Révolution, déraciner les croyances de l'élite ; nous l'avons vu

tendre la main au satanisme et à la franc-maçonnerie, et faire régner la désolation dans des âmes
vides de lumière. — Mais nous avons constaté
aussi que dès son origine, ce mouvement contenait
le germe qui devait le vicier ; nous avons vu combien trouble était sa provenance, et nous avons
montré que déjà ses premiers apôtres, Chateaubriand ou encore Bonald, se retenaient à peine sur
la pente où les entrainait leur pensée ; nous avons
considéré des philosophes comme Lamennais ou
des poètes tels que Victor Hugo, qui finirent par
se laisser entraîner aux extrémités où les conduisait la logique de leur œuvre, et nous avons fait
voir que des hommes comme Nodier, ne reculaient
devant aucune des conséquences de cette tournure
d'esprit ; puis, arrivés au point central de cette
courbe, à cette crise morale de 1830 où le romantisme rejeta, pour ainsi dire son déguisement catholique, nous nous sommes rendu compte qu'elle
avait été préparée par toute l'évolution antérieure
des doctrines formulées par Chateaubriand ; nous
en avons suivi les conséquences, tombant de Musset
au Lamartine de la *Chute d'un Ange*, et de celui-ci
à George Sand ; nous en avons vu enfin l'ultime
corruption dans les ouvrages de la jeunesse de
Sainte-Beuve ou dans le poème de Baudelaire, et
nous l'avons vu déterminer une réaction dont les
catholiques ne surent pas profiter à temps pour la
tourner à leur avantage. — Il nous reste à faire
la synthèse de ces vues successives, à rechercher
le principe commun de ces mentalités diverses, et
la doctrine qui, déjà contenue dans le christianisme
esthétique de Chateaubriand ou dans l'intuition-

nisme de Bonald, devait en se développant faire
dévier de plus en plus le romantisme loin de la religion traditionnelle.

## I

« Intuitionnisme », « christianisme esthétique » :
nous n'avions pas trouvé de meilleures expressions lorsqu'il s'agissait de caractériser d'un mot
les doctrines du *Génie du Christianisme* ou des
*Recherches Philosophiques*. Plus tard, lorsque nous
avons tenté de définir la mentalité d'un Musset et
déjà celle d'un Charles Nodier, nous nous sommes
servis du terme de « religion de l'amour »; et ces
deux expressions, à elles seules, suffiraient à con-
firmer ce qui ressort de l'ensemble de nos constatations : c'est-à-dire qu'au milieu de toutes les divagations et de toutes les divergences romantiques, un seul élément reste permanent et stable,
et que cet élément unique, le *sentiment*, fondement du courant romantique, a servi seul de base
tant à ses affirmations qu'à ses négations religieuses. D'ailleurs, sous ce terme vague de « sentiment », on enveloppait bien des réalités différentes. Bonald, par exemple, insistera avant tout
sur l'« intuition », sur la « révélation » ou sur la
« foi », et ramènera à ces trois sources toutes nos
connaissances doctrinales. Chateaubriand, au contraire, nous prouvera le catholicisme par sa beauté
et démontrera l'existence de Dieu par notre « besoin d'infini ». Lamennais fera appel au consente-

ment universel; Lamartine dira que les vérités
sont d' « instinct »; leurs successeurs feront con-
sister leurs croyances en l' « amour de Dieu », en
l' « amour » tout court, et bientôt les réduiront
au seul amour humain. Mais ces idées si différentes ne seront jamais débrouillées l'une de l'autre.
A partir de 1830 on les confondra toutes. *Intuition, instinct, foi, besoin d'infini, sentiment,
amour*, deviendront presque des synonymes; et
l'on ne peut attribuer ces confusions à des erreurs
involontaires, puisque Raphaël ou Lélia prétendront les justifier théoriquement. Et, dès lors, on
ne pouvait manquer d'aboutir à des sophismes
anti-sociaux et à des corruptions morales. Un tel
résultat était d'autant plus facile à obtenir que ces
idées, en effet, sont parentes, et que, dans l'accep-
tion du moins que leur donnait le romantisme,
elles ont toutes ceci de commun, d'être le contraire
de la raison. Car ce n'eût encore été rien que d'en-
velopper sous le terme de sentiment des données
aussi disparates, si on n'avait pas prétendu en faire
l'unique norme de toutes choses ! Et c'est malheureusement ce qu'on a fait. Bannissant la raison,
la volonté et la croyance, on a fait de l'instinct du
cœur l'unique règle de conduite; on s'est laissé
guider exclusivement par une sentimentalité d'autant plus dangereuse qu'elle était mal définie; on
y a tout ramené, depuis les plus vastes systèmes
théologiques jusqu'aux plus petites questions littéraires.

Tout est là, en effet ; et si, au lieu d'étudier simplement l'évolution du catholicisme des romantiques, nous nous étions préoccupés d'autres aspects

de leur pensée, il n'eût pas été malaisé de les ramener à ce principe fondamental. Ainsi, le sentiment de la nature se relie presque instinctivement,
chez ces écrivains, à l'exaltation de l'amour ; il
trouve son origine, en grande partie, dans les démonstrations esthétiques et sentimentales que Bernardin de Saint-Pierre ou Chateaubriand faisaient
de l'existence de Dieu ; et, même lorsqu'il ne s'agissait que de la nature physique, on impliquait dans
son admiration l'excellence de la nature morale, se
traduisant par nos instincts. Et, comme on peut
rattacher le goût du pittoresque à cette admiration
de la nature, c'est encore dans le sentimentalisme
que réside l'origine primordiale de cette passion
pour le moyen-âge, de cet amour de la couleur locale, qui caractérise littérairement l'école de Victor Hugo. — Puisque, d'autre part, comme nous
l'avons vu, la révolte n'est qu'une émancipation de
nos instincts, là se trouve encore la source non
seulement de l'humanitarisme à la manière de
George Sand, mais aussi de la révolution littéraire
accomplie par Victor Hugo, et qui se borne, somme
toute, à substituer aux règles traditionnelles la
fantaisie des écrivains. — Nous ne serions donc
pas embarrassés d'illustrer notre démonstration
par des exemples empruntés à d'autres domaines
qu'à celui de la religion ; toujours et partout, dans
n'importe quel domaine, le sentiment s'érige en loi
suprême, à laquelle aucune considération n'a le
droit de s'opposer.

Nous avons vu grandir de plus en plus cette puissance du sentiment, à mesure que le romantisme
prenait conscience de lui même. On s'était borné

tout d'abord à faire valoir les droits du cœur, et
l'on avait dénoncé avec force la tyrannie du rationalisme. Mais cette hostilité contre le rationalisme ne
tarda pas à s'étendre à la raison, et Bonald ou Lamennais lui dénièrent tout droit à la direction de
notre vie. Une fois ce premier résultat obtenu, le
sentiment a rompu la principale digue qui s'opposait à sa fureur de destruction ; et, se donnant libre carrière, il rongera, il sapera successivement
toutes les bases de l'existence. Au nom du sentiment, on s'insurgera contre la morale ; on la pro-
clamera relative, et bientôt on déclarera que nos
passions seules doivent régler notre conduite. En
même temps on s'en prendra aux dogmes, auxquels
on contestera leur immutabilité pour en faire des
inspirations progressives, et, bientôt, on cherchera
dans le cœur toute croyance comme toute loi. On
en viendra à nier la société, puisqu'elle aussi s'oppose à l'amour libre ; on repoussera le mariage,
on maudira non seulement la peine de mort, mais
tout châtiment sévère. — Et la volonté ne profitera
pas de cette émancipation de nos facultés. Elle paraissait bonne, tant qu'elle s'opposait à la raison ;
mais une fois qu'elle se trouvera seule en présence
du sentiment, elle devra lui céder la place. Autrefois les premiers romantiques se préoccupaient du
Bien et de l'Utile presque autant que du Beau, et
bien plus que du Vrai ; plus tard encore, Stendhal
exaltera l' « impérialisme » et la volonté de puissance ; mais cette tendance n'eut pas le dessus, et
il arriva ce qui devait arriver : le désordre du sentiment finit par énerver et dissoudre la volonté ;
on se montrera incapable de résister à une impul-

sion quelconque, et, courant de jouissances en jouissances, on aboutira promptement au dégoût. Telle
fut, nous l'avons vu dans Baudelaire, l'ultime dégénérescence du romantisme ; voilà l'aboutissement
final de ces théories idéalistes d'où l'on avait exclu
la raison ; car la raison, c'est la règle, et lorsqu'on
se passe de la règle, on aboutit tôt ou tard à l'anarchie.

## II

Qu'on se garde d'ailleurs de nous attribuer une
haine du sentiment qui est loin de notre pensée.
Nous ne blâmons pas le romantisme d'avoir combattu le rationalisme de l'Encyclopédie ; mais nous
lui reprochons d'avoir proclamé l'amour seul mobile de l'existence, et d'être ainsi tombé dans une
erreur analogue à celle du xviiie siècle. Si Chateaubriand et ses disciples s'étaient bornés à réta-
blir les droits de nos facultés affectives, et à montrer que la religion, pour être complète, doit
comporter un élément sentimental, nous n'aurions
pu que les en louer ; ils ne se sont trompés que
lorsqu'ils ont réduit la croyance à une question de
sentiment. Les doctrines qu'ils combattaient à
leur début méritaient les invectives qu'ils leur
prodiguaient : rien de plus racorni que l'idéologie,
rien de plus froid, rien de plus pédantesque. Ils
n'ont pas eu tort d'affirmer qu'à côté de cette raison raisonnante, qui mène aux pires négations
lorsqu'elle règne seule et toute puissante, le cœur

avait aussi ses droits. Et en effet, s'il est quelque
chose d'indéniable, c'est la nécessité du sentiment.
Une idée purement rationnelle est froide, elle ne
saurait mener à l'action, et saurait encore bien
moins diriger une vie entière. De même une religion exclusivement intellectuelle perdrait toute sa
valeur morale : la persuasion n'agit pas sur la
conduite, si elle n'est pas réchauffée au contact de
la vie affective ; là réside même la différence essentielle entre une religion et une philosophie. Et
comme le but de la doctrine catholique est de régénérer l'humanité par la morale et par la foi du
Christ, il va sans dire que ce but ne saurait être
atteint qu'à condition que l'on s'y passionne. Nier
l'aspect sentimental de la religion équivaudrait à
nier cette religion elle-même. C'était l'erreur des
Encyclopédistes, pour qui le Grand Architecte de
l'univers n'était — lorsqu'ils l'admettaient —
qu'une froide abstraction, et qui, eux-mêmes, étaient
moins des hommes que des automates cérébraux.

Mais s'il faut accorder au cœur la place à laquelle il a droit, ce ne doit pas être aux dépens de
nos autres facultés. La raison est tout aussi nécessaire que le sentiment, et nous avons vu que lorsqu'on la tue, l'homme ne tarde pas à périr tout entier [1]. La raison seule légitime nos actes, et si une

---

1. « Ni Minerve, ni Belphégor », concluait M. Robert
Vallery-Radot à propos d'une récente polémique. La formule est juste, si l'on entend par « Minerve » ou « Belphégor » une raison ou un sentiment affranchis de toute
contrainte, mais si l'on se borne à symboliser par ces
expressions les facultés elles-mêmes de notre âme, il faudrait dire : « Et Minerve et Belphégor », phrase qui possède sur l'autre l'immense avantage d'être uniquement
affirmative.

intelligence privée de sentiment est incapable de
faire quoi que ce soit, une sensibilité dépourvue de
raison fera de travers tout ce qu'elle entreprendra.
C'est le fait des animaux de se laisser guider par
leurs instincts. Et ceux des hommes que domi-
nent leurs passions, ceux qui prennent pour
unique règle les caprices de leur sensibilité, ne
parviennent pas non plus à accomplir ces travaux
immortels qui témoignent de la gloire d'un siècle.
Même au point de vue purement littéraire, et quel
qu'ait été le génie d'un Chateaubriand, d'un Victor
Hugo ou d'un Alfred de Musset, qui sans doute ont
laissé quelques-unes des plus belles pages dont
puisse se vanter la langue française, — combien
ne sont-ils pas au-dessous des maîtres du xvii$^e$ siècle, des Racine, des Molière ou des Bossuet ! C'est
que ceux-là savaient faire la synthèse de la volonté, de la raison et du cœur ; ils ne se croyaient
pas obligés de mutiler leur âme ; ils ne s'imaginaient pas que les facultés combattaient les unes
contre les autres ; ils développaient également leur
intelligence et leur sensibilité, et lorsqu'ils n'évi-
taient pas un conflit intime, la religion était là
qui rétablissait dans une unité plus haute l'ordre,
un instant troublé, de leur âme. Mais aussi cette
religion du grand siècle était-elle vraiment chrétienne ; on n'y associait pas un mysticisme morbide, et si l'on trouve peut-être dans Fénelon des
traces d'un pareil mysticisme, il ne faut pas oublier
que sa mentalité est déjà du xviii$^e$ siècle et que
chez lui l'esprit classique commence à se dissocier.
Mais les autres, philosophes et poètes, théologiens
et moralistes, tous ceux qui de près ou de loin

se rattachent à cette école de 1660, dont Boileau fut le législateur et Louis XIV l'intelligent arbitre, savent bien que la religion comporte une part d'amour, de croyance et de raison ; ils savent que les hérésies n'ont jamais été que la négation d'un de ces aspects du catholicisme ; ils comprennent que le catholicisme est synthèse, ils introduisent cette synthèse dans leur manière de penser ; et c'est elle qui constitue ce chef-d'œuvre de toutes les mentalités humaines, qu'on appelle *l'esprit classique français*.

## III

Nous avons montré, en effet, combien grande fut l'erreur de Taine lorsqu'il rendit l'esprit classique responsable du rationalisme du xviiie siècle. Nous avons fait voir qu'il y a entre ces deux mentalités toute la différence qui sépare la désunion de la concorde, et qu'il fallut l'influence de l'Angleterre pour dissoudre la synthèse primitive au profit de la seule raison. Nous avons constaté que deux courants s'étaient formés alors ; nous avons vu qu'au règne de l'« esprit » et de l'intellectualisme devait succéder celui de la sensibilité ; et, tandis que le premier venait de Grande-Bretagne, nous avons établi que le second trouvait son origine dans les écrits de Jean-Jacques Rousseau et dans la littérature allemande. Nous avons insisté à plusieurs reprises sur l'admiration que les romantiques exprimaient pour les

hommes et les choses d'outre-Rhin. Rappelons encore une fois cette germanophilie, qui passa de Madame de Slaël à l'auteur du *Peintre de Salzbourg*,
à celui du *Rhin* ou à celui de la *Marseillaise de la
Paix*. Rappelons les rapports personnels qu'entre-
tinrent les romantiques avec les nations du Nord ;
rappelons que Madame de Lamartine était anglaise,
anglaise Madame de Vigny, et anglaise encore la
mère de Montalembert ; rappelons le séjour de
Chateaubriand à Londres, dans les années qui pré-
cédèrent la publication du *Génie*, mentionnons les
voyages prolongés de Hugo dans le pays de ses
Burgraves, et convenons que chez ces pionniers du
romantisme, l'élément septentrional l'emporte de
beaucoup sur l'élément français. Or, l'histoire nous
montre qu'une littérature quelconque ne gagne jamais rien à l'imitation trop servile de l'étranger ;
la France en particulier n'a jamais eu plus de force
et de vie que lorsqu'elle développait son caractère
national. Aux périodes de dénationalisation ont toujours correspondu des crises religieuses, crises
d'autant plus fortes, au xviii<sup>e</sup> ou xix<sup>e</sup> siècle, que
l'influence qui pénétrait avec les littératures germaniques était une influence protestante. Il nous
suffirait, pour établir cette assertion, d'énumérer
les noms, aussi bien des maîtres de la littérature
allemande que des introducteurs en France de la
nouvelle école littéraire : Rousseau, Madame de Staël
ou Benjamin Constant ; et c'est là, dans ce fait, que
nous trouvons la clef de toutes nos constatations.
Le catholicisme synthétise, le protestantisme dis-
socie ; le catholicisme affirme et hiérarchise, le
protestantisme nie et nivelle ; le catholicisme est

essentiellement concret et nous propose un but
bien défini, le protestantisme reste dans le vague
et ne nous offre que des incertitudes. Le protestantisme, ou plutôt l'hérésie ; car ainsi que l'a-
vouait George Sand [1], il n'y a qu'une hérésie,
l'indiscipline, qui, suivant qu'elle s'attache au
cœur ou à l'esprit, détermine les différentes sectes. Et là se trouve la clef non seulement du romantisme, mais de toute l'histoire de France contemporaine. Toutes les fois que vous y trouverez
un désarroi religieux, cherchez la main de l'étranger ; toutes les fois que vous trouverez une anarchie politique, cherchez la main de l'hérésie. Car
la France, la vraie France, celle qui se nourrit de
ses traditions, cette France-là reste encore et toujours, le plus ferme soutien du catholicisme. Unie
indissolublement à lui, elle ne pourrait le répudier
sans qu'aussitôt elle ne tombât en décadence, et
sa disparition entraînerait contre l'Eglise une persécution formidable. Car l'esprit français est synthèse, comme l'esprit catholique ; tous deux savent
qu'il ne faut rien nier des facultés de l'âme humaine, et c'est pourquoi tous deux, plus qu'aucune
autre nation ou qu'aucune autre religion, sont
doués d'une vitalité et d'une force d'expansion
indestructibles, parce qu'ils sont universels, et que
leurs intérêts s'identifient avec ceux de l'humanité.

FIN

---

1. Cf. p. 299.

# BIBLIOGRAPHIE

## CHAPITRE PREMIER.

TAINE. — *Les origines de la France contemporaine :* *l'ancien régime*, 2 vol., Hachette.

Dans les Œuvres de JEAN-JACQUES. — *Le discours sur l'inégalité, la nouvelle Héloïse, l'Emile (profession de foi du vicaire Savoyard).*

P.-M. MASSON. — *La religion de Rousseau*, 3 vol.

BERNARDIN DE SAINT-PIERRE. — *Études de la Nature.*

CH. BONNET. — *Palingénésie Philosophique*, Genève, 1770, 2 vol.

— *Recherches philosophiques sur les preuves du Christianisme*, 2e édition, Genève. 1771.

SAINT-MARTIN. — *Des erreurs et de la vérité*, par un Ph... Inc... Edimbourg, 1775.

VANDAL. — *L'avènement de Bonaparte*, 2 vol.

Dans les œuvres de GOETHE, surtout *Werther* et *Faust.*

## CHAPITRE II.

CHATEAUBRIAND. — *Œuvres complètes*, édition Pourrat, 36 vol.

— *Mémoires d'outre tombe*, édition Biré, 6 vol.

— *Vie de Rancé.*

CASSAGNE. — *Vie politique de Chateaubriand*, t. I, Plon, 1911.

V. Giraud. — *Chateaubriand, Études littéraires*. Hachette, 1904.

— *Nouvelles études sur Chateaubriand*, Hachette,
1912.

Sainte-Beuve. — *Chateaubriand et son Groupe littéraire*,
2 vol., Garnier, 1861.


## CHAPITRE III.


Bonald. — *Théorie du Pouvoir*, (t. I et II des *Œuvres*
de Bonald), 4ᵉ édition, Bruxelles, Société
nationale pour la propagation des bons
livres.

— *Législation primitive*, Leclère, an XI (1802),
3 vol. (Contenant également le *Traité du
Ministère Public, de l'Éducation dans la
Société*, et les *Discours politiques sur l'état
actuel de l'Europe*).

— *Recherches philosophiques*, Leclère, 1818, 2 vol.

— *Pensées sur divers sujets*, Plon, 1887.

— *Du divorce*, (t. IV des *Œuvres* de Bonald),
Bruxelles, Société nationale pour la propa-
gations de bons livres.

Joseph de Maistre. — *Considérations sur la France*,
2ᵉ édition, Londres, 1797.

— *Essai sur le principe générateur des constitutions politiques*, Paris, Potey, 1821.

— *Du Pape*, 2ᵉ édition, Lyon-Paris, 1821, 2 vol.

— *De l'Église gallicane*, Lyon-Paris, Pélagaud,
1859.

— *Soirées de Saint-Pétersbourg*, suivies de *l'Eclair-
cissement sur les Sacrifices*, Bruxelles et
Leipzig, 1857, 2 vol.

# CHAPITRE IV.

LAMENNAIS. — *Œuvres complètes*, Daubrée et Cailleux, 1836-1837, 10 vol.

— *Paroles d'un Croyant*, 7e édition, Renduel, 1834.

— *Le Livre du Peuple*, Porrentruy, V<sup>ve</sup> Michel, 1838.

— *Affaires de Rome*, Genève, 1837.

— *Amschaspands et Darvands*, Librairie Pagnerre, 1843.

SPULLER. — *Lamennais*, Hachette, 1892.


# CHAPITRE V.

NODIER. — *Œuvres complètes*, Librairie Renduel, 1832, 10 vol.

— *Contes*, Renduel, 1837.

— *Nouveaux Souvenirs et Portraits*, Magen et Comon, 1841.

V. HUGO. — *Odes et Ballades*, Charpentier, 1845.

— *Orientales*, Bruxelles, V<sup>ve</sup> Laurent, 1838.

— *Feuilles d'Automne*, Bruxelles, V<sup>ve</sup> Laurent. 1840.

— *Notre-Dame de Paris*, Collection Nelson, 2 vol.

— *Bug Jargal*, Delloye, 1839.

— *Han d'Islande*, Hetzel.

— *Le dernier jour d'un condamné*, Delloye, 1840.

— *Théâtre*, Lemerre, 3 vol.

— *Chants du Crépuscule*, Renduel, 1835.

— *Le Rhin*, 2 vol., Collection Nelson.

— *France et Belgique, Alpes et Pyrénées*, Hetzel.

V. Hugo. — *Les Voix intérieures,* Lemerre.
— *Les Rayons et les Ombres,* Lemerre.
— *Contemplations,* Collection Nelson.
— *La légende des siècles,* Calmann-Lévy, 3 vol.
— *Les Misérables,* 5 vol.
— *Littérature et Philosophie mêlées.*
— ˙ *Les Châtiments,* Collection Nelson.


## CHAPITRE VI.


Vigny. — *Poésies,* Collection Nelson.
— *Cinq-Mars,* 2 vol.
— *Servitude et Grandeur militaires.*
— *Théâtre,* Librairie Delagrave, 2 vol.
— *Stello.* Calmann-Lévy, 1882.
— *Daphné,* 2ᵉ mille, Delagrave.
— *Journal d'un Poète,* Lemerre.
Musset. — *Œuvres et Œuvres posthumes,* Calmann-
　　　　Lévy.
(Pour la partie générale de ce chapitre, voir la fin de
la bibliographie).


## CHAPITRE VII.


Lamartine. — *Premières Méditations,* Hachette, 1900.
　　　　*Id.,* édition Lanson, Grands écrivains de
　　　　la France, 2 vol.
— *Nouvelles Méditations,* Hachette.
— *Harmonies poétiques et religieuses,* Hachette.
— *Recueillements,* Hachette, 1906.
— *Voyage en Orient,* Bruxelles, Hauman, 1838,
　　　　3 vol.
— *Jocelyn,* Hachette, 1858.

LAMARTINE. — *La chute d'un Ange*. Société typographique belge, 1838.

—     *Confidences*, Hachette, 1907.

—     *Graziella*, Hachette, 1912.

—     *Geneviève*.

—     *Souvenirs et Portraits*, Hachette, 1871, 3 vol.

—     *Vie des Grands Hommes*, Imprimerie du Constitutionnel, 1856, 3 vol.

—     *Histoire des Girondins*, Hachette, 6 vol.

—     *Cours familier de Littérature*, t. I et II, chez l'auteur, 1856.

—     *Raphaël*, Bruxelles, Méline, 1849.

—     *Poésies inédites*, Lemerre, 1886.

—     *Histoire de la Révolution de 1848*, Bruxelles, 1849.

—     *Histoire de la Restauration*, t. I et II, Bruxelles, Méline, 1851.

J. DES COGNETS. — *Vie intérieure de Lamartine*, Mercure de France.

## CHAPITRE VIII.

Œuvres de GEORGE SAND. Dans la collection de la *Revue des Deux Mondes* :

*Aldo le Rimeur* (1833).
*André* (1835).
*Simon* (1836),
*Mauprat* (1837).
*Les Maîtres Mosaïstes* (1837).
*La Dernière Aldini* (1837).
*Spiridion* (1838).
*Les Sept Cordes de la Lyre* (1839).
*Mattea* (1835).
*L'Uscoque* (1838).

*Métella* (1833).
*Léone Léoni* (1834).
*Lettres d'un Voyageur.*
*Gabriel* (1839).
*Pauline* (1839).
*Mouny-Robin* (1841).
*Le Marquis de Villemer* (1860).
*Mademoiselle la Quintinie* (1863).

Dans la collection des Œuvres de George Sand (Hetzel, éditeur) :

*Lélia.*
*Le Piccinino.*
*Jean Zïska.*
*Le Compagnon du Tour de France.*
*Le Meunier d'Angibault.*
*Consuelo.*
*La Comtesse de Rudolstadt.*
*Un Hiver à Majorque.*
*Horace.*

Dans d'autres éditions :

*Indiana*, Michel-Lévy, 1869.
*Valentine*, Calmann-Lévy, s. d.
*La Mare au Diable*, Michel-Lévy, 1869.

## CHAPITRE IX.

Sainte-Beuve. — *Poésies complètes,* Charpentier, 1840.
— *Volupté*, Charpentier, s. d.
— *Portraits littéraires*, Garnier, 1862, 2 vol.
— *Critiques et Portraits littéraires*, R. Bocquet, 1841, 5 vol.
— *Portraits contemporains*, Didier, 1846, 2 vol.

SAINTE-BEUVE. — *Port-Royal,* Renduel, 1840-42, Ha-
      chette, 1848-1859, 5 vol.
  — *Lundis, Passim.*
BAUDELAIRE. — *Fleurs du Mal,* Michel-Lévy, 1876.
  — *Œuvres complètes,* t. I à IV, Calmann-Lévy,
      1912.


CHAPITRE X.


VEUILLOT. — *Mélanges, Passim.*
  — *Rome et Lorette,* Mame, s. d.
  — *Pélerinages de Suisse,* Mame, 18/..
  — *Pierre Saintive,* Genève, Berthier-Guers, 1840.
  — *Libres Penseurs,* Lecoffre, 1850.
MONTALEMBERT. — *Œuvres,* Lecoffre, 1861, surtout ses
      *Mélanges d'Art et de Littérature* et *Sainte-
      Elisabeth.*
  — *Moines d'Occident,* Lecoffre, 1860, t. I.
OZANAM. — *Œuvres complètes* (Lecoffre), surtout *L'His-
      toire de la Civilisation au Vᵉ siècle,* et les
      deux volumes de *Mélanges.*
LACORDAIRE. — *Conférences de Notre-Dame,* de Gigord,
      1914.
  — *Œuvres Philosophiques et Politiques,* Poussiel-
      gue, 1877.
  — *Mélanges,* Poussielgue, 1877.
RIO. — *De la Poésie chrétienne dans son Principe, dans
      sa Matière et dans ses Formes,* Hachette,
      1836.
BRIZEUX. — *Œuvres,* Michel-Lévy, 1860, 2 vol.
LAPRADE. — *Psyché,* Michel-Lévy, 1860, contenant
      aussi *Odes et Poèmes.*
  — *Poèmes évangéliques,* Charpentier, 1853.

Autres ouvrages, qui ne peuvent se rapporter à tel ou tel chapitre particulier :

BYRON. — *Ses principales Œuvres.*

CASIMIR DELAVIGNE. — *Une Famille au temps de Luther.*
  — *Derniers Chants.*

DUMAS PÈRE. — *Thédtre,* 3 vol.

B. CONSTANT. — *De la Religion,* Pichon et Didier, 1830, 5 vol.
  — *Adolphe,* Atar.

SENANCOUR. — *Obermann,* Abel Leroux, 1838, 2 vol.

MÉRIMÉE. — *Chronique du Règne de Charles IX.*

G. DE NERVAL. — *Angélique.*
  — *Sylvie.*

STENDHAL. — *Chartreuse de Pàrme,* Michel-Lévy, 1854.
  — *Le Rouge et le Noir,* Calmann-Lévy, s. d.
  — *Racine et Shakespeare.*
  — *L'Abbesse de Castro.*

BALZAC. — *Œuvres,* Houssiaux, 1870. *Passim.*

BALLANCHE. — *Œuvres,* Barbezat, 1830, 5 vol.
  — *Vision d'Hébal,* J. Didot ainé, 1831.

COUSIN. — *Œuvres,* 4 vol. Société belge de librairie, 1840.

MICHAUD. — *Histoire des Croisades,* Vivès, 1853, t. I et IV.

RENAN. — *Avenir de la Science,* Calmann-Lévy, 1894.

Enfin, il va de soi que nous avons lu ou du moins feuilleté les plus importants des innombrables critiques qui se sont occupés du romantisme. Parmi les plus récents, je m'en voudrais de ne pas signaler les belles études de M. Victor Giraud sur Chateaubriand, celles de M. Christian Maréchal sur Lamennais, ou encore la monographie palpitante que M. Jean des Cognets a consacrée à la *Vie intérieure de Lamartine.* Et parmi les essais

de synthèse et de philosophie de l'histoire du romantisme, je n'aurai pas l'impertinence, après le verdict de
l'Académie, d'insister sur ceux de M. Lasserre et de
M. Maurras, dont je ne saurais partager toutes les idées,
mais qui ont eu du moins le grand mérite de mettre le
doigt sur la plaie; mais je dois souligner l'œuvre vigou-
reuse de M. Ernest Seillière, dont les travaux, moins
absolus et moins suspects de parti-pris philosophique et
politique, constituent la condamnation la plus fortement
motivée de l'école de Jean-Jacques Rousseau.

# Table des Matières

## CHAPITRE IV.

### Lamennais

## CHAPITRE IX.

### Sainte-Beuve et Baudelaire.

## CHAPITRE X.

### La Réaction de 1840.

## CHAPITRE XI.

### Conclusions.

Imprimerie Générale de Châtillon-sur-Seine. — EUVRAUD-PICHAT.